BKC 강해 주석 19
마태복음

The Bible Knowledge Commentary

BKC 강해주석 19

마태복음

지은이 | 루이스 바비에리   옮긴이 | 정민영
개정2판 1쇄 발행 | 2011. 6. 20.
개정2판 3쇄 발행 | 2018. 12. 27.
등록번호 | 제1988-000080호
등록된 곳 | 서울특별시 용산구 서빙고로 65길 38
발행처 | 사단법인 두란노서원
영업부 | 2078-3352   FAX 080-749-3705
출판부 | 2078-3332

▌책 값은 뒤표지에 있습니다.
ISBN 978-89-531-1634-4 04230

(set) 978-89-531-2540-7 04230

▌독자의 의견을 기다립니다.
tpress@duranno.com   http://www.Duranno.com

▌이 책의 성경 본문은 개역개정판을 사용했습니다.

두란노서원은 바울 사도가 3차 전도여행 때 에베소에서 성령 받은 제자들을 따로 세워
하나님의 말씀으로 양육하던 장소입니다. 사도행전 19장 8~20절의 정신에 따라 첫째,
목회자를 돕는 사역과 평신도를 훈련시키는 사역, 둘째, 세계선교(TIM)와 문서선교(단
행본·잡지) 사역, 셋째, 예수문화 및 경배와 찬양 사역, 그리고 가정·상담 사역 등을
감당하고 있습니다. 1980년 12월 22일에 창립된 두란노서원은 주님 오실 때까지 이 사
역들을 계속할 것입니다.

BKC 강해 주석 19

마태복음

루이스 바비에리 지음 | 정민영 옮김

두란노

CONTENTS

Βίβλος γενέσεως Ἰησοῦ Χριστοῦ υἱοῦ Δαυὶδ υἱοῦ Ἀβραάμ. Ἀβραὰμ ἐγέννησεν τὸν Ἰσαάκ, Ἰσαὰκ δὲ ἐγέννησεν τὸν Ἰακώβ, Ἰακὼβ δὲ ἐγέννησεν τὸν Ἰούδαν καὶ τοὺς ἀδελφοὺς αὐτοῦ, Ἰούδας δὲ ἐγέννησεν τὸν Φάρες καὶ τὸν Ζάρα ἐκ τῆς Θαμάρ, Φάρες δὲ ἐγέννησεν τὸν Ἑσρώμ, Ἑσρὼμ δὲ ἐγέννησεν τὸν Ἀράμ, Ἀρὰμ δὲ ἐγέννησεν τὸν Ἀμιναδάβ, Ἀμιναδὰβ δὲ ἐγέννησεν τὸν Ναασσών, Ναασσὼν δὲ ἐγέννησεν τὸν Σαλμών, Σαλμὼν δὲ ἐγέννησεν τὸν Βόες ἐκ τῆς Ῥαχάβ, Βόες δὲ ἐγέννησεν τὸν Ἰωβὴδ ἐκ τῆς Ῥούθ, Ἰωβὴδ δὲ ἐγέννησεν τὸν Ἰεσσαί, Ἰεσσαὶ δὲ ἐγέννησεν τὸν Δαυὶδ τὸν βασιλέα. Δαυὶδ δὲ ἐγέννησεν τὸν Σολομῶνα ἐκ τῆς τοῦ Οὐρίου,

The Bible Knowledge Commentary 19

Matthew

서론

서론

신약성경이 예수 그리스도의 생애를 다룬 사복음서로 시작되는 것은 참으로 적절하다. 왜냐하면 이 책들은 하나님의 아들의 지상 생애와 인류의 죄를 대속하기 위한 그분의 십자가상의 죽음에 대한 '복된 소식'을 기록하고 있기 때문이다. 처음의 세 복음서들이 그분의 생애에 대해 유사한 관점을 보여 주고 있는 반면, 네 번째 책은 독특한 방법으로 그 내용을 전개해 나간다. 예수 그리스도에 대한 이 공통적인 관점 때문에 신약의 처음 세 책들은 '공관복음서'라 불린다.

공관복음서의 문제점

1. 문제점

'공관'(Synoptic)이라는 말은 헬라어의 형용사 synoptikos에서 나왔는데, 이 단어는 syn과 opsesthai의 합성어로 '함께 본다'는 뜻이다. 마태복음과 마가복음, 누가복음은 각각 나름대로의 독특한 목적을 지니고 있기는 하지만, 예수 그리스도의 생애에 관해서는 일관된 관점을 보여 준다. 그러나 공관복음서에 나타나는 기사들의 차이점들은 적절히 설명되어야 한다. 이러한 유사점들과 차이점들이 복음서들의 기원에 관한 문제를 제

기하게 되는데, 이것이 이른바 '공관복음서 문제'(Synoptic problem)이다.

대부분의 보수적인 학자들도 복음서 저자들이 다양한 자료들을 사용했음을 인정하고 있다. 예를 들자면, 마태복음과 누가복음에 함께 나타나는 계보들이 성전의 문서들이나 구전(口傳)으로부터 나왔을 가능성이 있다. 누가는 그의 복음서 서두(1:1)에서 많은 사람들이 주 예수에 관한 사실들을 기록했다고 말했다. 이는 누가가 여러 기록들을 사용했으리라는 가능성을 말해 준다. 또한 복음서 기록자들이 각각 다른 자료들을 사용했을 가능성도 있다. 그러나 비평학자들이 문제 삼는 바는 여기에 있지 않다. 대부분의 비평학자들은 그 '자료'를 숙달된 편집자들에 의해 변조된 방대한 기록들로 보고 있다. 그 자료들에 대한 그들의 설명은 다음과 같다.

a. 원복음설(原福音設)

어떤 학자들은 성경의 편집자들이 사용한 자료가 지금은 분실되고 없는 원복음(독일어인 Urevangelium으로 알려지고 있음)이었다고 주장한다. 이 견해의 가장 큰 취약점은 그런 문서가 지금까지 발견된 적이 없다는 것이다. 어느 학자도 원복음이라 지칭할 만한 문서를 내놓지 못했다. 더욱이 이러한 이론은 공관복음서들 간의 유사점들에 대해서는 설명할 수 있겠지만, 차이점들에 대해서는 설명할 길이 없다.

b. 구전설(口傳設)

어떤 이들은 복음서들의 기본 자료들이 예수 그리스도의 주변에서 생겨난 구전이었다고 주장한다. 그러한 구전의 발전 과정은 네 단계로 되어 있다. (1) 사건의 발생. (2) 그 사건이 구두로 거듭 전해지고 널리 알려짐. (3) 구전의 형태가 정착되고 매번 동일한 내용으로 전승됨. (4) 구전이 기록됨. 이 논리의 취약점은 원복음론의 취약점과 비슷하다. 이 견해가 복음서 이야기들의 유사점들을 설명해 주긴 하지만 차이점들을 설명해 주지는 못한다. 더욱이 그 사건들을 직접 목격한 저자들이 구전에 의존할 이유가 있었겠는가?

c. 문서설(文書設)

오늘날 광범위하게 지지받고 있는 견해는 성경의 편집자들이 다양한 문서들을 편집 자료로 사용했다는 주장이다. 이 견해에 따르면, (1) 맨 처음 기록된 문서는 마가복음이었다. 이러한 주장의 주된 근거는 마가복음 중 단 7%만이 마가복음 특유의 내용이고, 나머지 93%는 마태복음과 누가복음에도 나온다는 것이다. (2) 마가복음 외에 제2의 문서가 있었는데, 여기에는 기본적으로 강론에 대한 자료가 실려 있었다. 이 문서는 'Q'라는 이름으로 불리는데, 원자료(原資料)라는 뜻을 가진 독일어 Quelle의 약칭이다. 마태복음과 누가복음에는 나오지만 마가복음에는 없는 약 200절은 이 'Q' 문서로부터 나왔다. (3) 편집자들은 최소한 두 개의 다른 자료들을 더 사용했다. 하나는 마가복음이나 누가복음에는 없는 마태복음 특유의 구절들의 출처이고, 다른 하나는 누가복음에만 있고 마태복음이나 마가복음에는 나오지 않는 구절들의 출처이다. 이 논리를 도식화하자면 다음과 같다.

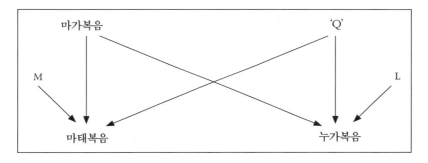

이 견해는 다음과 같은 문제점들을 가지고 있다. 첫째, 이 견해는 전통적인 견해와 상충된다. 보수신학자들은 대체로 마태복음이 복음서들 중 가장 먼저 기록되었다고 본다. 물론 모든 보수신학자들이 같은 견해를 가진 것은 아니지만, 이러한 전통이 지니는 호소력과 또한 그것이 종종 사실과 부합된다는 점을 감안할 때, 우리는 이것을 '근거 없는 전통'으로 일축해 버릴 수만은 없다. 둘째, 이 주장은 마태복음과 누가복음에는 없는 마가복음 특유의 내용들을 설명해 주지 못한다. 마가는 닭이 두 번째 운 사실을 기록했으나(막 14:72) 마태와 누가는 기록하지 않았다. 셋째, 만일 마가복음이 베드로의 죽음 이후인 AD 67~68년경에 기록된 첫 복음서라면, 마태복음과 누가복음은 AD 70년에 일어난 예루살렘의 멸망 이후에 기록되었을 것이다. 그렇다면 마태복음 24~25장이나 누가복음 21장 20~24절에서 주께서 말씀하신 내용의 절정이 됨 직한 이 예루살렘 멸망이 당연히 기록되었어야 할 터인데 두 복음서가 다 이것을 언급하지 않고 있다. 넷째, 이 견해가 갖는 가장 중대한 문제는 'Q' 문서의 존재에 대한 매우 사변적인 가설에 있다. 만약 그러한 문서가 실제로 있었고 마태와 누가가 광범위하게 인용할 만큼 중요한 문서였다면, 교회가 왜 그 문서를 소중히 보관하지 않았겠는가?

d. 양식비평설(樣式批評設)

널리 지지받고 있는 이 견해는 기본적으로 문서설을 전제로 하고 거기서 한 걸음 더 나아간 것이다. 당초에 복음서 이야기들이 집대성될 때는 네 문서(마태복음, 마가복음, 누가복음, 'Q' 문서)의 형태가 아닌 수많은 소문서들이 있었다. 오늘날의 해석자들은 '양식들'(forms)이라고 불리는 이 소문서들을 발견하고 분류하며 그 양식들의 배후에 깔려 있는 사상들, 즉 1세기 교회가 그 소문서들을 통해 전달하고자 했던 정확한 내용을 파악하려고 애쓴다. 양식들이 전달하는 문자적인 사실들만으로는 부족하다. 진리는 문자적 이야기의 배후에서 발견된다. 이야기 속에 나타나는 사실은 교회가 예수 그리스도를 중심으로 지어 낸 '신화들'(myths)이다. 그 신화들을 제거함으로, 혹은 '비신화화'(非神話化) 작업을 통하여 예수님에 대한 핵심적 진리를 추출해 낼 수 있다.

비록 이 논리가 광범위한 지지를 받고 있기는 하지만 여기에도 중대한 문제점들이 있다. '양식들'을 그 범주별로 명확히 분류해 내는 것은 사실상 불가능하다는 점이다. 양식비평가들 중 단 두 명이라도 일치된 분류 방식을 가진 경우가 있는지조차 심히 의심스러울 정도이다. 더욱이 이 견해에 따르면 1세기 교회가 현재의 복음서에 나타나고 있는 이야기들의 형태를 결정했다고 해야 하는데, 왜 교회가 그런 일을 했는지에 대해서는 납득할 만한 설명을 하지 못하고 있다. 다시 말해서, 이 견해는 예수 그리스도에 대한 살아 있는 증인들과 그분의 삶과 죽으심이 1세기 신자들에게 미친 진정한 영향력을 의도적으로 무시해 왔던 것이다.

2. 해결 방안

복음서들간의 유사점들과 차이점들은 복합적인 조망을 통해 설명할 수 있다.

첫째, 1세기의 복음서 저자들은 그들이 기록한 자료에 대한 광범위한 지식을 가지고 있었다. 마태와 요한은 예수 그리스도의 제자들로서 주님과 오랜 기간을 함께 보냈다. 마가는 시몬 베드로의 말년에 그와의 접촉을 통해 필요한 자료를 얻었을 가능성이 있고, 누가는 바울 및 다른 사도들과의 교제를 통해 많은 사실들을 배우게 되었을 것이다. 이러한 사실들이 복음서를 기록하는 자료로 사용되었을 것이다.

둘째, 구전(口傳)도 활용되었다. 예를 들면, 사도행전 20장 35절에는 복음서에 기록되지 않은 그리스도의 말씀이 언급되고 있다. 고린도전서 7장 10절에서 바울은 주님의 말씀을 인용하고 있는데, 바울이 이 말씀을 기록할 때까지는 복음서들 중 어떤 책도 아직 기록되지 않았을 가능성이 있다.

셋째, 당시에 존재하던 문서들은 예수 그리스도에 관한 여러 이야기들을 담고 있었다. 누가는 그의 복음서를 시작하면서 이 사실을 인정했다(눅 1:1~4). 그러나 그 문서들의 내용이 예수 그리스도의 생애에 관해 오류 없이 전달하는, 영감에 의한 기록은 아니었다.

넷째, 공관복음서 문제를 해결하기 위해 추가되어야 할 또 하나의 요소는 복음서 저자들이 복음서들을 기록할 때 역사하신 성령의 영감이다. 주님은 제자들에게 성령이 모든 것을 가르치시고 그가 그들에게 말하신 모든 것을 생각나게 할 것이라고 약속하셨다(요 14:26). 이러한 성령의 개입은 복음서 저자가 자신의 기억력에 의존했건, 구전을 사용했건, 혹은 주변에 있던 문서들을 이용했건 그 기록의 정확성을 보증해 준다. 자료가 무엇이었든 간에 성령의 인도하심이 기록된 말씀의 정확성을 확증해 주었던 것이다.

저자

성경 각권의 저자를 결정함에 있어서 요구되는 증거는 대체로 두 가지이다. 그 책 밖의 증거(외증)와 자체의 증거(내증)다. 외증은 첫 복음서의 저자가 그 명칭대로 사도 마태임을 강력하게 지지한다. 초대 교회의 여러 교부들이 마태를 그 책의 저자로 언급했는데, 거기에는 가(假)바나바, 로마의 클레멘트, 순교자 저스틴, 폴리캅, 알렉산드리아의 클레멘트, 터툴리안, 오리겐 등이 있다(보다 상세한 내용을 원한다면 Norman L. Geisler and William E. Nix, *A General Introduction to the Bible*. Chicago: Moody Press, 1968, p. 193을 참조하라). 마태는 특별히 빼어난 사도는 아니었다. 사람들은 첫 번째 복음서가 베드로나 야고보, 혹은 요한에 의해 기록되었으리라 생각할지 모른다. 그러나 전통적으로 널리 알려진 바에 따르면 마태가 저자였음이 거의 확실하다.

내증 또한 마태의 저작권을 지지한다. 이 복음서는 다른 세 복음서들보다 돈에 관한 언급을 더 많이 하고 있다. 사실상 이 책에는 신약의 다른 책들에는 나오지 않는 세 가지의 돈의 명칭이 나온다. '반 세겔'(17:24), '돈 한 세겔'(17:27), '달란트'(18:24)이다. 마태의 직업이 원래 세리였기 때문에, 그는 돈의 단위에 관심이 있었고 물건들의 가격을 언급하기도 했다. 세리의 직무상 글을 쓰고 기록을 남기는 일에 익숙했을 것이 분명하다. 따라서 인간적으로 말한다면, 마태는 첫 복음서를 기록할 만한 능력을 갖추고 있었다.

마태복음에는 그리스도인으로서 마태의 겸손함이 드러나곤 하는데, 이는 마태가 유독 자신에 대해 언급할 때마다 '세리 마태'라고 기록하고 있기 때문이다. 마가와 누가는 마태를 언급할 때 이러한 굴욕적인 직업을 계속 사용하지 않는다. 또한 마태는 예수님을 따르기 시작했을 때 그의 친구들을 '식사'(9:9~10)에 초대했다. 하지만 누가는 그 식사를 '큰 잔치'라고 불렀다(눅 5:29). 마태복음에 바리새인과 세리의 비유(눅 18:9~14) 및 자기가 토색한 것을 네 배나 배상했던 세리 삭개오의 이야기(눅 19:1~10)가 빠져 있다는 점도 특기할 만한 사실이다. 첫 복음서 기록자에 관한 내증은 마태를 가장 유력한 저자로 지목하고 있다.

마태복음 기록에 사용된 언어

현존하는 마태복음의 모든 사본들이 헬라어로 기록되어 있기는 하지만, 학자들 간에는 마태가 그의 복음서를 히브리어와 유사한 아람어로 기록했을 것이라는 주장도 있다. 실제로 마태복음이 마태가 아람어로 기록한 것을 헬라어로 번역한 것이라고 주장하는 대표적인 다섯 학자로 파피아스(AD 80~155년), 이레니우스(AD 130~202년), 오리겐(AD 185~254년), 유세비우스(AD 4세기), 제롬(AD 6세기)을 들 수 있다. 그러나 그들이 지칭한 것이 마태복음 이외에 마태가 기록한 다른 문서들이었을 가능성도 있다. 예를 들면, 파피아스는 마태가 예수님의 말씀들($\lambda o \gamma \iota \alpha$)을 집대성했다고 말했다. 하지만 이 '말씀들'은 주님의 말씀들을 아람어로 비교적 짧막하게 기록하여 아람어에 더 익숙한 유대인들의 집단에게 보낸 제2의 문서였을 가능성이 높다. 그러나 그 문서는 후대에 와서 분실되어 오늘날에는 전해지지 않고 있다. 마태복음은 아마도 마태가 직접 헬라어로 기록하여 오늘날까지 내려오게 되었을 것이다. 마태의 '말씀들'은 분실되고 그의 복음서만이 남았는데, 이는 이 복음서가 하나님의 말씀인 정경의 한 부분으로서 성령에 의해 영감을 받고 보존되었기 때문이다.

기록 시기

마태복음이 기록된 정확한 연도를 알아내는 것은 불가능한 일이다. 이 책의 기록 연대에 관한 다양한 의견들이 여러 보수 신학자들에 의해 제안되어 왔다. C. I. 스코필드는 그의 첫 스코필드 관주성경(*Scofield Reference Bible*)에서 AD 37년을 가능한 연대로 제시했다. AD 70년 이후로 보는 학자는 거의 없는데, 이는 마태가 예루살렘의 멸망에 대해 전혀 언급하고 있지 않기 때문이다. 더욱이 마태가 예루살렘을 '거룩한 성'(4:5; 27:53)으로 언급하고 있는 것은 그 당시에 아직 그 성이 남아 있었음을 암시해 준다.

주님의 죽으심과 부활 이후에 어느 정도의 시간이 경과된 후에 마태가 복음서를 기록한 것 같다. 마태복음 27장 7~8절에는 어떤 관습이 '오늘날까지' 지속되었다는 언급이 있고, 28장 15절에는 어떤 이야기가 '오늘날까지' 두루 퍼졌다는 기록이 있다. 이러한 구절들이 시간의 경과를 시사해 주는데, 유대인의 관습들이 그때까지 계속되고 있음을 볼 때 아주 오랜 기간이 경과한 것은 아님을 알 수 있다. 교회의 전승이 마태복음을 가장 먼저 기록된 복음서로 말하고 있음을 감안할 때, 약 AD 50년 전후를 그 기록 시기로 잡는다면 지금까지 거론해 온 모든 사항들을 두루 만족시킬 수 있으리라 생각한다. 뿐만 아니라 이 연대는 마태복음을 맨 처음 기록된 책으로 보기에도 충분할 만큼 이른 시기다(더 상세한 내용 및 다른 견해[즉 마가복음이 가장 먼저 기록된 복음서라는 것]에 대해서는 마가복음의 서론 부분에 나오는 '자료들'을 보라).

기록 동기

비록 이 복음서의 정확한 기록 동기가 알려지지는 않았지만, 마태에게는 최소한 두 가지의 기록 이유가 있었던 것 같다. 첫째, 그는 믿지 않는 유대인들에게 예수님이 메시아이심을 보여 주기 원했다. 즉 메시아를 발견한 그는 다른 이들도 자신과 마찬가지로 그분과 관계 맺게 되기를 바랐던 것이다. 둘째, 마태는 유대인 성도들을 격려하기 위해 이 복음서를 기록했다. 만일 예수님이 진실로 메시아시라면 정말 끔찍한 일이 벌어진 셈이었다. 유대인들은 그들의 메시아이며 왕이신 그분을 십자가에 못 박은 것이다. 이제 그들에게 무슨 일이 벌어질 것인가? 하나님이 그들을 버리실 것인가? 바로 이러한 시점에서 마태가 격려의 말씀을 전한 것이다. 이는 비록 불순종으로 인해 그 세대의 이스라엘 사람들이 심판을 받아야 했으나, 하나님이 자기 백성을 아주 버리신 것은 아니었기 때문이다. 하나님이 약속하신 나라는 장차 그의 백성과 더불어 세워질 것이다. 그러나 성도들은 그동안 온 세상에 나가서 모든 족속으로 제자를 삼으며 메시아에 대한 신앙의 메시지를 전파해야 할 책임이 있다.

마태복음의 특징들

1. 마태복음은 예수 그리스도의 가르침을 크게 강조한다. 복음서들 중에서 마태복음에 강론 자료가 가장 많이 나온다. 다른 어느 복음서에도 예수님의 가르침을 마태복음처럼 많이 싣고 있지 않다. 마태복음 5~7장은 통상적으로 예수님의 '산상보훈'으로 불린다. 10장은 제자들을 사역지로

보내면서 주신 훈계들을 포함하고 있다. 13장은 천국 비유들을 소개한다. 23장은 예수께서 이스라엘의 종교지도자들을 '맹렬히' 공박하신 내용이다. 또한 24~25장은 이른바 '감람 산 강화'로, 예루살렘과 그 백성에 대한 장래의 일들을 상세히 설명하신 것이다.

2. 마태복음의 어떤 부분들은 연대적이라기보다 논리적으로 전개되고 있다. 그 예로, 계보들이 세 개의 동등한 묶음으로 분류되어 있고, 여러 이적들이 함께 뭉쳐 있으며, 예수님을 반대하는 자들에 대한 기록은 한 문단에서 다뤄지고 있다. 마태의 목적이 연대보다는 주제에 있었음이 분명하다.

3. 마태복음은 구약의 인용구들로 가득 차 있다. 마태는 구약에서 약 50개의 구절들을 직접 인용하고 있으며, 약 75군데에서 구약의 사건들을 빗대어 말하고 있다. 의심할 여지없이 이것은 이 책의 수신자들을 고려한 결과이다. 마태는 이 책을 기록함에 있어서 누구보다도 유대인들을 염두에 두었는데, 그들은 구약의 사실들과 사건들에 관한 많은 언급들 때문에 이 책에 깊은 인상을 받았을 것이다. 만일 마태복음이 AD 50년경에 기록되었다면 마태가 인용할 만한 신약 성경이 많지 않았을 것이고, 혹시 이미 기록된 책이 있었다 하더라도 그의 수신자들이나 심지어 마태 자신까지도 그 책들을 몰랐을 가능성이 있다.

4. 마태복음은 예수 그리스도께서 메시아이심을 보여 주며 하나님 나라의 계획을 설명해 준다(Stanley D. Toussaint, *Behold the King: A Study of Matthew*, pp. 18~20). 유대인들은 "만일 예수가 정말 메시아라면, 약속하신 하나님의 나라는 어떻게 되었느냐?"라고 물었을 것이다. 구약성경에는 분명히 메시아가 지상에 영광스러운 낙원을 이루시고 거기서 이스라엘이 현저한 위치를 차지할 것이라고 예언되어 있다. 이스라엘이 참

왕이신 그리스도를 배척한 이래로 그 나라에 어떤 일이 일어났던가? 마태복음은 구약성경에 계시되지 않은 하나님 나라의 '비밀들'을 수록하고 있다. 이 '비밀들'은 그 나라가 이 세상에서는 다른 형태를 취하고 있고, 약속하신 다윗의 왕국은 훗날 예수 그리스도께서 그의 통치를 확립하시기 위해 이 땅에 재림하실 때 구현될 것이라고 가르친다.

5. 원어의 어순에 따르면, 마태복음의 맨 처음 구절은 이렇게 시작된다. "다윗의 자손, 아브라함의 자손 예수 그리스도의 계보라." 왜 다윗의 이름이 아브라함의 이름보다 먼저 나오는가? 히브리인의 조상인 아브라함이 유대인들에게는 더 중요한 의미를 갖지 않았겠는가? 마태가 다윗의 이름을 먼저 기록한 것은 아마도 그 나라를 다스릴 왕이 다윗의 계보를 통해 오시기 때문이었을 것이다(삼하 7:12~17). 예수 그리스도께서 자기 백성을 향한 메시지를 가지고 오셨으나 그 메시지는 하나님의 계획 가운데서 거부당했다. 그리하여 온 세상을 향한 메시지가 땅끝까지 퍼지게 된 것이다. 세상의 모든 백성들을 위한 축복의 약속이 아브라함을 통하여, 그리고 하나님이 그와 맺으신 언약을 통하여 전해졌다(창 12:3). 마태가 동방의 박사들(마 2:1~12)이나 위대한 믿음을 가졌던 백부장(8:5~13), 그리고 가나안 여인(15:22~28)과 같은 이방인들을 포함시킨 점은 이러한 맥락에서 주목할 만한 일이다. 게다가 마태복음은 "너희는 가서 모든 민족을 제자로 삼으라"(28:19)는 선교의 대위임령(The Great Commission)으로 끝을 맺는다.

The Bible Knowledge
Commentary

개요

Ⅰ. 왕의 소개(1:1~4:11)

    A. 조상의 계보를 통해(1:1~17)
    B. 출생을 통해(1:18~2:23)
    C. 사신(使臣)을 통해(3:1~12)
    D. 공인(公認)을 통해(3:13~4:11)

Ⅱ. 왕의 메시지(4:12~7:29)

    A. 메시지의 시작(4:12~25)
    B. 계속되는 메시지(5~7장)

Ⅲ. 왕의 확증(8:1~11:1)

    A. 병을 다스리는 권세(8:1~15)
    B. 귀신의 세력을 능가하는 권세(8:16~17, 28~34)
    C. 사람을 다스리는 권세(8:18~22, 9:9)
    D. 자연을 다스리는 권세(8:23~27)
    E. 사죄의 권세(9:1~8)
    F. 전통을 뛰어넘는 권세(9:10~17)
    G. 죽음을 이기는 권세(9:18~26)
    H. 어둠을 물리치는 권세(9:27~31)
    I. 말 못하는 자를 고치는 권세(9:32~34)
    J. 권위를 부여하는 권세(9:35~11:1)

IV. 왕의 권위에 대한 도전(11:2~16:12)

    A. 세례 요한을 거부함(11:2~19)
    B. 저주받은 고을들(11:20~30)
    C. 예수의 권위에 대한 논쟁(12장)
    D. 천국 계획의 수정(13:1~52)
    E. 여러 가지 거부 현상들(13:53~16:12)

V. 왕의 제자훈련(16:13~20:34)

    A. 배척을 염두에 둔 계시(16:13~17:13)
    B. 배척을 염두에 둔 교훈(17:14~20:34)

VI. 왕의 희생의 극치(21~27장)

    A. 왕의 공식적인 출현(21:1~22)
    B. 왕과 종교지도자들의 대립(21:23~22:46)
    C. 백성의 배척(23장)
    D. 왕의 예언적 대망(24~25장)
    E. 백성의 배척(26~27장)

VII. 왕의 부활의 확실성(28장)

    A. 빈 무덤(28:1~8)
    B. 그의 나타나심(28:9~10)
    C. '공식' 해명(28:11~15)
    D. 대위임령(28:16~20)

Βίβλος γενέσεως Ἰησοῦ Χριστοῦ υἱοῦ Δαυὶδ υἱοῦ Ἀβραάμ. Ἀβραὰμ ἐγέννησεν τὸν Ἰσαάκ, Ἰσαὰκ δὲ ἐγέννησεν τὸν Ἰακώβ, Ἰακὼβ δὲ ἐγέννησεν τὸν Ἰούδαν καὶ τοὺς ἀδελφοὺς αὐτοῦ, Ἰούδας δὲ ἐγέννησεν τὸν Φάρες καὶ τὸν Ζάρα ἐκ τῆς Θαμάρ, Φάρες δὲ ἐγέννησεν τὸν Ἐσρώμ, Ἐσρὼμ δὲ ἐγέννησεν τὸν Ἀράμ, Ἀρὰμ δὲ ἐγέννησεν τὸν Ἀμιναδάβ, Ἀμιναδὰβ δὲ ἐγέννησεν τὸν Ναασσών, Ναασσὼν δὲ ἐγέννησεν τὸν Σαλμών, Σαλμὼν δὲ ἐγέννησεν τὸν Βόες ἐκ τῆς Ῥαχάβ, Βόες δὲ ἐγέννησεν τὸν Ἰωβὴδ ἐκ τῆς Ῥούθ, Ἰωβὴδ δὲ ἐγέννησεν τὸν Ἰεσσαί, Ἰεσσαὶ δὲ ἐγέννησεν τὸν Δαυὶδ τὸν βασιλέα. Δαυὶδ δὲ ἐγέννησεν τὸν Σολομῶνα ἐκ τῆς τοῦ Οὐρίου,

The Bible Knowledge Commentary 19

Matthew
주해

The Bible Knowledge
Commentary

주해

I. 왕의 소개(1:1~4:11)

A. 조상의 계보를 통해(1:1~17; 눅 3:23~38)

1:1 마태는 그의 복음서 첫머리부터 책의 주제이자 중심인물이신 예수 그리스도를 기록하는데, 첫 구절에서는 이스라엘 역사에 나타난 두 위대한 언약인 다윗 언약(삼하 7장)과 아브라함 언약(창 12, 15장)을 주님과 연결시킨다. 만일 나사렛 예수께서 이 두 위대한 언약들의 성취라면 정통의 계보와 연결되어 있는가? 이것이 유대인들이 물었음직한 질문이므로 마태는 예수님의 계보를 자세히 추적하여 소개하고 있는 것이다.

1:2~17 마태는 예수님의 계보를 그분의 법적 부친인 요셉(16절)의 혈통을 따라 소개한다. 그래서 이 계보는 **솔로몬**과 그 후손들을 통해 계승될 다윗의 위(位)에 예수님의 권위를 연결시킨다(6절). 여고냐(11절)가 계

보에 들어가 있는 점이 특히 흥미로운데, 예레미야가 그에 대해 "이 사람이 자식이 없겠고 그의 평생 동안 형통하지 못할 자라 기록하라"(렘 22:30)고 말한 바 있기 때문이다. 예레미야의 예언은 왕권의 실제적 장악 및 왕위를 지니고 있는 동안 누리게 되는 복에 대한 것이었다. 비록 여고냐의 아들들이 왕권을 장악하지는 못했지만 통치권은 그들을 통해 계승되었다. 만일 예수님이 여고냐의 **육체적 후손**이었다면 다윗의 위(位)를 차지하지는 못했을 것이다. 누가복음의 계보는 예수님이 다윗의 또 다른 아들인 나단의 육체적 후손임을 분명히 한다(눅 3:31). 그러나 솔로몬의 후손인 요셉이 예수님의 **법적인 아버지**였기 때문에 왕권이 요셉의 계보를 통해 예수님께 전수되었던 것이다.

마태는 요셉의 계보를 여고냐로부터 그의 아들인 **스알디엘** 및 손자 **스룹바벨**까지 이어 간다(마 1:12). 누가복음도 스룹바벨의 부친인 스알디엘을 마리아의 계보 속에서 언급한다(눅 3:27). 그렇다면 누가는 결국 예수님이 여고냐의 육체적 후손이었다는 것을 말하고 있는 것인가? 그렇지 않다. 누가복음에 나오는 스알디엘과 스룹바벨은 마태복음에 나오는 두 사람과 다른 사람들이었을 것이다. 누가복음의 스알디엘은 네리의 아들이었지만, 마태복음의 스알디엘은 여고냐의 아들이었다.

　마태복음의 계보에서 발견할 수 있는 또 다른 흥미로운 사실은 구약의 네 여인들이 들어가 있는 점이다. 다말(마 1:3), 라합(5절), 룻(5절), 그리고 솔로몬의 모친인 밧세바(6절)이다. 이 모든 여인들은 대부분의 남자들과 같이 어느 면에서 보면 의심스러운 사람들이다. 다말과 라합은 기생이었고(창 38:24; 수 2:1), 룻은 이방 모압의 여인이었으며(룻 1:4), 밧세바는 간통죄를 범한 여인이었기 때문이다(삼하 11:2~5). 마태가 이 여인들을 메시아의 계보에 포함시킨 것은 하나님이 자기 백성을 선택하신 것이 순전히 그의 은혜에 근거한 것임을 강조하기 위한 것이다. 또한 그는 유대인들의 자만심을 꺾기 위해 이 여인들을 포함시켰을 것이다.

　다섯 번째 여인인 마리아(마 1:16)가 언급될 때 계보에 중요한 변화가 일어났다. 이 계보에서 마리아가 나타나기 전까지 '누가 누구를 낳고'가 계속되다가 여기서는 "마리아에게서 그리스도라 칭하는 예수가 나시니라"로 변한다. 원문에서는 여성 관계대명사 엑스 헤스(ἐξ ἧς : 그녀에게서)가 사용되었는데, 이는 예수님이 마리아의 육체적 자손이고 요셉은 예수님의 육체적 부친이 아님을 분명히 시사해 준다. 그의 기적 같은 잉태 및 탄생이 1장 18~25절에 설명되고 있다.

　마태가 여기에 아브라함과 다윗 사이(2~6절), 다윗과 바벨론으로 사로잡혀 간 것 사이(6~11절), 바벨론으로 사로잡혀 간 것과 예수 사이(12~16절)의 모든 사람을 총망라해서 기록하고 있지 않다는 것은 분명한 사실이다. 그 대신 그는 이 기간들에 각각 열네 대씩만 기록하고 있다(17절). 유대인들의 방식에 따르면 계보에 모든 이름들을 열거할 필요가 없다. 그런데 마태는 왜 각 기간마다 14명의 사람들을 선택했을까? 매우 타당성 있는 해석들 중 하나는 '다윗'이라는 이름의 히브리어 철자의 수치가 모두 합해서 14이기 때문이라는 것이다. 포로 시대로부터 예수님의 탄생까지의 기간에 나타나는 새 이름들이 모두 열셋임을 주목해야 한다(12~16절). 많은 학자들은 여고냐(12절)가 11절의 반복이긴 하지만 그것이 이 마지막 기간의 열네 번째 이름을 채워 주는 것으로 보고 있다.

아무튼 마태복음의 계보는 유대인의 왕임을 주장하는 그 어떤 사람에게라도 유대인들이 당연히 물었음 직한 중요한 질문에 대해 답해 주었다. 과연 그분은 올바른 계보를 따라 전승된 다윗의 후손이신가? 이에 대해 마태는 "그렇다"라고 대답한다.

B. 출생을 통해(1:18~2:23; 눅 2:1~7)

1. 그의 기원(1:18~23)

1:18~23 예수님이 '마리아에게서'만 태어나셨다는 사실은 계보상에도 언급된 바와 같이(16절) 보다 자세한 설명이 필요했다. 마태의 설명을 잘 이해하려면 히브리인들의 결혼 풍습을 알아야 한다. 그들의 결혼은 당사자들의 부모들에 의해 추진되고 협의되었다. 일단 부모들이 결혼을 결정하면, 당사자들은 이미 결혼한 사이로 간주되어 서로를 남편과 아내로 부르곤 했다. 그러나 아직 함께 살 수는 없었고 부모와 1년간 살며 기다리게 되어 있었다. 이 1년은 신부의 순결에 대한 서약의 신실성을 증명하는 기간이었다. 만일 신부가 이 기간 중에 잉태하게 되면 그녀는 부정한 성행위에 연루된 불결한 여인이 되어 결혼이 무효가 될 수도 있었다. 그러

나 만일 1년간의 기간이 신부의 순결을 증명해 주면, 신랑이 처가에 가서 신부를 자기 집으로 데려오게 되는데, 이 경우 장대한 행렬이 수반되곤 했다. 거기서 두 사람은 비로소 부부로서의 삶을 함께 시작하며 그들의 육체적 결합도 이루어지게 된다. 마태복음의 이야기는 이러한 배경을 감안하면서 읽어야 한다.

마리아에게 잉태된 것이 나타났던 때는 신랑 요셉과 결혼을 약속하고 1년간의 대기 기간을 보내고 있던 중이었다. 그들 사이에는 육체적 접촉이 없었고 마리아는 정절을 지켰다(20, 23절). 요셉에 대한 이야기는 자세히 언급되지 않았지만, 그가 얼마나 상심했을지는 가히 짐작할 수 있는 일이다. 그는 마리아를 진심으로 사랑했는데 그녀가 잉태했다는 소식을 들었던 것이다. 그녀에 대한 사랑은 그의 행동으로 증명되었다. 그는 그녀의 상황을 성문의 재판관들에게 알려 공공연한 추문을 만드는 일 따위는 하지 않았다. 그가 만약 그렇게 했다면 마리아는 돌에 맞아 죽게 되었을지도 모른다(신 22:23~24). 그 대신 그는 그녀를 가만히 끊고자 하였다.

그러자 주의 사자가 현몽하여(참조, 마 2:13, 19, 22) 요셉에게 마리아가 잉태한 것은 사람으로 말미암은 것이 아니라 성령으로 된 것이라고 했다(1:20. 참조, 18절). 마리아가 그 태에 가진 아기는 특별한 아기였는데, 그는 자기 백성을 그들의 죄에서 구원할 자이시다. 그래서 요셉은 그 이름을 예수라 하라는 명을 받았다. 이러한 말씀은 요셉으로 하여금 새 언약을 통하여 구원을 베푸시겠다던 하나님의 약속을 생각나게 했을 것이다(렘 31:31~37). 이름을 알 수 없는 이 천사는 또한 요셉에게 이 일은 하나님의 영원한 계획과도 부합되는데 이는 선지자 이사야가 700년 전에 처녀가 잉태할 것이라 예언했기 때문이라고 말했다(마 1:23; 사 7:14). 구약학자들 사이에 히브리어인 알마(עַלְמָה)를 '젊은 여인'으로 번역해야 할

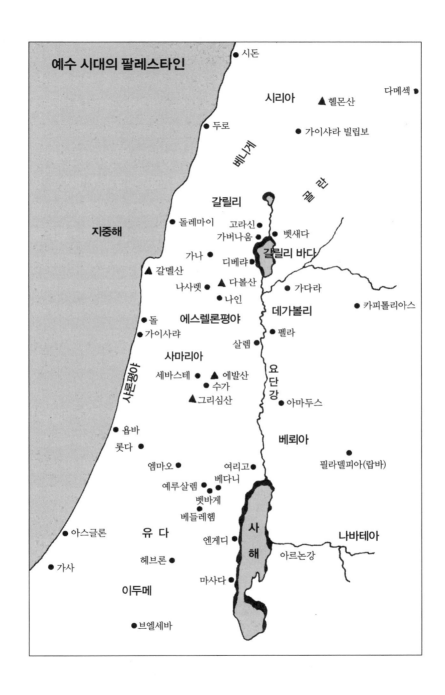

예수 시대의 팔레스타인

시돈

시리아 ▲ 헬몬산 다메섹

두로 ● 가이샤라 빌립보

헤르몬

갈릴리

지중해 돌레마이 ● 고라신 ● 벳새다
가버나움 ●
가나 ● 갈릴리 바다
▲ 갈멜산 디베랴 ●
나사렛 ● ▲ 다볼산 ● 가다라
● 나인
카피톨리아스 ●
돌 ● 에스렐론평야 데가볼리
가이사랴 ● ● 펠라
살렘 ●
사마리아 요
세바스테 ● ▲ 에발산 단
● 수가 강
▲ 그리심산 ● 아마두스

샤론평야

욥바 ● 베뢰아
롯다 ●
필라델피아(랍바) ●
엠마오 ● 여리고 ●
예루살렘 ● 베다니 ●
벳바게 ●
베들레헴 ●
사
아스글론 ● 유 다 해 나바테아
엔게디 ● 아르논강
가사 ● 헤브론 ●
마사다 ●
이두메

● 브엘세바

지 '처녀'라 번역해야 할지 논란이 되고 있기는 하지만, 하나님은 여기서 그 뜻이 처녀임을 분명히 하셨다(헬라어 파르쎄노스[παρθένος]가 그러하다).

마리아의 기적 같은 잉태는 이사야의 예언을 성취시켰고, 그녀의 아들은 참임마누엘('하나님이 우리와 함께 계시다')이시다. 따라서 요셉은 아내 데려오기를 무서워할 필요가 없었다(마 1:20). 사회의 오해나 우물가에서의 험담 대상이 될 것이기는 했으나, 요셉은 마리아가 잉태하게 된 진정한 내막과 그것에 대한 하나님의 뜻을 알고 있었던 것이다.

2. 그의 탄생(1:24~25)

1:24~25 요셉은 꿈에서 깨어나자마자 바로 순종했다. 그는 유대인의 풍습이 규정하는 혼인 대기 기간인 1년을 다 채우지 않고 마리아를 즉시 집으로 데려왔다. 아마도 요셉은 잉태한 마리아를 위해 그러한 조치를 취했을 것이다. 그는 집에서 그녀를 돌보며 필요한 것들을 공급해 주었다. 그러나 아기 예수를 낳기까지 그들은 **동침하지 않았다**. 마태는 이 아기의 탄생 및 그 **이름**을 예수라 한 사실을 간략히 기록했지만, 의사 누가(골 4:14)는 탄생에 얽힌 이야기를 더 자세히 설명했다(눅 2:1~7).

3. 그의 유년기(2장)

a. 베들레헴에서 (2:1~12)

2:1~2 동방으로부터 온 박사들이 예루살렘에 이른 시점에 대한 학설이

분분하기는 하지만, 그들은 분명히 예수님의 탄생 이후에 왔다. 예수님과 마리아와 요셉은 그때 베들레헴의 한 집안에 있었고(11절), 예수님은 갓난아기(브레포스[βρέφος], 눅 2:12)가 아닌 아기(파이디온[παιδίον], 9, 11절)라 불렸다.

박사들의 정체가 무엇이었는지 정확히 알아내는 것은 불가능한 일이며, 몇 가지 추측만이 나돌고 있을 뿐이다. 어떤 이들은 그들을 노아의 세 아들인 셈, 함, 야벳의 후손들을 대표하는 자들로 보고, 거기에 해당하는 전통적인 이름들을 붙여 왔다. 보다 타당성 있는 해석은 그들이 다른 나라 ― 아마도 바벨론 북동쪽의 파르티아(Parthia) ― 에서 온 고관들로서, 유대인의 왕으로 나신 이에 대한 하나님의 특별한 계시를 받았으리라는 것이다. 이 특별 계시는 아마도 하늘에 나타난 징조였을 가능성이 높은데, 이는 그들의 명칭이 '점성가들'인 점과 그들이 예수님의 별을 보고 왔노라고 언급한 점으로 미루어 볼 때 그렇다. 혹은 구약성경의 사본들을 가지고 동방으로 이주했던 유대인 학자들과의 접촉 과정을 통해 이 계시를 알게 되었을지도 모른다. 여러 학자들은 동방박사들이 언급한 내용이 '야곱에게서' 나오는 '한 별'에 관한 발람의 예언(민 24:17)을 반영하고 있다고 지적한다. 어찌 되었든 간에 그들은 유대인의 왕으로 태어나신 이를 경배하러 왔던 것이다(전승에 의하면 박사들의 숫자는 셋이었다. 그러나 성경은 그 숫자를 밝히지 않는다).

2:3~8 박사들이 '왕으로 나신 이'(2절)를 찾아 **예루살렘**에 왔을 때 **헤롯 왕**이 소동한 것은 놀라운 일이 아니다. 헤롯은 다윗의 계보를 따른 정당한 왕이 아니었다. 사실상 그는 야곱의 후손도 아니었고 에서의 후손인 에돔 사람이었다(그는 BC 37년부터 BC 4년까지 팔레스타인을 다스

렸다. 헤롯 가문에 관한 도표는 누가복음 1장 5절 주해 부분에서 참조하라). 이러한 사실 때문에 대부분의 유대인들은 그를 미워했고, 그가 유대를 위해 많은 일을 했음에도 불구하고 그를 왕으로 받아들이지 않았다. 만일 누구든지 정당한 왕으로 태어난다면 헤롯의 위치가 위기에 처하게 되어 있었다. 그래서 그는 유대인 학자들을 불러 모아 "그리스도가 어디서 나겠느냐"고 물었다(마 2:4). 매우 흥미롭게도 헤롯은 '유대인의 왕으로 나신 이'(2절)와 메시아이신 '그리스도'를 연결시켰다. 의심할 나위 없이 이스라엘은 메시아를 대망하고 있었고 그가 세상에 태어나실 것을 믿고 있었다.

헤롯의 질문에 대한 대답은 자명했는데, 이는 선지자 미가가 수세기 전에 이미 정확한 장소를 예언했기 때문이다. 메시아는 베들레헴에서 태어나실 것이다(미 5:2). 모든 대제사장과 백성의 서기관들의 이러한 대답 때문에 헤롯이 박사들을 불렀을 것이다. 그는 그들에게 별을 처음 본 때를 물었다(마 2:7). 이것은 후에 헤롯이 이 어린 왕을 제거하려는 음모를 꾸미는 데 있어서 결정적인 정보가 되었다(16절). 그는 또한 박사들에게 그들이 돌아오거든, 자기에게 이 왕이 있는 곳을 고하여 자기도 가서 그에게 경배하게 하라고 지시했다. 그러나 그것은 그의 진심이 아니었다.

2:9~12 예루살렘을 출발한 박사들의 여행에는 또 다른 이적이 뒤따랐다. 동방에서 보던 그 별이 다시 나타나 베들레헴의 아기 예수님이 있는 집으로 그들을 인도했던 것이다. 베들레헴은 예루살렘에서 남쪽으로 약 8킬로미터 떨어져 있다. '별들'(즉 혹성들)은 하늘 동편에서 서편으로 질러 가지, 북에서 남으로 가지는 않는 법이다. 그렇다면 박사들이 보았고 그들을 인도했던 '그 별'은 하나님의 임재의 영광(the Shekinah glory of God)

이 아니었을까? 동일한 영광이 이스라엘 백성을 광야에서 40년간 불 기둥과 구름 기둥으로 인도했다. 아마도 그들이 동방에서 봤던 것이 이것이었으며, 이것을 표현할 보다 적합한 용어가 없었기에 그냥 '별'이라 불렀을 것이다. 이 별을 설명하고자 하는 모든 다른 노력들은 성공하지 못한 듯하다(예를 들면, 목성과 토성, 화성의 상합[相合: 2개 이상의 별이 서로 겹치며 밝게 빛나는 현상]이라든지 초신성[超新星], 또는 혜성).

아무튼 그들은 아기 예수님이 계신 곳으로 인도함을 받아 마침내 그 집에 들어가 아기께 경배했다. 그들의 경배는 황금과 유향과 몰약을 예물로 드림으로써 고조되었다. 이 예물들은 왕에게 합당한 것이었다. 이방 지도자들의 이러한 행위는 훗날 메시아께 온전히 바쳐질 열국의 부요함을 잘 묘사해 주는 것이다(사 60:5, 11; 61:6; 66:20; 습 3:10; 학 2:7~8).

어떤 이들은 이 예물들이 이 아기 생애의 성격을 반영하는 깊은 의미를 지닌 것으로 보기도 한다. 황금은 그의 신성 혹은 성결을, 유향은 그의 삶의 향기를, 그리고 몰약은 그의 희생과 죽음을 대변한다는 것이다(몰약은 시신에 바르는 기름으로 사용되었다). 이 예물들은 요셉과 그의 가족이 애굽에 내려간 때부터 헤롯이 죽기까지의 기간에 필요한 생활비로 사용되었음이 분명하다. 박사들은 하나님께로부터 헤롯에게로 돌아가지 말라는 지시하심을 받아 다른 길로 고국에 돌아갔다.

b. 애굽에서(2:13~18)

2:13~15 박사들의 방문 후에 요셉은 주의 사자에게서 마리아와 예수님을 데리고 애굽으로 피하라는 지시를 받았다. 이 지시는 꿈에 나타났다(이는 요셉의 네 꿈 중 두 번째이다, 1:10; 2:13, 19, 22). 그 이유는 헤롯이

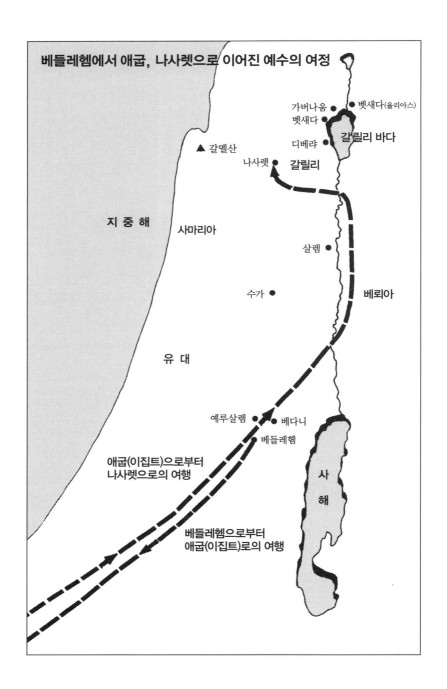

베들레헴에서 애굽, 나사렛으로 이어진 예수의 여정

벳새다(율리아스)
가버나움
벳새다
디베랴
갈릴리 바다
갈멜산
나사렛
갈릴리
지 중 해
사마리아
살렘
수가
베뢰아
유 대
예루살렘
베다니
베들레헴
애굽(이집트)으로부터
나사렛으로의 여행
사 해
베들레헴으로부터
애굽(이집트)로의 여행

아기를 죽이려고 찾고 있었기 때문이다. 요셉은 이에 순종하여 야음을 타서 온 가족과 함께 베들레헴을 떠나 애굽으로 향했다(지도 참조). 왜 애굽이었을까? 이는 메시아가 애굽에 가셨다가 돌아오심으로 '애굽으로부터 내 아들을 불렀다'는 선지자의 예언을 이루려 하심이었다. 이것은 호세아 11장 1절의 인용인데, 이 구절이 원래는 예언의 의미로 사용된 것 같지는 않다. 호세아는 이스라엘을 애굽에서 불러내신 하나님의 부르심을 기록한 것이다. 그러나 마태는 이 말씀에 새로운 의미를 부여했다. 그는 이 사건에서 메시아와 그 백성을 동일하게 여긴 것이다.

성자 하나님과 그 백성 사이에는 유사점들이 있었다. 이스라엘은 하나님이 택하여 입양하신 '아들'이었고(출 4:22), 예수님은 하나님의 아들 메시아이시다. 둘 다 애굽에 내려가게 된 경위가 위험을 피하기 위함이었고, 출애굽은 이 백성의 경륜적 역사(徑輪的 歷史)에 매우 중대한 사건이었다. 호세아의 기록은 이스라엘의 구원에 관한 역사적 내용이었으나, 마태는 이것을 하나님의 아들 메시아를 애굽에서 부르신 일로 연결시켰다. 마태가 호세아의 보도를 보다 의미심장한 사건 – 애굽으로부터의 메시아의 귀환 – 으로 '승화'시킨 대로 모든 일은 '성취'되었다.

2:16~18 헤롯은 박사들이 새로 탄생한 왕의 정확한 거처를 알려 달라는 그의 명령에 거역한 사실을 알고, 즉시 **베들레헴**에 있는 모든 **사내 아이를 죽이려는** 계획을 착수했다. 박사들이 동방에서 '별'을 본 **때를 기준하여 두 살부터 그 아래의 아이들이** 그 대상으로 선정되었다. 이것은 박사들이 예수님을 방문했을 때 예수님의 나이가 두 살 미만이었다는 사실을 암시해 주는 것 같다.

이 사내아이들 학살 사건은 성경에서 여기에만 기록되어 있다. 심지어 유대인 사가(史家)인 요세푸스(AD 37~100년?)조차도 천진난만한 어린아이들을 학살한 이 끔찍한 만행을 언급하지 않았다. 그러나 헤롯의 악명 높은 죄악들을 감안할 때, 그를 위시한 세속 사가들이 작은 마을에서 벌어진 몇몇 히브리 소년들의 죽음을 간과한 것은 그리 놀라운 일이 아니다. 그는 자기를 거슬러 모반 음모를 꾸몄다고 생각되는 자기 자녀들과 왕후들까지 살해한 인물이었다. 전하는 바에 따르면 아우구스투스 황제는 헤롯의 아들이 되기보다 그의 암퇘지가 되는 편이 낫다고 말했다는데, 이는 그의 암퇘지가 생존의 가능성이 더 높았기 때문이다. 영어에서와 같이 헬라어에서 '암퇘지'(휘오스[ὑός]: sow)와 '아들'(휘오스[υἱός]: son) 사이에는 글자 하나 차이밖에 없다.

이 사건 역시 선지자 예레미야가 말한 예언의 성취로 해석되었다. 예레미야의 기록(렘 31:15)은 우선적으로 이스라엘이 바벨론에 포로로 잡혀갈 당시(BC 586년) 죽임 당한 자식들 때문에 슬퍼했던 백성의 통곡을 가리킨다. 그러나 유대인이 아닌 자들에 의해 자녀들이 학살당하는 동일한 상황이 예수님 당시에 재현되었다. 또한 라헬의 묘가 베들레헴 부근에 있었는데, 그녀는 종종 백성의 어머니로 간주되었다. 그래서 이 아이들의 죽음으로 인해 그녀가 통곡하는 것으로 묘사되었던 것이다.

c. 나사렛에서(2:19~23)

2:19~23 헤롯이 죽은 후에 주의 사자가 다시 요셉에게 지시했다. 이것은 천사가 그의 꿈속에 나타난 네 차례의 사건 중 세 번째이다(참조, 1:20; 2:13, 19, 22). 천사는 그에게 헤롯의 죽음을 알리고 이스라엘 땅으로 돌아가라고 명했다(20절). 요셉은 주의 지시에 순종하여 이스라엘 땅 – 아

마도 베들레헴 - 으로 돌아갈 계획을 세웠다. 그러나 당시에 헤롯의 아들인 아켈라오가 유대와 사마리아 및 이두매 지역을 통치하고 있었다. 폭군이자 살인마요 변덕쟁이로 악명 높은 아켈라오는 아마도 근친결혼의 결과로 정신 이상이 되었던 것이다(그는 BC 4년부터 AD 6년까지 다스렸다. 참조, 누가복음 1장 5절 주해 부분의 헤롯 가문에 대한 도표). 하나님은 다시 꿈을 통해(2:22. 참조, 1:20; 2:13, 19) 요셉에게 베들레헴으로 돌아가지 말고 북쪽 갈릴리 지방의 나사렛이란 동네로 가라고 지시하셨다. 이 지역의 통치자는 헤롯의 또 다른 아들인 안티파스였는데(참조, 14:1; 눅 23:7~12) 그는 유능한 통치자였다.

예수님의 가족이 나사렛으로 이주한 사실도 예언의 성취로 해석되었다(2:23). 그러나 "나사렛 사람이라 칭하리라"는 말씀이 구약의 선지자들 입에서 그대로 나온 적은 없다. 다만 몇몇 예언들이 이 표현과 유사한 방법으로 묘사되었을 뿐이다. 이사야는 메시아가 "(이새의) 뿌리에서 나온 한 가지"와 같을 것이라고 말했는데(사 11:1), '가지'를 뜻하는 히브리어 네체르(נצר)는 '나사렛'과 유사한 자음들로 구성되어 있으며, '보잘것없는 시작'이라는 개념을 담고 있다.

마태는 여기서 복수형인 '선지자들'을 사용했는데, 이는 아마도 그가 어떤 특정한 예언을 지칭하기보다는 멸시당하시는 메시아의 특성에 관한 수많은 예언들 속에 드러난 개념을 바탕으로 말했다는 것을 암시한다. 나사렛은 갈릴리 북방을 담당하던 로마의 주둔 부대에게 거처를 제공한 마을이었다. 따라서 대부분의 유대인들은 그 마을과 별다른 관계를 갖지 않았다. 사실상 나사렛에 살던 유대인들은 원수인 로마인들과 어울려 다니는 회색분자들로 취급당했다. 따라서 '나사렛 사람'이라고 부르는 것은 경멸의 표현이었다. 그래서 요셉과 그 가정이 나사렛에 정착한 이래로, 메시아는 이스라엘의 수많은 사람들에게 멸시와 모독을 받으셨다. 예수님이 나사렛 출신이라는 말을 듣고 나다나엘이 보인 반응이 바로 이것이었다(요 1:46). "나사렛에서 무슨 선한 것이 날 수 있느냐?" 이 개념은 구약의 몇몇 예언들이 말하는바, 메시아의 겸허하신 성품과 부합된다(예, 사 42:1~4). '나사렛 사람'이라는 말은 또한 유대인들로 하여금 소리가 유사한 단어인 '나실인'(민 6:1~21)을 생각나게 했을 것이다. 예수님은 나실인들보다 하나님께 더욱 헌신된 분이셨다.

C. 사신(使臣)을 통해(3:1-12; 막 1:1-8; 눅 3:1-9, 15-18; 요 1:19-28)

3:1~2 마태는 왕이신 메시아에 관한 그의 이야기에서 예수님의 지상 생애 중 출생 후 약 30년에 해당하는 기간을 언급하지 않은 채 그냥 넘어가 버린다. 그는 왕의 '사신'인 세례 요한의 전초적(前哨的) 사역을 언급함으로 그의 이야기를 계속한다. 성경에는 요한이라는 이름을 가진 사람들이 몇몇 있지만, 세례를 베푸는 자인 세례 요한은 구별된 명칭을 가졌다. 개종자들이 스스로 세례를 받는 일은 유대인들에게 더러 알려진 사실이었지만, 요한의 세례는 그가 남에게 세례를 베푼다는 점에서 특이한 것이었다. 요한의 사역은 유대 광야에서 이루어졌는데, 이곳은 사해 서부에 위치한 메마르고 황량한 지역이다.

그의 메시지는 단도직입적이었으며, 두 부분으로 구성되었다. (1) 구원론적 측면에서 "회개하라"와 (2) 종말론적 측면에서 "천국이 가까이 왔느니라"이다. 도래하는 천국의 개념은 구약성경에 잘 알려져 있었다. 그러나 이 나라에 들어가기 위해서 회개해야 한다는 것은 새로운 개념이었고, 그것은 많은 유대인들에게 거침돌이 되었다. 그들은 자기들이 아브라함의 자손이므로 메시아의 나라에 자동적으로 들어가도록 허락받았다고 생각했다. 그러나 요한의 메시지는 그들이 천국에 들어갈 자격을 얻으려면 마음과 뜻의 변화(메타노에이테[μετανοεῖτε]: 회개하라)가 필요하다는 것이었다. 그들은 자기들이 하나님의 율법과 선지자들이 제시한 요구들로부터 얼마나 멀리 떠나 있었는지 깨닫지 못했다(예, 말 3:7~12).

요한의 메시지의 종말론적 측면은 현대 주석가들에게 더욱 큰 문제점들을 안겨 주었다. 요한이 의미한 바에 대한 일치된 견해가 없고, 심지어 보수적인 학자들 사이에도 의견이 분분하다. 요한은 무엇을 선포했던 것인가? 그는 도래하는 나라를 선포했는데, 그 의미는 '도래하는 통치'이다. 이 통치는 하늘의 통치일 것이다. 그렇다면 하나님이 하늘에서 통치를 시작하실 것이라는 뜻이었을까? 결코 아니다. 왜냐하면 하나님은 창세 이래로 하늘의 영역을 계속 통치해 오셨기 때문이다. 요한은 천상에서의 하나님의 통치가 바야흐로 지상에 확장되려 한다는 사실을 의미하고 있다. 하나님의 지상 통치가 임박했는데, 그것은 메시아의 인성(人性)을 통해 확립될 것이며, 요한은 바로 그분을 위해 길을 준비하고 있었다. 사실상 요한의 메시지를 들었던 어느 누구도 그 의미를 되묻지 않았는데, 이는 메시아의 지상 통치 개념이 구약의 예언 속에 면면히 흘러왔기 때문이다. 그렇지만 그러한 통치가 확립되기 위해서는 백성의 회개가 요구되었다.

3:3~10 요한의 메시지는 이사야 40장 3절의 성취였다(말라기 3장 1절도 가미됨). 네 복음서들 모두가 세례 요한과 이사야의 예언을 연관 짓고

있다(막 1:2~3; 눅 3:4~6; 요 1:23). 그러나 이사야 40장 3절은 이스라엘 백성이 BC 537년에 바벨론 포로 생활로부터 유다로 돌아올 때 함께 돌아오실 주님의 길을 광야에서 예비하라고 부르심을 받은 '도로 공사자들'에 관한 내용이다. 이와 유사하게 세례 요한도 광야에서 사람들에게 주께 돌아오라고 외침으로 주님과 그의 나라를 준비하고 있었다.

따라서 요한은 남은 자를 준비시켜 메시아를 영접하게 하는 광야에 외치는 자의 소리였다. 그가 '유대 광야'(마 3:1)에서 외쳤다는 사실은 그가 사람들을 그 당시의 종교적 체제들로부터 격리시켰다는 것을 예시해 준다. 그는 엘리야와 유사한 복장을 했다('낙타털 옷을 입고 … 가죽 띠를 띠고.' 참조, 왕하 1:8; 슥 13:4). 그는 또한 메뚜기와 석청을 먹었다. 메뚜기는 가난한 사람들의 음식이었다(레 11:21). 엘리야처럼 그는 단도직입적으로 메시지를 외쳤던 거친 야인(野人)이었다.

예루살렘과 온 유대로부터 수많은 사람들이 세례 요한의 메시지를 들으러 왔다. 그들 중 어떤 이들은 그의 메시지를 받아들여 자기들의 죄를 자복하고 세례 요한의 특징적 사역인 물세례를 받았다. 요한의 세례는 그리스도인의 세례와 같지 않았는데, 이는 그의 세례가 죄의 고백과 더불어 오실 메시아를 대망하며 거룩한 삶을 살기로 헌신하는 종교적 의식이었기 때문이다.

모든 사람들이 믿은 것은 아니었다. 그가 무엇을 하고 있는지 감시하러 왔던 바리새인들과 사두개인들은 그의 호소를 거부했다. 그들의 속셈은 그들을 향한 요한의 말 속에 요약되었다(마 3:7~10). 그들은 자기들이 아브라함의 육체적 후손으로서 메시아의 나라에 합당한 자격을 자동적으로 갖추었다고 생각했다. 요한은 바리새인의 유대주의를 철저히 거부하면서, "하나님이 능히 이 돌들로도 아브라함의 자손이 되게 하시리라"고 말했다. 하나님은 이방인들을 들어 자기를 따르는 자들로 만드실 수 있었다. 유대주의는 몰락의 위기에 있었다. 만일 회개에 합당한 열매가 없으면(8절) 하나님이 나무를 찍어 버리실 것이다.

3:11~12 세례 요한과 오시는 메시아의 관계가 명확하게 드러났다. 요한은 자신이 오시는 이의 신을 들기도(또는 신들메를 풀기도) 감당할 수 없다고 믿었다. 요한은 메시아를 위해 남은 자를 준비시키며, 반응을 보인 자들에게 **물로 세례**를 베푸는 전초병(前哨兵)에 불과했다. 오시는 이는 사람들에게 **성령과 불로 세례**를 주실 것이다. 요한의 메시지를 들은 사람들은 구약의 두 예언(욜 2:28~29; 말 3:2~5)을 회상했을 것이다. 요엘은 이스라엘에게 성령이 부은 바 될 것임을 약속했다. 성령의 실제적인 부으심은 오순절에 나타났지만(행 2장) 이스라엘이 그 사건에 경험적으로 참여하지는 못했다. 이스라엘은 주의 재림 시에 회개함으로 이 성취된 사역의 혜택을 맛보게 될 것이다.

'불' 세례는 말라기 3장에서 예언된 대로, 천국에 들어갈 자들에 대한 심판과 정화(淨化)를 가리킨다. 요한은 이 상징법을 사용하여 곡식을 키질한 후에 **알곡**은 곡간에 모으고 **쭉정이**는 불에 태우게 되는 과정에서 생기는 분리를 설명한다. 오실 메시아는 백성을 단련하고 정화하여 천국에 들어갈 남은 자(알곡)를 준비하실 것이다. 그분을 거부하는 자들(쭉정이)은 심판을 받아 영원히 **꺼지지 않는 불**에 던져질 것이다(참조, 말 4:1).

D. 공인(公認)을 통해(3:13~4:11)

1. 세례를 통해(3:13~17; 막 1:9~11; 눅 3:21~22)

3:13~14 나사렛에서의 오랜 침묵의 기간이 지난 후, 예수께서는 요한의 청중 속에 나타나셔서 요한에게 세례를 받는 사람들의 대열에 가담하셨다. 마태만이 요한의 거부를 기록했다. "내가 당신에게서 세례를 받아야 할 터인데 당신이 내게로 오시나이까?" 요한은 예수님이 그의 세례를 받을 대상이 아니심을 알았는데, 이는 그의 세례가 회개를 위한 것이기 때문이었다. 예수께서 무엇을 회개해야 한단 말인가? 그는 죄를 지으신 적이 없으므로(고후 5:21; 히 4:15; 7:26; 요일 3:5), 비록 그가 요한에게 세례를 받으려 하셨을지라도 요한의 세례에 공식적으로 들어가실 수 없었다. 어떤 이들은 예수께서 마치 모세, 에스라, 다니엘 등이 그랬듯이 백성의 죄악을 고백하셨으리라 생각한다. 그러나 마태복음 3장 15절은 또 다른 가능성을 제시한다.

3:15 요한에 대한 예수님의 대답은 그 시점에서 그가 요한의 세례에 참여하는 것이 모든 의를 이루기 위해 합당하다는 것이었다. 이 말씀의 의미가 무엇이었을까? 율법에는 세례에 대한 의무가 없었으므로 예수께서 율법의 의를 말씀하신 것이라고 볼 수는 없다. 요한의 메시지는 회개의 메시지였고, 거기에 참여하는 자들은 의로우시며 의를 가져오실 메시아의 도래를 대망하고 있었다. 메시아가 죄인들을 위한 의를 제공하시려면

죄인들과 같아지셔야 한다. 따라서 그가 자신을 죄인들과 동일시('세례'라는 단어의 원뜻)하기 위해 요한에게 세례를 받으시는 것이 그를 향한 하나님의 뜻이었던 것이다.

3:16~17 예수님의 수세(受洗)에 있어서 중요한 사항은 하늘로부터의 공인(公認)이다. 예수께서 물에서 올라오실 때 하나님의 성령이 비둘기같이 그에게 강림하셨다. 한 분이 올라가시자 다른 분이 내려오셨다. "하늘로부터(성부 하나님의) 소리가 있어 말씀하시되 이는 내 사랑하는 아들이요 내 기뻐하는 자라"(참조, 엡 1:6; 골 1:13). 하나님은 그리스도에 대한 이 말씀을 변화산 위에서도 반복하셨다(마 17:5). 이 사건에는 삼위 하나님이 모두 참여하셨다. 성부는 그의 아들에 대해 말씀하셨고, 성자는 세례를 받으셨으며, 성령은 성자 위에 비둘기같이 강림하셨다. 요한복음은 이 사건을 통해 예수님이 하나님의 아들이심을 확증했다(요 1:32~34). 성령이 메시아 위에 머무르실 것을 이사야도 예언한 바 있다(사 11:2). 성령의 강림은 메시아이신 성자의 지상 사역을 위한 능력의 공급이었다.

2. 시험을 통해(4:1~11; 막 1:12~13; 눅 4:1~13)

4:1~2 수세 후 예수님은 즉시 성령에게 이끌리어 광야로 가셔서(전통적으로 여리고 부근으로 알려짐. 지도를 참조하라) 얼마 동안 시험을 받으셨다. 이것은 하나님이 인도하시고 성자께서 순종하셨던 필수적인 기간이었다(히 5:8). 사십 일을 금식하신 후, 주님이 주리셨을 때에 시험이 시작되었다. 하나님의 입장에서 볼 때 시험은 주님의 자질을 입증한 것이다. 하나님이신 성자께서 죄를 저지른다는 것은 있을 수 없는 일이고, 그러한

사실이 실상은 시험을 고조시켰다. 그는 시험에 빠져 죄를 저지를 수 없는 분이셨으나, 시험이 끝나기까지 견디셔야만 했다.

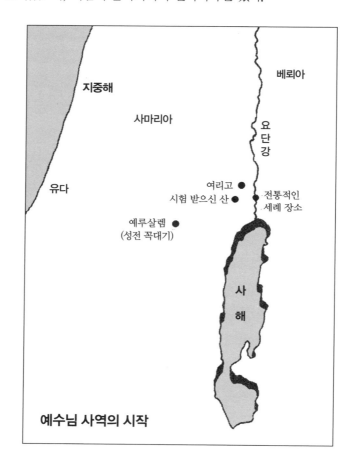

지중해

베뢰아

사마리아

요단강

유다

여리고
시험 받으신 산

전통적인
세례 장소

예루살렘
(성전 꼭대기)

사해

예수님 사역의 시작

4:3~4 첫 번째 시험은 하나님의 아들 되심과 연관된 내용이었다. 사탄은 주님이 하나님의 아들이시므로 아버지께 의존하지 않고 독자적인 행동을 취하도록 그를 설복할 수 있으리라 간주했다. 사탄의 시험은 실로 교묘했는데, 이는 주님이 하나님의 아들이시므로 그 주변에 있던 모든 돌

들로 떡덩이가 되게 할 수 있는 권세를 가지셨기 때문이다. 그러나 그것은 그분을 향한 하나님 아버지의 뜻이 아니었다. 성부의 뜻은 그를 광야에서 굶주리시도록 하는 것이었다. 사탄의 제의를 받아들여 굶주림을 면한다는 것은 하나님의 뜻을 거스르는 일이었다. 그래서 예수님은 신명기 8장 3절을 인용하셨다. "사람이 떡으로만 살 것이 아니요 하나님의 입으로부터 나오는 모든 말씀으로 살 것이라." 사람의 욕구를 채우는 것보다 하나님의 말씀에 순종하는 것이 더 낫다. 예수님이 신명기의 말씀을 인용하셨다는 사실은 신명기의 권위를 그가 친히 인정하셨음을 보여 준다.

4:5~7 두 번째 시험을 통해 사탄은 인간적 과시욕과 인기에 호소한다. 이 시험은 첫 번째 시험을 토대로 한 것이다. 예수님이 하나님의 아들이며 메시아라면 아무것도 그를 해할 수 없다. 사탄은 그를 성전 꼭대기로 데려갔다. 이 상황이 실제적인 것이었는지, 아니면 이상 중에 나타난 것이었는지 확정적으로 말하기는 어렵다. 여기서 사탄은 메시아이신 예수께 교묘한 제안을 했다. 사탄은 말라기의 예언(3:1)을 인용했는데, 이 구절은 유대인들로 하여금 메시아가 홀연히 하늘에 나타나셔서 그의 성전에 강림하실 것이라는 생각을 갖게 했다. 사탄은 사실상 다음과 같이 말한 것이다. "사람들이 기대하는 놀라운 일을 과시해 보지 않겠소? 어찌 되었든 성경은 하나님의 사자들이 당신을 보호한다고 말씀하니, 당신이 뛰어내려도 발 하나 상하지 않을 것이오!"

사탄은 예수님이 성경을 인용한다면 자기도 인용할 수 있다고 생각했을 것이다. 그러나 그는 시편 91편 11~12절의 말씀을 정확하게 인용하지 않았다. 중요한 어구인 "네 모든 길에"를 생략했다. 시편 저자에 따르면, 사람이 주의 뜻을 따를 때만이 보호를 받는다고 했다. 예수님이 성전 꼭

대기에서 극적인 방법으로 뛰어내려 사람들의 환심을 사는 일은 하나님의 뜻이 아니었다. 예수님은 다시 신명기(6:16)의 말씀을 인용하며 자신이 하나님을 시험하고 하나님의 뜻을 거슬러 무엇을 행하는 것은 합당한 일이 아니라고 대답하셨다.

4:8~11 사탄의 마지막 시험은 예수님을 향한 하나님의 계획과 연관된 내용이었다. 예수 그리스도께서 세상을 통치하시는 것은 늘 하나님의 뜻이었다. 사탄은 예수께 천하만국과 그 영광을 보여 주었다. 이 나라들은 현재 '이 세상'(고후 4:4)이자 '이 세상 임금'(요 12:31. 참조, 엡 2:2)인 사탄의 지배 아래 놓여 있다. 당시에 사탄에게는 이 나라들을 예수께 줄 수 있는 권세가 있었다. 사탄은 예수님이 그에게 엎드려 경배한다면, "내가 당신에 대한 하나님의 뜻을 성취할 수 있고, 당신은 지금 당장 만국을 소유할 수도 있소"라고 말하고 있었다. 이것은 물론 예수님을 십자가의 길로부터 차단시키려는 의도에서 나온 것이다. 그는 실제로 십자가 없이도 왕 중에 왕이 되실 수 있을 것이다. 그러나 그렇게 되었다면 하나님의 구원 계획은 좌절되었을 것이고, 결과적으로 예수님은 사탄을 경배하게 되었을 것이다. 그는 다시 신명기의 말씀(6:13; 10:20)을 인용하여 오직 하나님만이 경배를 받으셔야 한다고 대답함으로 이 시험도 물리치셨다.

재미있는 것은 에덴동산에서 하와를 겨냥했던 사탄의 시험이 광야에서 예수님을 시험했던 것과 본질적으로 동일하다는 사실이다. 사탄은 식욕(창 3:1~3; 마 4:3), 개인적 이익(창 3:4~5; 마 4:6), 그리고 권세 또는 영광에 쉽게 이르는 방법(창 3:5~6; 마 4:8~9)으로 유혹했다. 두 경우 모두 사탄은 하나님의 말씀을 왜곡했다(창 3:4; 마 4:6). 사탄의 유혹은 오늘날도 동일한 세 가지 방향으로 나타난다(참조, 요일 2:16). 세례를 통해 죄인들과 동일시되셨고 의를 공급하실 그분은 자기의 의로우심을 증명하셨고 하나님의 공인(公認)을 받으셨다. 그러자 사탄은 예수님을 떠났고 하나님은 즉시 천사들을 보내어 예수님을 수종 들게 하셨다.

하와와 예수님을 향한 사탄의 시험		
시험	창세기 3장	마태복음 4장
식욕에 호소	너는 어느 열매도 먹을 수 있다(3:1).	너는 돌들로 떡을 만들어 먹을 수 있다(4:3).
개인적 이익에 호소	네가 결코 죽지 아니하리라 (3:4).	네 발이 상하지 않을 것이다 (4:6).
권세 또는 영광에 호소	너는 하나님과 같이 될 것이다(3:5).	네가 만국을 소유할 것이다 (4:8~9).

II. 왕의 메시지(4:12~7:29)

A. 메시지의 시작(4:12~25)

1. 말씀을 통해(4:12~22; 막 1:14~20; 눅 4:14~15)

a. 예수님의 설교(4:12~17)

4:12~16 마태는 그의 이야기 속에 매우 중요한 시간적 요소를 언급했는데, 이는 예수께서 세례 요한이 옥에 갇힌 후에야 그의 공적인 사역을 시작하셨다는 보도이다. 요한이 옥에 갇히게 된 이유에 대한 언급이 여기에는 없지만 뒤에 가서 밝혀진다(14:3). 요한의 투옥 소식을 들은 예수님은 나사렛을 떠나 가버나움에 정착하셨다(누가복음 4장 16~30절은 그가 왜 나사렛을 떠나셨는지를 설명해 준다). 이 지역을 여호수아가 정복한 이후에는 스불론과 납달리 족속이 차지했다. 이사야는 빛이 이 지역에 임할 것을 예언했는데(사 9:1~2), 마태는 예수님의 이주를 이 예언의 성취로 보았다. 메시아의 사역들 중 하나는 흑암에 빛을 전하는 일이었는데, 이는 그가 유대인과 이방인에게 두루 비치는 빛이셨기 때문이다(참조, 요 1:9; 12:46).

4:17 요한이 옥에 갇히자 예수께서 말씀을 전파하시기 시작했다. 그의 말씀은 요한의 메시지와 유사한 내용이었다. "회개하라, 천국이 가까이 왔

느니라"(참조, 3:2). 요한의 이중적 메시지가 이제 메시아에 의해 선포되었던 것이다. 하나님의 역사는 지상에 영광스러운 하나님의 나라를 설립하는 방향으로 신속하게 움직여 가고 있었다. 누구든지 그 나라에 속하려면 회개해야 했다. 하나님과의 교제를 즐기려는 이들에게 회개는 필수적 요건이었다.

b. 예수님의 부르심(4:18~22; 막 1:16~20; 눅 5:1~11)

4:18~22 예수님은 약속된 메시아이셨으므로 그에게는 사람들을 일상생활로부터 불러내어 자기를 따르게 하실 권리가 있었다. 여기에 언급된 사람들은 예수님의 첫번째 제자들이 아니었다. 요한복음에서 예수님과 몇몇 제자들과의 첫 만남을 기록한다(요 1:35~42). 이제 예수께서는 이 어부들을 불러 그들의 직업을 버리고 자신을 영구적으로 따르라고 명하셨다. 그는 그들을 물고기 낚는 어부가 아니라 **사람을 낚는 어부**가 되게 하실 것이다. 도래하는 천국의 메시지가 널리 선포되어야만 많은 사람들이 듣고 회개하여 천국의 백성이 될 수 있을 터였다. 이 소명에는 희생이 뒤따랐는데, 그것은 자기의 생업뿐 아니라 가족 부양의 책임으로부터도 떠나야하는 일이었다. 마태는 야고보와 요한이 예수님을 따르기 위해 그들의 직업뿐 아니라 그들의 부친까지도 버렸다고 기록했다.

2. 행위를 통해(4:23~25; 눅 6:17~19)

4:23 주님의 사역은 말씀 전파에 국한되지 않았다. 그의 행위는 그의 말씀만큼 중요했는데, 이는 유대인들의 마음속에 있던 커다란 의문은 '스

스로 메시아임을 주장하시는 이분이 과연 메시아의 일들을 해내실 수 있을까?' 하는 것이었기 때문이다. 마태복음 4장 23절은 마태복음의 주제를 요약한 중요한 구절이다(참조, 9장 35절도 매우 유사하다). 이 구절은 몇 가지 중요한 요소들을 담고 있다.

(1) 예수께서 온 갈릴리에 두루 다니사 그들의 회당에서 가르치셨다. 유대인의 왕이라 주장하신 이분의 사역은 유대인들 중에서 행해졌다. 그는 유대인들이 모여 예배드리는 장소인 회당에서 사역하셨다. (2) 이분은 가르치는 일과 말씀을 전파하는 일을 하셨다. 따라서 그는 선지자적 사역을 하신 셈인데, 이는 그가 신명기 18장 15~19절에 기록된 대로 '선지자' 이시기 때문이었다. (3) 그는 천국 복음을 전파하셨다. 그의 메시지는 하나님이 이스라엘과 맺으신 언약을 성취하시고 지상에 그의 나라를 세우기 위해 행동을 취하신다는 내용이었다. (4) 그는 백성 중의 모든 병과 모든 약한 것을 고치셨다(참조, 마태복음 9장 35절의 '가르치심,' '전파하심,' '고치심'). 이것은 그가 진실로 선지자이심을 확증했는데, 이는 그의 말씀이 권위 있는 표적들에 의해 지지를 받았기 때문이다.

이 모든 행위들은 유대인들로 하여금 하나님이 그의 목적들을 이루기 위해 역사에 개입하셨다는 사실을 믿게 했다. 그들에게는 자신의 죄를 회개하고 예수님을 메시아로 인정함으로써 준비되어야 할 책임이 있었다.

4:24~25 예수님의 사역 – 그리고 아마도 부르심을 받은 네 제자들의 사역(18~22절) – 은 극적인 것이었는데, 이는 수많은 사람들이 예수님에 대한 소문을 듣고 그 주위에 모여들기 시작했기 때문이다. "그의 소문이 온 수리아 – 갈릴리 북쪽 지방 – 에 퍼진지라." 사람들은 각종 병자들

을 데려왔는데 예수님은 그들을 다 고치셨다. 갈릴리와 데가볼리(문자적으로 '열 고을.' 갈릴리 바다의 동부와 남부 지역)와 예루살렘과 유대와 요단 강 건너편(서편)에서 수많은 무리가 예수님을 좇은 것은 놀라운 일이 아니다(지도 "예수님 당시의 팔레스타인"을 보라).

B. 계속되는 메시지(5~7장)

1. 천국 백성들(5:1~16)

a. 천국 백성들의 성품(5:1~12; 눅 6:17~23)

5:1~12 무리가 계속 모여들자(참조, 4:25) 예수께서는 산에 올라가 앉으셨다. 가르칠 때 앉은 것은 랍비들의 풍습이었다. 그의 제자들이 그에게 나아오자 그는 그들을 가르치기 시작하셨다. 마태복음 5~7장은 흔히 '산상수훈'이라 불리는데, 이는 예수께서 산 위에서 가르치신 내용이기 때문이다. 이 산의 정확한 위치는 알려지지 않았지만 틀림없이 갈릴리 지방에 있었고(4:23), 가버나움 부근이었음이 분명하다. 여기서 '제자들'은 어떤 학자들이 주장하는 열두 제자가 아니라 그를 따르던 무리를 가리킨다(참조, "무리들이 그의 가르치심에 놀라니"[마 7:28]).

예수님은 친히 선포했던(4:17) 도래하는 천국의 견지에서 사람들을 가르치셨다. 모든 유대인들의 마음에 떠올랐을 법한 자연스러운 질문은 '나는 메시아의 왕국에 들어갈 자격이 있는가? 나는 거기에 들어가도록 허락받을 만큼 의로운가?'였다. 사람들이 알고 있던 유일한 의의 기준은 당시의 종교지도자들인 서기관들과 바리새인들이 세워 놓은 것이었다. 그 기준을 따라 살아온 자라면 메시아의 왕국에 합당한 자일까? 따라서 예수님의 설교는 이스라엘을 향한 그의 나라의 제시 및 그 나라에 들어가기 위해 필요한 회개의 맥락 속에서 이해되어야 한다. 이 설교는 천국의 '헌법'이나 구원의 방도를 제시하려는 것이 아니다. 이 설교는 하나님과 올바른 관계를 유지하는 자가 그 삶을 어떻게 살아가야 할 것인지를 보여 주는 것이다.

본문은 메시아 왕국의 제시라는 관점에서 이해되어야 하는 반면, 오늘날 그 메시지는 예수님의 추종자들에게 적용된다. 그것이 하나님이 자기 백성에게 요구하시는 의의 표준을 보여 주고 있기 때문이다. 어떤 기준들은 일반적이고(예, "너희가 하나님과 재물을 겸하여 섬기지 못하느니라"[6:24]) 어떤 것들은 구체적이며(예, "누구든지 너로 억지로 오 리를 가게 하거든 그 사람과 십 리를 동행하고"[5:41]), 또 어떤 것들은 미래에 관한 내용이기도 하다(예, "그날에 많은 사람이 나더러 이르되 주여 주여 우리가 주의 이름으로 선지자 노릇하며 … 주의 이름으로 많은 권능을 행하지 아니하였나이까 하리니"[7:22]).

예수님은 그의 설교를 "~자는 복이 있나니"라는 축복(Beatitudes)의 말씀으로 시작하셨다. '복이 있다'라는 말은 '행복하다' 또는 '행운이 있다'라는 뜻이다(참조, 시 1:1). 예수께서 이 목록에서 언급하신 '심령이 가난함,' '애통함,' '온유' 등의 자질은 바리새인의 의의 산물이 아님 분명하다. 바리새인들은 우선적으로 외형적 자질에 관심이 있었다. 그러나 예수께서 언급하신 자질은 내적인 것이다. 이러한 것들은 믿음을 통해 하나님과 올바른 관계를 유지하며 그분을 온전히 의뢰할 때에만 생긴다.

'심령이 가난한 자'(마 5:3)는 의식적으로 하나님을 의지하고 자신을 의지하지 않는 자들이다. 그들은 스스로 하나님을 기쁘시게 해 드릴 능력이 없는, 내적으로 '가난한' 자들이다(참조, 롬 3:9~12). '애통하는 자'(마 절)는 자기들의 부족함을 인정하고 능히 도와주실 수 있는 분께 자신들을 내맡기는 자들이다. '온유한 자'(5절)는 진실로 겸허하고 온순하며 자기들의 위치를 올바로 인식하고 있는 자들이다(헬라어로는 프라에이스[πραεîς]인데, 신약의 비슷한 용례들로는 11장 29절, 21장 5절, 베드로전서 3장 4절이 있다). '의에 주리고 목마른 자'(마 5:6)는 영적 식욕이 왕성하여 자신의 의에 대해 샘솟는 듯한 열망을 가진 자들이다. '긍휼히 여기는 자'(7절)는 남에게 긍휼을 베풀어 자기에게 베풀어진 하나님의 긍휼을 나타내 보이는 자들이다. '마음이 청결한 자'(8절)는 하나님의 공급하심을 믿고 자신들의 죄성을 늘 인정함으로 내적인 죄로부터 깨끗한 자들이다. '화평하게 하는 자'(9절)는 하나님으로부터 오는 내적 평화를 어떻게 가지며 이 세상에서 어떻게 평화의 도구들이 될 수 있는지를 남들에게 보여주는 자들이다. 그들은 하나님의 의 때문에 그들에게 핍박이 임할지라도 그것을 사모하며 소유한다(10절).

이러한 자질들은 바리새인의 '의'와 날카로운 대조를 이룬다. 바리새인들은 '심령이 가난'하지 않았고, 자기들의 부족함을 인정하며 '애통'하지도 않았다. 그들은 오만방자했고, 겸허함이나 온유함이 없었으며, 스스로 의를 성취한 자들로 여겨 의에 대한 지속적인 열망을 상실했다. 그들은 긍휼을 베풀기보다는 하나님의 율법과 자기들이 만든 유전(遺傳)의 '합법성'에 더 관심이 많았고, 내실(內實)에는 무관심한 철저한 의식(儀式)주의자들이었으며, 유대주의의 평화보다는 분열을 조장했다. 따라서 그들에게는 참된 의가 없었다.

예수께서 말씀하신 자질들을 소유한 그의 제자들은 땅에서(5절) 천국을 상속하고(3, 10절), 영적인 위로(4절)와 만족을 얻고(6절), 하나님과 타인들로부터 긍휼히 여김(7절)을 받으며, 하나님, 곧 "육신으로 나타난 바 되신" 하나님이신 예수 그리스도를 볼 것이다(8절; 딤전 3:16. 참조, 요 1:18; 14:7~9). 그의 제자들은 하나님의 아들이라 불렸는데(마 5:9. 참조, 갈 3:26), 이는 그들이 하나님의 의에 참여했기 때문이다(마 5:10).

이러한 자질들을 갖춘 자들은 자연히 군계일학(群鷄一鶴)과 같아서 남들의 눈 밖에 나기 마련이다. 따라서 그들은 핍박을 받으며 남들에게 욕을 먹곤 했다(11절). 하지만 예수께서는 그들이 오해와 핍박을 받았던 선지자들의 길을 걷고 있다는 위로의 말씀을 덧붙이셨다(12절. 참조, 왕상 19:1~4; 22:8; 렘 26:8~11; 37:11~16; 38:1~6; 단 3:6; 암 7:10~13).

b. 그들의 영향권(5:13~16; 막 9:50; 눅 14:34~35)

5:13~16 이 사람들이 세상에 미치는 영향력을 예증하기 위해, 예수께서는 두 가지의 흔한 소재를 사용하셨다. 소금과 빛이다. 예수님의 제자들은 그들이 보다 위대한 지식에 대한 갈증을 유발해 낸다는 점에서 소금과 같다. 어떤 특정 분야에 대한 탁월한 자질을 지닌 독특한 사람을 만나게 되면 왜 그 사람은 다른지 알고 싶어지게 마련이다. 예수님의 제자들은 사회의 악에 대한 방부제와 같다는 의미에서 소금이 예로 사용되었을 가능성이 있다. 어떤 해석을 취하든 주목해야 할 중요한 사항은 소금이 그 기본적 특성을 유지해야 한다는 사실이다. 소금이 만일 그 맛을 잃으면 그 존재 가치가 상실된 것이므로 버림을 받아야 한다.

빛의 역할은 어둠을 밝게 비추어 방향을 잡아 주는 일이다. 예수께서

3~10절에 묘사하신 자들은 빛을 비추어 다른 사람들에게 올바른 길을 가르쳐 주는 사람들임이 분명하다. 그들의 영향은 마치 산 위에 있는 동네나 등경 위에 있는 등불처럼 분명할 것이다. 말(곡식을 되기 위한 진흙 그릇) 아래 숨겨진 등불은 소용이 없다. 빛을 비추는 사람들은 남들로 하여금 그들의 착한 행실을 보고 그들보다는 하늘에 계신 그들의 아버지를 찬양하게 하는 삶을 산다(16절은 예수께서 산상수훈 중 하나님을 "하늘에 계신 너희['우리' 또는 '내'] 아버지," "너희 천부," "네[너의] 아버지" 등으로 언급하신 15곳 중 첫 번째이다. 참조, 45, 48절; 6:1, 4, 6, 8~9, 14~15, 18, 26, 32; 7:11, 21. 하나님을 믿어 그의 의 가운데 서 있는 자는 마치 자녀와 그를 사랑하는 아버지 사이처럼 영적으로 하나님과 친밀한 관계를 누린다).

2. 예수님의 메시지의 실체(5:17~20)

5:17~20 이 부분은 예수님의 메시지의 핵심을 제시해 주는데, 이는 하나님의 율법과 예수님의 관계를 보여 주기 때문이다. 예수께서는 모세의 율법 및 선지자들의 말씀과 대치되는 메시지를 전하신 분이 아니라, 도리어 율법이나 선지자(바리새인들의 유전과 대조를 이루는)의 진정한 성취자이시다. '율법과 선지자'는 온 구약성경을 일컫는다(참조, 7:12; 11:13; 22:40; 눅 16:16; 행 13:15; 24:14; 28:23; 롬 3:21). '진실로'라는 말은 '아멘'을 번역한 것이다(히브리어 아만[אָמַן : 든든하다, 진실하다]을 음역한 헬라어 아멘[ἀμήν]. 요한복음에서는 이 단어가 항상 두 번씩 사용되었다. "아멘 아멘"[진실로 진실로]. 참조, 요1:51의 주해). "진실로 너희에게 이르노니"라는 표현은 듣는 자들이 주의 깊게 새겨들어야 할 엄숙한 선

언을 가리킨다. 이 표현은 마태복음에서만 31회나 사용되었다.

예수님의 성취는 히브리어의 가장 작은 글자인 일 점(문자적으로는 요드[י]) 혹은 가장 작은 일 획까지 미칠 것이다. 영어로 친다면 일 점이란 'i'위의 점(마치 쉼표와 같이)에 해당하고, 일 획은 'P'와 'R'사이의 차이에 해당할 것이다. 'R'을 완성해 주는 사선이 일 획인 것이다. 이러한 것들이 중요한 이유는 글자들이 모여 단어들을 만드는데, 글자 하나의 차이가 단어의 뜻을 바꿔 놓을 수 있기 때문이다. 예수님은 자신이 율법을 완벽하게 지킴으로 율법을 성취하며, 또 그의 나라에 관한 선지자들의 예언들을 성취하리라고 말씀하셨다. 한편 백성의 책임도 분명히 하셨다. 그들이 당시에 추구하던 의(서기관과 바리새인의 의)로는 예수께서 제시하신 천국에 들어가는 데는 부족했다. 그가 요구한 의는 의로운 행위만이 아니었다. 그것은 하나님의 말씀에 대한 믿음에 근거하고 있는 참된 내적 의였다(롬 3:21~22). 이어지는 구절들이 이 사실을 분명히 해 준다.

3. 예수님의 메시지의 구체화(5:21~7:6)

a. 바리새인의 유전을 거부하심(5:21~48)

예수님은 바리새인들의 유전(21~48절)과 행실(6:1~7:6)을 거부하셨다. 그는 "… 것을 너희가 들었으나 나는 너희에게 이르노니"라는 표현을 여섯 번이나 사용하셨다(5:21~22, 27~28, 31~32, 33~34, 38~39, 43~44). 이 표현은 예수께서 (1) 바리새인들과 율법사들이 백성에게 말한 것과 (2) 율법에 대한 하나님의 참된 의도를 대조해서 말씀하신 것임을 분명히 해 준다. 그는 바리새인의 의로는 도래하는 천국에 들어가기에 부족하다는 사실을 직선적으로 표현하셨다(20절).

5:21~26 예수님의 첫 번째 예화는 "살인하지 말라"(출 20:13)라는 중요한 계명에 대한 것이었다. 바리새인들은 살인이 사람의 목숨을 취하는 것이라고 가르쳤다. 그러나 주님은 그 계명을 행위 자체뿐 아니라 그 행위 이면에 있는 내적 태도에까지 확대 적용해야 한다고 말씀하셨다. 물론 살인은 나쁜 행위이다. 그러나 그 행위를 유발하는 분노도 칼로 찌르는 행위만큼 나쁜 것이다. 심지어는 화가 나서 남에게 굴욕적인 말이나 욕설을 퍼붓는 것(예를 들면, 아람어로 '라가'라 한다든지 '미련한 놈'이라 부르는 행위)은 죄악 된 마음을 증명하는 일이다. 이토록 죄악 된 심령을 가진 자는 죄인임이 분명하므로 **지옥** 불에 들어가게 된다('지옥'은 문자적으로 '게엔나'[γέεννα]인데, 성경에 나타나는 11회 중 마태복음에 7번 나온다. 마 5:29~30; 10:28; 18:9; 23:15, 33). '게엔나'는 '힌놈의 골짜기'를 뜻하기도 하는데, 이곳은 예루살렘 남쪽에 있는 골짜기로, 성의 쓰레기를 태워서 처치하는 곳이었다. 이곳은 악인들의 영벌(永罰)에 대한 대명사가 되었다.

그렇게 그릇된 태도는 반드시 교정을 받아야 한다. 형제들 사이의 불화는 어느 편에서든지 먼저 나서서 해소해야 한다. 그러한 화해가 없이는 제단에 드려진 **예물**이 아무런 의미가 없다. 심지어 법정에 출두하는 도중에라도 피고는 그러한 문제를 깨끗이 해 두도록 힘써야 한다. 그렇지 않으면 유대인의 70인 공회인 산헤드린이 그를 옥에 가두게 되고 그는 빈털터리가 될 것이다.

5:27~30 두 번째 실제적 예화는 간음에 관한 문제를 다룬다(출 20:14).

바리새인들의 가르침은 또다시 외적인 행위에 국한되었다. 그들은 성적인 결합 행위만이 간음에 해당한다고 말했다. 그들은 계명을 정확히 인용했으나 핵심을 놓쳤다. 간음은 사람의 마음(음욕을 품은 시선)으로부터 시작되고 행동으로 이어진다. 마음에 품는 음욕은 행위 못지않게 악하며, 그것은 하나님과의 관계가 올바르지 않음을 시사해 준다.

마태복음 5장 29~30절에 기록된 예수님의 말씀은 종종 오해되어 왔다. 예수께서 육체적 결단을 뜻하신 것이 아님이 분명한데, 이는 맹인도 정상적 시력을 가진 사람과 동일한 음욕의 문제를 가질 수 있고, 한 손만 가지고도 범죄를 저지를 수 있기 때문이다. 예수께서는 내적인 실족의 요인을 제거하라고 하신 것이다. 음욕을 품은 마음은 궁극적으로 간음을 유발할 것이므로 그 마음이 바뀌어야 한다. 마음의 변화를 통해서만 지옥(게엔나. 참조, 22절)에서 벗어날 수 있다.

5:31~32(마 19:3~9; 막 10:11~12; 눅 16:18) 유대 종교지도자들 가운데는 이혼에 관한 두 가지 다른 견해가 있었다(신 24:1). 힐렐 학파는 남자가 그 아내와 이혼하는 것은 어떠한 이유로든지 가하다고 말한 반면, 샴마이 학파는 중죄를 범했을 경우에만 이혼이 가하다고 말했다. 그러나 주님은 여기에 대해 하나님이 결혼을 분리할 수 없는 연합으로 보시기 때문에, 결혼이 이혼으로 끝나서는 안 된다고 강력히 말씀하셨다. '예외적 이유'인 음행(포르네이아스[πορνείας])에 대한 해석은 다양하다. 대표적인 네 가지는 (1) 한 번의 간음 행위, (2) 정혼 기간 중의 부정(마 1:19), (3) 근친 결혼(레 18:6~18), (4) 계속적인 난잡한 성생활(참조, 마태복음 19장 3~9절의 주해)이다.

5:33~37 주님은 이어서 맹세에 대한 문제를 다루셨다(레 19:12; 신 23:21). 바리새인들은 하찮은 일에도 맹세하는 것으로 악명 높았다. 그러면서도 그들은 정신적으로 발뺌할 수 있는 여지를 남겨 두었다. 그들이 하늘로, 땅으로, 예루살렘으로, 또는 그들 머리로 했던 맹세들로부터 빠져나오고 싶으면, 하나님이 개입하시지 않았으므로 그 맹세들은 무효라고 우겼다.

그러나 예수님은 맹세가 도무지 필요하지 않다고 말씀하셨다. "도무지 맹세하지 말지니." 맹세하는 일이 있었다는 것 자체가 사람의 마음이 사악하다는 사실을 강조하는 것이다. 뿐만 아니라 '하늘로,' '땅으로,' 또는 '예루살렘으로' 맹세하는 것은 각각 하나님의 보좌, 발등상, 그리고 성에 한 것이므로 스스로 매이는 일이다. 심지어 그들 머리칼의 색깔까지도 하나님이 결정하신 것이다(마 5:36). 하지만 후에 예수께서는 바울이 그러했듯이(고후 1:23) 맹세에 대해 반응하셨다(26:63~64). 그는 사람의 생애가 그 말한 바를 충분히 뒷받침할 수 있어야 한다고 말씀하셨던 것이다. '옳다'는 항상 '옳다'를 뜻해야 하고 '아니다'는 항상 '아니다'를 뜻해야 한다. 야고보는 그의 서신에서 주님의 이 말씀을 인용한 듯하다(약 5:12).

5:38~42(눅 6:29~30) "눈은 눈으로, 이는 이로"라는 말씀은 구약성경에 몇 번 나오는데(출 21:24; 레 24:20; 신 19:21), 통상 lex talionis, 즉 보복의 법이라 불린다. 이 율법은 무죄한 자를 보호하고 보복이 가해(加害)의 한도를 벗어나기 않게 하기 위해 주어졌다. 그러나 예수님은 무죄한 자의 권리가 율법에 의해 보호받기는 하지만, 의인이 그 권리를 꼭 주장해야 할 필요는 없다는 점을 지적하셨다. 의인은 겸손과 이타적(利他的) 성품으로 특징지을 수 있을 것이다. 차라리 그는 화평을 유지하기 위해

'오 리를 추가로' 동행할 것이다. **뺨을 맞거나 속옷을 요구당하거나 누구와 억지로 오 리를 동행하도록 강요받는** 부당한 일을 당했을 때, 그는 되받아 치거나 변상을 요구하거나 거절하지 않을 것이다. 보복하는 대신 그는 정반대의 일을 행하며, 언젠가는 만사를 순리대로 되돌려 놓으실 주님께 자기의 형편을 맡길 것이다(참조, 롬 12:17~21). 이것은 베드로가 설명한 대로(벧전 2:23) 예수님 자신의 삶 속에서 가장 위대하게 실천되었다.

5:43~48(눅 6:27~28, 32~36) 바리새인들은 가깝고 친한 사람들을 사랑하고(레 19:18) 이스라엘의 원수들을 미워하라고 가르쳤다. 이렇게 해서 그들은 증오가 그들의 **원수**를 심판하시는 하나님의 방도임을 암시했다. 그러나 예수님은 이스라엘이 그 원수들에게까지 하나님의 사랑을 보여 주어야 한다고 말씀하셨는데, 이것은 구약성경에서도 명하지 않은 행위였다! 하나님은 그들도 사랑하신다. 하나님이 그 해를 그들 위에 **비추시며 비를 내려 그들로 추수하게** 하신다. 하나님의 사랑이 만인에게 확장되므로 이스라엘은 모든 이들을 사랑함으로써 그의 사랑의 통로가 되어야 한다. 그러한 사랑은 그들이 하나님의 자녀들임을 증명한다(참조, 마 5:16). 너희를 사랑하는 자만을 사랑하고 너희 형제에게만 문안한다면 세리와 이방인들의 행위와 다를 바 없는데, 이것이야말로 바리새인들의 표상이다!

예수님은 "그러므로 하늘에 계신 너희 아버지의 온전하심과 같이 너희도 온전하라"는 말씀으로 이 부분을 매듭지으셨다. 그의 메시지는 하나님의 의의 표준을 보여 주신 셈인데, 이는 하나님 자신이 의의 '표준'이시기 때문이다. 사람들이 의롭고자 할진대 그들은 하나님과 같이 '온전'(성숙 [텔레이오이, τέλειοι] 혹은 거룩)해야 한다. 살인, 음욕, 증오, 속임, 그리고 보복은 분명히 하나님의 특성이 아니다. 그는 사람을 수용하시기 위해 그의 표준을 낮추신 적이 없다. 오히려 그는 그의 절대적인 거룩을 그 표준으로 제시하셨다. 비록 이 표준이 사람에 의해 완전히 성취될 수는 없지만, 믿음으로 하나님을 신뢰하는 자는 그의 삶 속에 재생된 그분의 의를 향유하게 되는 것이다.

b. 바리새인의 행실을 거부함(6:1~7:6)

주님은 이제 바리새인들의 가르침으로부터 그들의 위선적 행실을 지적하는 것으로 방향을 전환하셨다.

6:1~4 먼저 예수님은 바리새인들의 구제에 대해 말씀하셨다. 의는 우선적으로 사람과 다른 이의 사이가 아니라 사람과 하나님 사이의 문제이다. 따라서 자신의 행위를 남들 앞에서 과시하면 안 되는데, 그럴 경우 그 상이 그들로부터 오기 때문이다(1~2절). 바리새인들은 자기들이 얼마나 의로운지를 증명할 양으로 **회당과 거리에서 가난한 자들을 구제하는** 전시 행위를 했다. 그러나 주님은 구제할 때 심지어 **오른손이 하는 것을 왼손이 모르게** 하라고 하셨는데, 이는 자신이 구제한 것을 쉽게 잊을 수 있을 정도로 **은밀한 중에** 구제하라는 뜻이다. 이렇게 함으로 그는 사람 앞에서가 아니라 하나님 앞에서 참된 의를 증명해 보여 하나님으로부터 상을 받게 될 것이다. 바리새인들이 기대했던, 사람과 하나님께 '동시에' 상받는 일은 불가능하다.

6:5~15 (눅 11:2~4) 예수님은 이어서 바리새인들이 대중 앞에서 하기

를 즐겼던 기도의 습관에 대해 말씀하셨다. 바리새인들은 기도를 개인과 하나님 사이의 일로 만들기보다는 **사람에게 보이려는** 행위로 전락시켰는데, 이는 또다시 스스로 전제한 의를 과시하기 위함이었다. 그들의 기도는 하나님이 아닌 사람들을 향한 것이었으며, 길고도 반복적인 구절들로 이루어졌다(마 6:7).

예수님은 그러한 행실들을 정죄하셨다. 기도는 은밀한 중에 계신 보이지 않는 네 아버지께(참조, 요 1:18; 딤전 1:17), 그리고 너희에게 있어야 할 것을 아시는 분에게(마 6:8) 하는 것이지 '사람에게 보이려고' 하는 것이 아니다. 예수께서는 또한 그 제자들이 따라야 할 모범적인 기도를 제시해 주셨다. 이 기도는 통상 '주의 기도'라 불리지만 사실상 '제자들의 기도'이다. 그리스도인들에 의해 반복되는 이 기도는 모든 기도에 포함되어야 할 중요한 요소들을 담고 있다.

(1) 기도는 경배로부터 시작되어야 한다. 하나님은 "하늘에 계신 우리 아버지"라 불린다. 경배는 모든 기도의 본질이다(1~18절에서 예수님은 '아버지'라는 단어를 10번이나 사용하셨다! 참된 내적 의를 소유한 자들만이 예배 중에 하나님을 그렇게 부를 수 있다). (2) 경외(敬畏)는 기도의 두 번째 요소인데, 이는 하나님의 **이름이 거룩히 여김**, 즉 경외를 받으셔야 하기 때문이다(하기아스쎄토[ἁγιασθήτω]). (3) 하나님의 나라에 대한 열망("당신의 나라가 임하시오며")은 하나님이 그분의 백성에게 하신 모든 언약들을 이루실 것이라는 확신에 근거한다. (4) 기도에는 하나님의 **뜻이** 하늘에서 온전히 이루어지고 있는 것처럼 **땅에서도** 이루어지기를 구하는 요청이 포함되어야 한다. (5) **일용할 양식**과 같은 개인적 필요에 대한 간청도 기도의 한 부분이 된다. '일용할'(에피우시온[ἐπιούσιον], 신약성경 중 여기에만 나타남)은 '오늘을 위해 충분한'이라는 뜻이다. (6) 사죄

와 같이 영적인 필요에 대한 요청도 기도에 포함된다. 이것은 기도자가 자기에게 죄를 범한 자들을 이미 용서했다는 사실을 암시한다. 도덕적 빚으로서의 죄(참조, 눅 11:4)는 하나님 앞에서 사람으로서 자격이 없음을 드러낸다. (7) 신자들은 **시험**과 **악**으로부터의 구조를 요청함으로 자기들의 영적 취약성을 인정한다(참조, 약 1:13~14).

마태복음 6장 14~15절의 예수님의 말씀은 용서에 대한 그의 언급(12절)을 설명해 준다. 비록 하나님의 용서가 사람이 용서하는 행위에 근거하지는 않지만, 그리스도인의 용서는 자신이 죄 사함 받았다는 사실을 깨닫는 것에 근거한다(참조, 엡 4:32). 이 구절들은 하나님과의 개인적 교제와 관련된 내용이다(죄악으로부터의 구원이 아님). 남을 **용서**하지 않는 자는 하나님과 교제하는 삶을 살 수 없다.

6:16~18 금식은 바리새인의 '의'의 세 번째 예였다. 바리새인들이 금식한 것은 남들로 하여금 그것을 보고 그들을 영적인 자들로 인정하게 하기 위함이었다. 금식은 육을 부인하는 것을 강조했는데, 바리새인들은 남들의 시선을 끌어들임으로 자기들의 육체를 높였다. 주님은 다시 한번 그러한 행위가 하나님 앞에서 은밀하게 이루어져야 한다고 강조하셨다. 그는 또한 바리새인들이 습관적으로 행하는 금식 기간 동안에 **머리에 기름**을 바르지 않는 행위를 피하라고 하셨다. 하나님이 홀로 아시고 갚아 주실 것이다.

바리새인의 '의'에 대한 세 가지 예화 – 구제(1~4절), 기도(5~15절), 금식(16~18절) – 전체를 통해서 예수님은 외식하는 자(2, 5, 16절), 공공연한 겉치레(1~2, 5, 16절), 사람들 앞에서 행할 때 그 상을 다 받음(2, 5, 16절), 은밀히 행함(4, 6, 18절), 그리고 은밀히 행할 때 **은밀**한 중에 보시는(또는 '아시는') 아버지께 상 받는 것(4, 6, 8, 18절)에 대해 말씀하셨다.

6:19~24(눅 11:34~36; 12:33~34; 16:13) 재물에 대한 태도는 의의 또 다른 척도이다. 바리새인들은 주께서 사랑하시는 모든 자들에게 물질적으로 복 주셨다고 믿었다. 그들은 많은 **보물을 땅에** 쌓아 두려 했다. 그러나 땅에 쌓은 보물은 썩거나(좀은 옷을 상하게 하고 **동록**은 금속을 파괴한다. 참조, 약 5:2~3) 도난당하는 반면, **하늘에 쌓아 둔 보물**은 결코 상하지 않는다.

바리새인들은 영적으로 병든 눈을 가졌기 때문에 이러한 문제에 봉착했다(마 6:22). 그들은 그 눈으로 돈과 재물을 탐했다. 따라서 그들은 영적 **어둠**에 빠져 있었다. 그들은 탐욕의 노예들이었고, 돈에 대한 열망이 너무 커서 그들의 참주인이신 하나님을 섬기지 못했다. 재물은 '재산' 혹은 '소유물'이라는 뜻을 가진 아람어 **맘모나**(mamona. 흠정역에는 mammon이라 번역됨)를 번역한 것이다.

6:25~34(눅 12:22~34) 만일 사람이 참주인이신 하나님의 일에 몰두하고 있다면 어떻게 의식주와 같은 일상적인 필요에 그토록 관심을 보일 수 있겠는가? 물질 추구에 몰두했던 바리새인들은 믿음으로 사는 비결을 결코 터득하지 못했다. 예수님은 이러한 것들에 대하여 **"염려하지 말라"**고 말씀하셨는데, 이는 **목숨**이 육적인 사물들보다 중요하기 때문이다. 그는 그 의도를 설명하기 위해 몇몇 예화들을 인용하셨다. **공중의 새**는 **하늘 아버지께서 먹이시며 들의 백합화**도 그 **영광**이 심지어 솔로몬의 것보다 빼어나도록 키워 주신다. 예수께서는 하나님이 그의 창조 세계 속에 만물이 보살핌을 받을 수 있는 방도를 마련해 놓으셨다고 말씀하신 것이

다. 새들이 먹이를 먹을 수 있는 것은 그들이 그들의 삶을 위해 열심히 일하기 때문이다. 그들은 많은 양의 음식을 창고에 모아들이지 않지만 쉬지 않고 일한다. 하나님께서는 새들보다 신자들이 훨씬 더 귀하다! 백합화들은 자연의 과정을 따라 매일같이 자라난다. 따라서 사람은 자기의 존재에 대해 염려할 필요가 없는데(마 6:31), 이는 **염려함으로** 그 목숨을 한 시간이라도 더할 수 없기 때문이다.

주의 제자들은 육체적 필요에 몰두한 **이방인들**처럼 되기보다 하나님의 일, 즉 그의 나라와 그의 의에 관심을 쏟아야 한다. 그러면 하나님의 때에 이 모든 것이 공급될 것이다. 이것이야말로 매일매일 믿음 가운데 사는 삶이다. 염려하거나 - "염려하지 말라"는 말이 세 번 나온다(25, 31, 34절. 참조, 27~28절) - 내일 일을 걱정하는 것은 옳지 않은데, 이는 매일 감당해야 할 일들이 충분히 있기 때문이다. 염려한다는 것은 하나님이 하실 수 있는 일에 대한 '작은 믿음'을 의미한다(30절. 참조, 8:26; 14:31; 16:8의 "믿음이 작은 자들아"). 제자가 매일매일 하나님이 맡겨 주신 일들을 감당해 나갈 때, 그의 하늘 아버지(6:26, 32)이신 하나님이 매일 그에게 필요한 것들을 채워 주신다.

7:1~6 (눅 6:41~42) 바리새인의 행위에 대한 마지막 예화는 비판하는 일에 관한 것이다. 당시의 바리새인들은 그리스도를 비판하면서 그가 자격이 없다고 말했다. 그는 그들이 기대했던 종류의 나라를 제시하거나 그들이 과시했던 종류의 의를 구하시지 않았다. 그래서 그들은 그를 배척했다. 그러므로 예수님은 그들의 위선적인 비판을 경고하셨다.

그렇다고 해서 이 말씀이 도무지 비판을 해서는 안 된다고 가르치는 것은 아니다. 마태복음 7장 5절은 형제의 눈 속에서 티를 빼내는 일에 대해 말하고 있다. 주님이 의도하신 것은 사람이 자기 눈 속에 들보(효과적인 과장법)를 둔 채 남의 눈 속에 있는 티를 상습적으로 비판하거나 정죄해서는 안 된다는 뜻이었다. 그러한 행위는 위선적인 것이다("외식하는 자여." 참조, 6:2, 5, 16의 '외식하는 자'). 비록 때때로 비판이 필요하기는 하지만, 구분을 짓는 자들(크리노[κρίνω]: '비판하다'는 '구분하다,' 즉 '결정하다'라는 뜻이다)은 먼저 자신들의 삶을 분명히 해야 한다. 더욱이 남을 돕고자 할 때는 무엇이 제대로 수용되며 유익할 것인지를 조심스럽게 살펴야 한다. 거룩한 것을 거룩하지 않은 사람(개. 참조, 빌 3:2)에게 맡기거나 진주를 돼지에게 던져서는 안 된다. 당시에 개나 돼지는 경멸의 대상이었다.

4. 청중을 향한 메시지(7:7~29)

7:7~11(눅 11:9~13) 이 설교의 앞부분에서 예수님은 제자들에게 모범적인 기도문을 제시하셨다(마 6:9~13). 이제 그들에게 하나님이 기도하는 일을 환영하신다는 사실을 확신시키면서, 그분께 계속 꾸준히 나아오라고 권면하셨다. 이것은 동사의 현재형을 통해 강조되고 있다. "계속 구하라," "계속 찾으라," "계속 두드리라"(7:7). 왜? 이는 하늘에 계신 너희 아버지(11절)께서 꾸준히 기도하는 자들에게 좋은 것(참조, 약 1:17)을 주기를 기뻐하시기 때문이다(누가는 '좋은 것' 대신 '성령'이라고 기록했다, 눅 11:13). 정상적인 아버지라면 결코 자기 아들에게 둥근 떡덩이(돌처럼 생겼음) 대신 돌을 주거나 생선 대신 비슷하게 생긴 뱀을 주지 않을 것이다. 세상의 아비와 그 죄악 된(악한) 성품에도 불구하고 자기 자식에게 물질적으로 잘해 주기를 기뻐할진대, 의로우신 하늘의 아버지께서 그 자녀들

이 끈질기게 구할 때 영적으로 훨씬 더 잘 채워 주시리라는 것은 가히 예측할 수 있는 일이다.

7:12 이 구절은 흔히 '황금률'(黃金律)이라 불린다. 그 원리는 남들이 자신에게 해 주기를 원하는 바를 그대로 남들에게 행해야 한다는 것이다. 이 원리는 율법과 선지자들의 본질적인 가르침을 요약해 준다. 그러나 이러한 원칙은 자연인(自然人)에 의해 지속적으로 실천될 수 없다. 오직 의인만이 이 원칙을 실천할 수 있는데, 이를 통하여 그는 자기 삶 속에 일어난 영적인 변화를 증명한다. 이러한 삶을 살아갈 수 있는 자는 예수께서 요구하신 의(5:20)를 소유했음이 분명하다. 그러한 사람의 의로운 행위가 그를 구원하는 것이 아니라, 그가 구원받았기 때문에 남을 향한 참된 의를 보여 줄 수 있는 것이다.

7:13~14(눅 13:24) 황금률을 보다 자세하게 다루면서, 예수님은 의에 이르는 명확한 길을 제시하셨다. 그가 요구하신 의(마 5:20)는 큰 문과 넓은 길을 통해 오지 않는다. 그것은 **좁은 문과 협착한 길**을 통해서 온다. 설교 전체의 맥락에 비춰 볼 때, 예수께서 큰 문과 넓은 길을 바리새인들의 외적 의에 견주고 계심이 분명하다. 만일 예수님의 청중이 바리새인들의 가르침을 따랐다면 그것이 그들을 **멸망**(아폴레이안[ἀπώλειαν]: 파괴)으로 인도했을 것이다. 좁은 문과 좁은 길은 외적 요건이 아니라 내적 변화를 강조하셨던 예수님의 가르침을 가리킨 것이었다. 주 예수께서도 **생명**(지옥의 멸망과 대조되는 천국)으로 인도하는 **참된 길**을 찾는 이가 적을 것임을 인정하셨다.

7:15~23(눅 6:43~44; 13:25~27) 예수님은 도래하는 천국에 이르는 참된 길을 제시하신 후 거짓 선지자들에 대해 경고하셨다. 그는 이 넓은 길의 옹호자들을 노략질하는 **이리**로 표현하셨다. 거짓 스승들의 특성을 어떻게 결정할 수 있을까? 오직 그들이 맺는 **열매**를 관찰함으로 가능하다. 포도와 무화과는 가시나무와 엉겅퀴에서 자라지 않는다. 좋은 나무는 아름다운 **열매**를 맺으나 못된 나무는 나쁜 **열매**를 맺는다. 예수님의 평가에 의하면 바리새인들은 나쁜 **열매**를 맺고 있었음이 분명하다. 못된 나무에 대한 유일한 대책은 찍어서 불에 태워 버리는 것이다. 존재의 목적을 달성하지 못하는 것은 제거되어야 한다.

이 설교를 듣고 있던 사람들은 선한 사람들처럼 보이고 메시아 및 그의 나라에 관한 영적인 진리들을 가르쳤던 종교지도자들에 대해 의아심을 품었을 것이다. 예수께서는 그들이 남들을 방황하게 했으므로 결코 선한 자들이 아님을 분명히 하셨다. 심지어 그들이 주의 이름으로 예언하고 귀신을 쫓아내며 많은 권능을 행하는 초자연적인 행위들을 하고 있었을지라도, 그들은 하나님 아버지께 순종하여 항상 그 뜻대로 행하는 자들이 아니었다(마 5:21). 그들은 예수님과의 인격적 관계가 없으므로 **천국 입국을 거부당할 것이다**(21, 23절).

7:24~27(눅 6:47~49) 결론적으로 예수님은 그의 청중이 결정할 수 있는 두 가지 선택 사항을 제시하셨다. 그들에게는 지금까지 들어 왔던 것에 대한 책임이 있었고, 이제는 양자택일을 해야만 했다. 그들은 두 가지 기초 중 하나 위에 건축할 수 있었다. 한 **주추**는 커다란 반석에, 다른 하나는 **모래**에 놓았다. 주추는 외부의 힘(비와 바람)에 대한 건물의 저항력을 결정한다. 반석의 주추는 주님 자신과 그가 제시해 오셨던 진리, 특히

예수님의 비유들	
1. 두 집	마 7:24~27(눅 6:47~49)
2. 새 천과 새 부대	마 9:16~17
3. 씨 뿌리는 자	마 13:5~8(막 4:3~8; 눅 8:5~8)
4. 가라지	마 13:24~30
5. 겨자씨	마 13:31~32(막 4:30~32; 눅 13:18~19)
6. 누룩	마 13:33(눅 13:20~21)
7. 감추인 보화	마 13:44
8. 값진 진주	마 13:45~46
9. 그물	마 13:47~50
10. 용서하지 않는 종	마 18:23~35
11. 포도원의 일꾼들	마 20:1~16
12. 두 아들	마 21:28~32
13. 악한 포도원지기들	마 21:33~46(막 12:1~12; 눅 20:9~19)
14. 왕자의 결혼	마 22:1~14
15. 두 종	마 24:45~51(눅 12:42~48)
16. 열 처녀	마 25:1~13
17. 달란트	마 25:14~30
18. 은밀히 자라는 씨앗	막 4:26~29
19. 문지기	막 13:34~37
20. 무례한 아이들	눅 7:31~35
21. 두 채무자	눅 7:41~43
22. 선한 사마리아인	눅 10:25~37
23. 심야의 친구	눅 11:5~8
24. 어리석은 부자	눅 12:16~21
25. 열매 없는 무화과나무	눅 13:6~9
26. 큰 잔치	눅 14:15~24
27. 망대와 전쟁	눅 14:28~33
28. 잃은 양	마 18:12~14(눅 15:4~7)
29. 잃은 은전	눅 15:8~10
30. 탕자	눅 15:11~32
31. 지혜로운 청지기	눅 16:1~9
32. 종의 보상	눅 7:7~10
33. 불의한 재판관	눅 18:1~8
34. 바리새인과 세리	눅 18:9~14
35. 므나	눅 19:11~27

<table>
<tr><th colspan="1" style="text-align:center">예수님의 '잠언'</th></tr>
</table>

예수님의 '잠언'

서술

"산 위에 있는 동네가 숨겨지지 못할 것이다"(마 5:14).

"선지자가 자기 고향과 자기 집 외에서는 존경을 받지 않음이 없느니라"(마 13:57).

"만일 맹인이 맹인을 인도하면 둘이 다 구덩이에 빠지리라"(마 15:14).

"제자가 그 선생보다 높지 못하다"(눅 6:40).

"일꾼이 그 삯을 받는 것이 마땅하니라"(눅 10:7).

"주검이 있는 곳에는 독수리들이 모일 것이니라"(마 24:28).

질문

"너희는 세상의 소금이니 소금이 만일 그 맛을 잃으면 무엇으로 짜게 하리요"(마 5:13).

"사람이 등불을 가져오는 것은 말 아래에나 평상 아래에 두려 함이냐"(막 4:21).

"가시나무에서 포도를, 또는 엉겅퀴에서 무화과를 따겠느냐"(마 7:16).

명령

"의사야 너 자신을 고치라"(눅 4:23).

내적 변화에 대한 진리를 대변한다. 모래는 사람들이 알고 있고 소망의 근거가 되었던 바리새인의 의를 지칭한다. 폭풍이 몰려오면 전자는 꿋꿋이 견딜 수 있으나 후자는 파괴될 것이다. 그러므로 **지혜로운** 자는 예수님의 말씀을 청종하나 **어리석은 자**는 거부한다. 오직 이 두 가지 가운데 하나만 선택 가능하다 – 두 가지의 길과 문(마 7:13~14), 두 가지의 나무와 열매(15~20절), 두 가지의 주추와 건축자(24~27절).

7:28~29 예수님의 '산상수훈'을 마친 후, 마태는 "예수께서 이 말씀을 마치시매"라고 기록했다. 마태는 이와 같거나 유사한 표현을 다섯 차례 기록했는데, 각각 예수께서 긴 말씀을 하신 직후에 나타난다(28절; 11:1; 13:53; 19:1; 26:1). 이 문구들은 각 단락의 전환점들과 같은 역할을 한다.

이 설교의 결과로 무리들이 그의 가르치심에 놀랐다. 여기서 '놀랐다'(엑세플레쏜토[ἐξεπλήσσοντο]: 문자적으로는 '충격을 받았다')라는 말은 '압도당했다'는 뜻이다. 이것은 강하고도 급작스러운 놀람의 감정이며, 흔히 쓰이는 **싸우마조**(θαυμάζω : 놀라다)보다 강하다. 마태는 엑세플레쏜토(ἐξεπλήσσοντο)를 네 번 사용했다(7:28; 13:54; 19:25; 22:23).

예수님은 방금 바리새인들의 종교 체제의 부당성을 예증하셨다. 그들이 알고 있던 의로는 그분의 나라에 들어가기에 부족했다. 그들을 놀라게 한 것은 예수님의 **권위**였는데, 이는 그가 단순히 율법의 권위를 반영하고 있었던 당시의 선생들과 달리 하나님의 대변자로서 가르치셨기 때문이다. 예수님과 종교지도자들 사이의 대조가 가장 크게 부각되었다.

Ⅲ. 왕의 확증(8:1~11:1)

예수 그리스도께서는 말씀과 행위를 통해 메시아로서 권위를 확립하셨다(3~4장). 긴 설교를 통해 그는 그의 나라의 입국 표준들을 선포하시고 거기에 이르는 방법을 명확히 제시하셨다(5~7장). 그러나 유대인들의 마음속에는 아직도 의문점들이 남아 있었다. '이 사람이 과연 메시아일 수 있는가? 만일 그렇다면 그는 천국을 확립하는 데 필요한 변화들을 일으킬 수 있는가? 그는 변화를 일으킬 권위를 가졌는가?' 그래서 마태는 왕이신 예수님의 권위를 확증해 주고, 그분이 말씀하신 바를 이행하실 수 있음을 증명해 주기 위해 수많은 이적들을 제시했다. 이 이적들은 그리스도께서 권세를 가지고 통치하시는 다양한 영역들을 보여 주었다.

A. 병을 다스리는 권세(8:1-15)

1. 나병(8:1~4; 막 1:40~45; 눅 5:12~16)

8:1~4 마태가 첫 번째로 기록한 병 고침의 기사는 한 나병 환자에 관한 것이었다. 그러나 예수께서는 그 이전에도 몇몇 이적을 행하셨다(참조, 요한복음 2장 1~11절 주해 부분에 있는 '예수님의 기적들'). 나병 환자는 주님의 권위를 깨닫고 예수님께 나아왔다(참조, 7:21; 8:6). 예수님은 그를 만져 치료하시고(3절) "가서 제사장에게 네 몸을 보이고 모세가 명한 바 나병으로부터 깨끗함을 입은 일에 합당한 희생 제물을 드리라"고 하셨다

(레 14장. 첫날에는 새 두 마리, 백향목, 홍색 실, 우슬초[레 14:4~8], 여드레 날에는 어린 숫양 둘, 어린 암양 하나, 고운 가루, 기름[레 14:10]). 예수님은 제사장에게 가기 전에는 **아무에게도 이르지 말라**고 그에게 말씀하셨다. 예수님의 의도는 제사장이 제일 먼저 그를 조사해야 한다는 것이 분명하다.

예수님은 이것이 제사장들에게 **증거**가 될 것이라고 말씀하셨다. 이는 이스라엘의 역사상 미리암(민 12:10~15) 외에 나병을 치료받은 사실에 대한 기록이 없었기 때문이다. 이 사람이 갑자기 성전에 나타나서 제사장들에게 자기가 나병을 치료받았노라고 통보했을 때 미쳤을 극적인 효과는 가히 짐작할 만하다! 이 사건은 결국 치료가 행해진 상황에 대한 조사 행위를 유발했다. 사실상 예수께서 제사장들에 대한 그의 '소환장'을 발송한 셈이었는데, 이는 그들이 그의 주장하신 바를 조사해야 했을 것이기 때문이다(그러나 병 고침을 받은 사람은 아무에게도 말하지 말라는 예수님의 명을 어기고 이 일을 "많이 전파하여 널리 퍼지게" 했다[막 1:45]. 하지만 이 사람은 결국 성전으로 갔을 것으로 생각된다).

2. 중풍병(8:5~13; 눅 7:1~10)

8:5~13 두 번째의 병 고침의 이적도 예수님의 권세를 반영했다. 그가 가버나움에 들어가시니 한 로마의 **백부장**이 나아와 도와달라고 간구했다(눅 7:2, 백부장에 대한 설명 참조). 이 이방인은 예수님을 주로 인정하고(나병 환자가 그랬듯이, 마 8:2) 자기 하인의 병을 고쳐 달라고 간청했다. 누가는 **둘로스**(δοῦλος : 종)를 사용한 반면, 마태는 **파이스**(παῖς : 소년)를 사용했는데, 이는 그 하인이 어렸음을 시사한다. 그는 **중풍병**을 심하

게 앓아 거반 죽게 되었다(눅 7:2).

예수께서 "내가 가서 고쳐 주리라"고 말씀하시자 백부장은 그러실 필요가 없다고 대답했다. 늘 아랫사람들에게 명령을 내려 왔던 사람으로서 그는 권위의 원리를 이해했다. 권세를 가진 자는 과업 달성을 위해 현장에 있어야 할 필요가 없다. 멀리서도 남들을 통해 명령을 전달할 수 있기 때문이다. 예수님은 백부장의 위대한 믿음에 놀라셨는데(참조, 마 15:28), 이것이야말로 그가 이스라엘 중에서 찾고 찾으셨던, 그러나 찾지 못하셨던 믿음이었기 때문이다. 이러한 믿음은 국적이나 종족, 혹은 지리적 환경(동과 서)에 관계없이 천국 입성을 가능하게 한다(잔칫상에서 먹는 일은 종종 천국의 삶을 의미한다. 참조, 사 25:6; 마 22:1~14; 눅 14:15~24).

그러나 자기의 종교적 배경 때문에 자동적으로 천국에 들어가리라 생각했던 자들(그들은 스스로를 천국 자손들로 간주했다)은 들어가지 못할 것이다(마 8:12). 오히려 그들은 심판을 받게 될 것이다("바깥 어두운 데 쫓겨나 거기서 울며 이를 갈게 되리라." 참조, 22:13). '울며 이를 갊'에 대해서는 13장 42절의 주해를 보라. 이 백부장의 믿음을 보시고 예수님은 그의 하인을 그 즉시 치료하셨다.

3. 열병(8:14~15; 막 1:29~31; 눅 4:38~39)

8:14~15 예수께서 가버나움에 있던 베드로의 집에 들어가셨을 때 베드로의 장모가 열병으로 앓아누운 것을 보셨다. 예수님의 손길이 열병을 낫게 했지만 또 다른 이적이 있었다. 그 여인이 침상에서 일어나서 즉시 주님과 그를 따랐던 여러 제자들을 수종(디에코네이[διηκόνει]: 봉사함)들 수 있는 힘을 얻은 것이다. 통상 열병이 떠난 후에도 얼마간 몸이 허약하

게 마련인데 이 경우에는 그렇지 않았다.

B. 귀신의 세력을 능가하는 권세(8:16~17, 28~34)

예수께서는 육체적 질병을 고치는 능력뿐 아니라 마귀의 세력을 능가하는 권세도 있었다.

8:16~17(막 1:32~34; 눅 4:40~41) 예수께서 베드로의 집에 머무르시는 동안 사람들이 귀신 들린 자를 많이 데리고 예수께 왔다. 마태는 이사야를 통해 하신 말씀(사 53:4)의 성취로, 예수께서 그들을 다 고치셨다고 기록했다. 우리의 연약한 것(아스쎄네이아스[ἀσθενείας])을 담당하시고 병(노수스[νόσους])을 짊어지신 그의 사역은 십자가 상의 죽으심으로 마침내 성취되었지만, 그 사건의 전조로서 예수님은 지상사역 기간 중 수많은 치료를 행하셨다. 귀신들을 쫓아내심으로 예수님은 세상의 지배자인 사탄의 세력을 능가하는 그의 권세를 입증하셨다(참조, 마 9:34; 12:24).

8:18~27 이 부분은 34절 이후에 다룬다.

8:28~34(막 1:20; 눅 8:26~39) 여기서 우리는 마귀의 영역에서 나타나는 예수님의 권세를 보다 자세히 볼 수 있다. 예수께서 가다라 지방에 이르셨다. 이 지방 이름(Gadarenes)은 그 지역의 수도인 가다라(Gadara)에서 나왔는데, 이 성은 갈릴리 바다의 남단에서 동남쪽으로 약 12킬

로미터 거리에 위치하고 있었다. 마가와 누가는 이 지역을 '거라사인 (Gerasenes)의 지방'이라고 기록했다(막 5:1; 눅 8:26). 이 차이점에 대한 해설은 위의 두 구절에 대한 주해를 참조하라. 거기서 예수님은 귀신 들린 자 둘을 만났다. 마가와 누가는 한 사람이라 기록했지만 한 사람뿐이었다고 말하지는 않았다. 아마도 둘 중 하나가 더 난폭했던 것 같다.

귀신들의 영향으로 그들은 거칠고 사나웠으며 성 밖으로 쫓겨나 묘지에서 살고 있었다. 귀신들이 던진 두 질문은 예수님이 누구시며 ─ "하나님의 아들이여" ─ 그의 오심이 궁극적으로 그들의 최후를 의미한다는 사실을 그들이 알고 있었음을 암시한다(마 8:29). 귀신들은 몸을 떠난 영이 되는 대신, 부근에 있던 많은 돼지 떼에 들어가게 해달라고 요청했다. 마가는 이 떼가 약 2천 마리나 되었다고 기록했다(막 5:13).

귀신들이 돼지에게 들어가자마자 온 떼가 비탈로 내리달아 갈릴리 바다에 들어가서 익사했다. 돼지를 치던 자들이 놀라서 시내에 들어가 이 믿기 어려운 사건을 보고했다. 시내의 거민들이 나가서 두려워하여(눅 8:37) 예수께 그 지방에서 떠나시기를 간구했다.

C. 사람을 다스리는 권세(8:18~22, 9:9)

여기서 마태는 종들에게 자기를 따를 것을 요구할 수 있고, 동기가 그릇된 요청을 거부할 수 있는 왕의 권리를 예증해 주는 세 가지 예화를 소개한다.

8:18~20(눅 9:57~58) 한 서기관이 나아와 예수께 깊은 생각 없이 불쑥 "선생님이여, 어디로 가시든지 저는 따르리이다"라고 말했다. 비록 예수님이 그의 추수터에서 일할 제자들을 바라시긴 했지만, 오직 올바른 동기를 가진 자들만을 원하셨다. 이 서기관에 대한 예수님의 대답은 그의 겸허한 성품을 드러냈는데, 이는 **여우와 새** 같은 동물들과 대조적으로 그에게는 밤에 머리 둘 곳도 없었기 때문이다. 그에게는 영구적인 가옥이 없었다. 주님은 이 서기관의 마음을 아셨다. 그가 탁월한 스승을 좇는 데 따르는 명성을 탐했음을 아셨던 것이다. 그것은 예수님이 원하셨던 성품이 아니다. 여기에 예수께서 자신을, 그리고 남들이 그를 인자라고 부른 첫 기록이 나타난다(마태복음에 29회, 마가복음에 14회, 누가복음에 24회, 그리고 요한복음에 13회). 이 호칭은 메시아로서의 예수님을 가리킨다(참조, 단 7:13~14).

8:21~22(눅 9:59~60) 두 번째 사람은 이미 예수님의 제자가 된 자였는데, 집에 돌아가서 자기 **부친을 장사**하게 허락해 달라고 요청했다. 이 사람의 부친은 이미 죽었거나 위독했던 것이 아니다. 이 제자는 집에 돌아가서 부친이 죽을 때까지 기다리고 싶다고 말했던 것이다. 그 후에 돌아와 예수님을 좇겠다는 뜻이었다. 그의 요청은 그가 제자의 길을 스스로 취사선택할 수 있다고 생각했음을 보여 준다. 그에게는 예수님보다 물질적 염려가 앞섰는데, 이는 그가 부친 사후의 유산을 원했음이 분명하기 때문이다.

"**죽은 자들이 그들의 죽은 자들을 장사**하게 하라"는 예수님의 응답은 자기를 따르는 일이 최고의 우선순위임을 보여 주었다. 예수님은 육체적으로 죽은 자는 영적으로 죽은 자들이 돌볼 수 있다고 말씀하셨다.

8:23~9:8 이 부분은 9장 9절 이후에 다룬다.

9:9(막 2:13~14; 눅 5:27~28) 앞의 두 예화에 나오는 사람들이 예수님을 좇았는지는 분명치 않지만 세 번째 경우는 매우 분명하다. 주님은 세관에 앉아 있는 **마태**라 하는 사람을 만나셨다. 그는 가버나움의 세관에서 세금을 걷고 있었는데, 예수님이 그에게 "**나를 따르라**"고 명하셨다. 마태는 그 즉시 일어나 예수님을 따르기 시작했다. 왕으로서 예수님은 자기 제자들을 선택할 권리를 가지셨다. 의심할 나위 없이 마태는 예수님의 인품과 가르침, 그리고 권위에 깊은 인상을 받았을 것이다.

D. 자연을 다스리는 권세(8:23~27; 막 4:35~41; 눅 8:22~25)

8:23~27 예수님의 권세가 미치는 또 다른 영역은 자연이다. 이것은 예수님과 그 제자들이 급작스럽게 휘몰아치는 돌풍이 많기로 유명한 갈릴리 바다를 건널 때 증명되었다. 큰 놀(문자적으로는 '큰 지진,' 즉 심한 흔들림)이 일어난 가운데서도 예수님은 주무셨다. 임박한 죽음에 질린 제자들은 예수님을 깨웠다. 그는 먼저 그들을 꾸짖으셨다. "**어찌하여 무서워하느냐 믿음이 작은 자들아**"(참조, 6:30). 그런 다음 바람과 바다를 꾸짖으시니 아주 잔잔하게 되었다. 경험이 풍부한 어부들인 제자들은 이 바다의 풍랑에 대해 잘 알고 있었다. 바람이 잔잔해진 후에도 파도는 얼마간 일기 마련이었다. 따라서 마태가 그들의 놀라움을 기록한 건 당연한 일이었다. "**이이가 어떠한 사람이기에!**" 그들은 자연을 완전한 평온의 상태로 바

꾸신 그분의 초자연적 능력을 놀랍게 여겼던 것이다. 그가 그의 제자들에게 계시해 주셨듯이 이 일은 메시아이신 그가 그의 나라를 확립하실 때 재현될 것이다.

8:28~34 이 부분에 대한 주해는 앞의 "B. 귀신의 세력을 능가하는 권세" 부분을 보라.

E. 사죄의 권세(9:1~8; 막 2:1~12; 눅 5:17~26)

9:1~8 예수님은 갈릴리 바다의 동부에서 본 동네인 가버나움으로 가셨다. 거기서 **침상에 누운 중풍병자**를 예수님께 데려온 몇몇 **사람들의 믿음**이 돋보인다. 마가는 네 사람이 지붕을 뚫고 그 병자를 내렸다고 설명했다(막 2:3~4). 거기에는 몇몇 종교지도자들이 있었는데, 그들은 예수께서 이 사람에게 "작은 자야, 안심하라 네 죄 사함을 받았느니라"(여기서 '안심하라'는 헬라어 싸르세오[θαρσέω]에서 나온 말로, 신약에 일곱 번 사용된 것 중 첫 번째이다[마 9:2, 22; 14:27; 막 6:50; 10:49; 요 16:33; 행 23:11]. 이것은 '용기를 내라' 또는 '힘을 내라'는 뜻이다)고 말씀하시는 것을 들었다. 그 병은 그의 죄 때문에 생긴 것이었음이 분명하다.

예수님은 신적 권위를 주장하셨는데, 이는 오직 하나님만이 죄를 사하실 수 있기 때문이다(막 2:7; 눅 5:21). 이것은 종교지도자들에게 걸림돌이 되었고, 그들은 자기들끼리 예수님이 신성을 모독했다고 말했다. 이것은 예수께 대한 종교지도자들의 첫 반발이었다. 예수께서 그 생각을 아시고 그들에게 "네 죄 사함을 받았느니라 하는 말과 일어나 걸어가라 하는 말 중에 어느 것이 쉽겠느냐"고 물으셨다. '말하기'야 둘 다 쉽겠지만 전자가 더 쉽다고 볼 수 있겠는데, 이는 보는 사람들이 반증할 길이 없기 때문이다. 그러나 만일 예수께서 일어나 걸으라고 했는데도 그 사람이 여전히 침상에서 일어나지 못했다면, 예수님이 스스로 주장한 분이 아니라는 것이 분명하게 드러나게 될 것이다.

따라서 예수님은 쉬운 말만 하신 것이 아니고 병 고침에 대해서도 말씀하심으로 두 행위, 즉 죄 사함과 병 고침을 다 행할 수 있는 권세가 자기에게 있음을 증명하신 것이다. 그 결과, **무리가 두려워하며**(이 단어 **에포베쎄산**[ἐφοβήθησαν]은 풍랑 후 제자들이 보인 반응인 '놀랍게 여겼다'고 한 **에싸우마산**[ἐθαύμασαν, 마 8:27]과는 다르다) 그러한 행위 배후에 있는 권능을 인정하고 하나님께 영광을 돌렸다.

9:9 이 구절에 대한 주해는 "C. 사람을 다스리는 권세" 부분을 보라.

F. 전통을 뛰어넘는 권세(9:10~17)

9:10~13(막 2:15~17; 눅 5:29~32) 마태는 주님을 따르기 시작한 후 (마 9:9) 자기 집에서 만찬을 마련했다. 그가 이 만찬에 여러 동료들을 초청했기 때문에 거기에는 **많은 세리와 '죄인'들이 왔다.** 아마도 마태는 그들을 구세주께 인도하기 위해서 그렇게 했을 것이다. 유대인들은 세리들을 싫어했는데, 이는 그들이 돈을 거두어서 로마인들에게 주었을 뿐 아니라

필요 이상의 돈을 늑징해서 자신들의 배를 채우곤 했기 때문이다. 그래서 그들과는 결코 함께 식사를 하지 않았던 바리새인들이 예수님의 제자들에게 "어찌하여 예수님은 그들과 함께 잡수시느냐"고 물었던 것이다. 주님의 대답은 그의 사역이 자기의 부족함을 깨닫는 자들을 향한 것임을 보여 주었다. "의사는 오직 병든 자에게만 쓸데 있느니라." 바리새인들은 자기들이 죄인(병든 자)이라고 생각하지 않았기 때문에 결코 주님(의사)을 찾지 않았다. 그들은 항상 적당한 희생 제물을 바쳤으나 죄인들을 향한 연민은 전혀 없었다. 긍휼이 없으면 종교적 형식은 무의미하다(참조, 호 6:6).

9:14~17(막 2:18~22; 눅 5:33~39) 예수께서 세리 및 '죄인들'과 함께 식사하시는 것에 대한 문제는 바리새인들만 제기한 것이 아니다. 요한의 제자들도 예수께 와서 그러한 만찬에 참여하는 일에 대해 물었다. 요한과 그의 제자들은 사람들을 회개와 도래하는 천국으로 부르고 있었으므로 금식하는 것이 옳다고 생각했다. 그렇기 때문에 요한의 제자들은 예수님의 제자들이 왜 그들처럼 금식하지 않는지를 물었던 것이다.

예수께서는 천국이 마치 큰 잔치(참조, 마 22:2; 사 25:6) – 여기서는 혼인잔치 – 와 같다고 대답하셨다. 그때에는 왕이 계시기 때문에 왕이신 그분과 제자들이 금식하는 것은 적합하지 못한 일이었다. 혼인식에 참여한 사람들은 애곡하거나 금식하는 것이 아니라 즐겁게 먹고 마셔야 하는 것이다. 그러나 예수께서는 장차 자기가 거부당하실 것을 예견하셨는데, 이는 신랑을 빼앗길 날이 이르리라고 덧붙이신 것이다.

이어서 그는 그의 사역과 세례 요한의 사역의 관계를 묘사하셨다. 요한은 유대주의의 유전에 굳어진 사람들에게서 회개를 불러일으키고자 힘썼던 개혁자다. 그러나 예수님은 **생베 조각을 낡은 옷에 덧대거나**, 새 포도주를 낡은 가죽 부대에 넣는 것처럼 구체제를 보강하러 오신 것이 아니었다. 그의 목적은 무언가 새로운 것을 가져오는 것이었다. 그는 일단의 사람들을 유대주의로부터 그와 그의 의에 근거한 나라로 이끌어 내야 했다. 참된 의는 율법이나 바리새인의 유전 위에 세워지지 않는다.

G. 죽음을 이기는 권세(9:18~26; 막 5:21~43; 눅 8:40~56)

9:18~26 여기에는 두 가지 이적이 기록되어 있다. 마가복음과 누가복음에서는 야이로라 불리는 (아마도 가버나움 회당의[막 5:22]) 한 직원이 예수께 와서 자기 딸(누가복음 8장 43절에는 열두 살짜리로 되어 있음)의 병을 고쳐 달라고 간청했다. 야이로는 그 아이가 방금 죽었다고 말했지만, 예수께서 살리실 수 있다고 믿었다. 다른 복음서에는 그 아비가 '죽었다'가 아니라 '죽어 간다'라고 말한 것으로 기록되어 있다(막 5:23; 눅 8:42). 이 분명한 모순은 예수께서 야이로에게 말씀하시는 동안 어떤 사람이 그의 집에서 와서 아이의 죽음을 알린 사실로 해명이 된다. 즉 마태는 기사를 상세히 보도하지 않고 소녀의 죽음에 대한 보고를 야이로의 청원 속에 포함시켰던 것이다.

예수께서 야이로의 딸을 고치러 가실 때, 한 여자가 **믿음**으로 예수께 다가와 그 **겉옷**을 만져 병 고침을 받는 일이 일어났다. 흥미롭게도 그녀는 야이로의 딸의 나이와 같은 **열두 해 동안 혈루증**을 앓고 있었다. 의식법(儀式法)에 의하면 그녀는 불결한 상태에 있었다(레 15:19~30). 예수께서는 발걸음을 멈추시고 그녀를 "딸아" 하고 부르셨다(이것은 애정이 담긴 단어인 쒸가테르[θύγατερ]이다. 참조, '소녀'[마 9:24]는 코라시온[κοράσιον]). 예수께서는 그녀의 믿음이 병 고침의 이유였다고 말씀하셨다. 이것은 예수님을 믿고 있었던 야이로에게 매우 고무적인 일이었을 것임이 분명하다. '안심하라'(싸르세오[θαρσέω]의 파생어)에 대한 2절의 주해를 보라.

무리가 야이로의 집에 이르렀을 때 피리 부는 자들과 떠드는 무리(애곡하는 자들, 눅 8:52)가 유족을 위해 애곡하려고 이미 모여 있었다. 그들은 소녀가 죽었다고 믿었으므로 예수께서 소녀가 잔다고 말씀하시자 비웃었다. 예수님은 소녀가 실제로 죽은 사실을 부인하신 것이 아니었다. 그는 단지 소녀의 죽은 상태를 잠자는 것에 견주셨을 뿐이다. 잠을 자는 것처럼, 그녀의 죽음은 잠정적인 것이었다. 이제 다시 깨어날 것이다. 예수께서는 무리를 내보낸 후에 소녀를 살리셨다. 그러한 권세는 오직 하나님께만 속한 것이며, 이 소문은 온 땅에 퍼졌다(참조, 마 9:31).

H. 어둠을 물리치는 권세(9:27~31)

9:27~31 예수께서 계속 여행하실 때 두 맹인이 따라오며 그가 다윗의 자손이심을 근거로 그에게 호소했다(참조, 12:33; 15:22; 20:30~31). 이 호칭은 예수님을 메시아의 계보로 연결시키는 것임이 분명하다(참조, 1:1). 그들의 끈기는 그들이 계속 예수님을 따라 집에까지 들어가서 마침내 이적으로 시력을 회복하게 되는 데서 잘 나타난다. 그들은 참된 믿음

을 가졌는데, 이는 주께서 그들을 **능히** 고치실 수 있음을 그들이 진실로 믿었기 때문이다(9:28). 그들이 예수님을 주라 인정한 것은 그의 신성을 확신했음을 말한다. 그들의 믿음대로 그들은 다시 볼 수 있게 되었다. 이 일을 아무에게도 알리지 말라는 예수님의 경고에도 불구하고 그의 명성은 온 땅에 계속 퍼져 나갔다(참조, 26절; 12:16). 그의 경고는 아마도 육체적인 치료만을 위해 무리가 그에게 몰려드는 것을 방지하기 위함이었을 것이다. 예수께서 육체적인 질병들을 많이 고치시긴 했지만, 그의 이적들은 그의 주장들을 확증하기 위한 것이었다. 예수께서 오신 것은 우선적으로 영적인 치료를 위함이었지 육체적인 치료를 위함이 아니었다.

I. 말 못하는 자를 고치는 권세(9:32~34)

9:32~34 앞의 두 맹인이 집을 떠날 때 사람들이 귀신 들려 말 못하는 사람을 예수께 데려왔다. 예수님은 그를 즉시 고치셨다. 말 못하는 사람이 말하자 무리가 놀랍게 여겨(에싸우마산[ἐθαύμασαν]. 참조, 8:27) 이스라엘 가운데서 이런 일을 본 적이 없다고 말했다. 그러나 종교지도자들도 같은 결론을 내린 것은 아니었다. 그들은 예수님이 귀신의 왕인 사탄의 힘으로 이적들을 행한다고 믿었다(참조, 10:25; 12:22~37).

J. 권위를 부여하는 권세(9:35~11:1)

1. 일거리(9:35~38)

9:35~38 35절에서 마태는 예수님의 삼중(三重) 사역을 요약했다(거의 비슷한 내용이 담긴 4장 23절의 주해를 보라). 예수께서는 이스라엘의 모든 도시와 마을에 두루 다니사 천국에 대해 가르치시며 전파하셨다. 그의 병 고침 사역은 그의 인격을 확증하기 위한 것이었다. 이러한 예수님의 찬란한 사역은 큰 무리를 끌어들였다.

예수께서는 무리를 보시고 그들에게 연민을 느끼셨다. '민망히 여기다'(스플랑크니조마이[σπλαγχνίζομαι])라는 동사는 신약성경에서 공관복음에만 나온다. 마태복음에 다섯 번(9:36; 14:14; 15:34; 18:27; 20:34), 마가복음에 네 번(1:41; 6:34; 8:2; 9:22), 그리고 누가복음에 세 번(7:13; 10:33; 15:20. 참조, 7:13의 주해) 나온다. 이것은 강렬한 감정을 나타내는 것으로, '깊은 연민을 느끼다'라는 뜻이다. 연관된 명사인 **스플랑크나**(σπλάγχνα : 연민, 애정, 또는 내적 감정)는 누가복음에 한 번(1:78), 바울서신에 여덟 번, 그리고 요한서신에 한 번(요일 3:17) 사용되었다.

예수님은 사람들이 목자 없는 양과 같이 고생하며 기진함을 보셨다. 이리 떼에게 수난을 당하며 속수무책으로 내버려져 자기들을 인도해 주고 보호해 줄 목자도 없는 양들과 같이, 그들은 종교지도자들에게 농락을 당하면서 도움이나 영적 인도를 받지 못한 채 방황해야 했다. 그들의 목자가 되어야 할 종교지도자들은 양들을 참된 목자로부터 격리시켰다. 사람들의 이러한 악조건에 대한 반응으로 예수님은 그의 제자들에게 주인 이신 성부 하나님께 추수하는 **일꾼들**을 더 보내 주실 것을 요청하라고 말씀하셨다(참조, 눅 10:2). 천국이 이미 가까웠으므로(마 4:17) 추수는 준비되었다. 그러나 추수를 마치려면 일꾼들이 추가되어야 했다.

2. 일꾼들(10:1~4; 막 3:13~19; 눅 6:12~16)

10:1~4 일꾼들의 명단이 아버지께 일꾼들을 요청하라는 명령에 뒤이어 나온다는 것은 놀라운 일이다. 예수님을 따랐던 **열두 제자**(마쎄테스[μαθητής]는 배우는 자였다. 참조, 11:29)는 '사도들'이라 불렸다. 이 열둘은 예수께로부터 특별히 파송받았고('사도'는 '관원을 대리하기 위해 보냄을 받은 자'라는 뜻이다), 귀신을 쫓아내며 **모든 병과 모든 약한 것을 고치**는 예수님의 권능을 부여받았다. 여기에 **열두 사도**의 이름이 둘씩 짝지어 있는데, 아마도 이렇게 둘씩 파송되었을 것이다("둘씩 둘씩 보내시며"[막 6:7]).

열두 사도들 중 베드로가 맨 처음 언급되어 있고(그의 두드러진 역할 때문에) 유다가 끝에 나온다. 예수께서는 시몬이라는 이름을 **베드로**로 바꾸셨다(요 1:42). 베드로와 **안드레** 형제가 예수님을 따르기 시작한 지 얼마 되지 않아서 또 다른 형제인 **야고보와 요한**이 뒤따랐다(마 4:18~22). 안드레와 베드로처럼, **빌립**은 갈릴리 연안의 벳새다 출신이었다(요 1:44). **바돌로매**가 나다나엘(요 1:45~51)과 동일인이었을 가능성이 있다는 것 외에 그에 대해 알려진 것은 아무것도 없다. **도마**는 요한복음 11장 16절에서 '디두모'(쌍둥이)라 불렸는데, 예수님의 부활에 관해 질문한 바 있다(요 20:24~27). **마태**는 자신을 전직 세리로 언급했다(마가와 누가는 그냥 마태라고만 기록했다). 알패오의 아들 야고보는 이 명단에만 기록되어 있다. 다대오는 아마도 야고보의 아들 유다와 동일인일 것이다 (눅 6:16; 행 1:13). 가나안인 시몬은 로마 제국의 전복을 모의했던 유대인들의 혁명적 정당(政黨)인 열심당원이었다. 가롯 유다는 훗날 예수를 판자였다(마 26:47~50). '가롯'은 유대의 성읍인 '가롯 출신'이라는 뜻인 듯하다.

3. 지시받은 일꾼들(10:5~23)

a. 전파할 메시지(10:5~15; 막 6:7~13; 눅 9:1~6)

10:5~15 천국(7절)에 관해 열두 사도가 전해야 했던 메시지는 세례 요한의 메시지(3:1) 및 예수님의 메시지(4:17)와 동일한 것이었다. 예수님은 그들에게 사역의 범주를 이스라엘 백성에게 국한시키라고 덧붙이셨다. 그는 구체적으로 **이방인의 길로도, 사마리아인의 고을로도** 가지 말라고 명하셨다. 사마리아인들은 유대인과 이방인 사이의 혼혈인들인데, 그 기원은 BC 722년 앗수르가 북 왕국을 정복하고 메소포타미아 북방의 피정복민들을 이스라엘에 이주시킴으로 잡혼이 이루어지게 된 때로 거슬러 올라간다. 사도들은 오직 **이스라엘 집의 잃어버린 양에게로**(참조, 15:24) 가게 돼 있었는데, 이는 천국의 메시지가 하나님의 언약 백성을 위한 것이었기 때문이다. 이스라엘은 이미 오신 왕을 받아들여야 했다. 그랬더라면 만국이 그를 통하여 복을 받았을 것이다(창 12:3; 사 60:3).

사도들의 메시지는 주님의 메시지처럼 이적들을 통해 확증될 것이다 (마 10:8. 참조, 9:35). 그들은 전도 여행을 위한 조달품을 치밀하게 준비하지 않음으로 그들이 경제적인 이익을 위해 일하고 있다는 인상을 주는 것을 방지했다. 금지품 목록에는 **지팡이**도 있었다(참조, 눅 9:3). 그러나 마가는 사도들이 지팡이를 휴대할 수 있었다고 기록했다(막 6:8). 마태는 여분의 소지품들을 '획득'(크테세스떼[κτήσησθε])하지 말아야 했다고 기록한 데 반해, 마가는 그들이 이미 가지고 있던 지팡이는 '가지고'(아이로신[αἴρωσιν]) 올 수 있었다고 기록했음을 감안할 때 이 문제는 해결된다.

사도들이 봉사할 때, 그들은 그 대상으로부터 봉사를 받게 되어 있었다. 각 성이나 마을에서 그들은 **합당한 자**를 찾아 함께 유하게 되어 있었다. 이 '합당함'은 전파된 메시지에 대한 호의적 반응에 의해 결정되었음이 분명하다. 그들의 메시지를 거부하고 그들을 **영접하지** 않는 자들은 그냥 지나쳐 버려야 했다. 불친절한 장소를 떠나면서 발의 먼지를 떨어 버리라는 말은 유대의 성읍을, 그 먼지마저도 달갑지 않게 여겼던 경멸스러운 이방 성읍에 빗대어 거부하는 행위를 의미했다. 주님은 마지막 심판 날에 그러한 사람들에게 임할 심판이 소돔과 고모라(창 19장)에 임했던 것보다 클 것이라고 말씀하셨다("내가 진실로 너희에게 이르노니"라는 말씀은 마태복음 10장 15, 23, 42절에 나온다. 참조, 5:18의 주해).

b. 예상되는 반응(10:16~23; 막 13:9~13; 눅 21:12~17)

10:16~23 주님은 사도들의 사역에 대한 사람들의 반응을 예언하셨는데, 그리 고무적인 내용은 아니었다. 그들은 마치 이리 가운데 있는 양과 같아서 그 사역이 퍽 힘들 것이다(참조, 7장 15절에는 거짓 선지자들이 '노략질하는 이리'로 묘사되어 있다). 그들은 **뱀같이 지혜롭고 비둘기같이 순결**해야 한다. 즉 위험을 지혜롭게 피하면서도 순결함으로 원수에 대항

해야 한다. '순결한'은 아케라이오이(ἀκέραιοι : 문자적으로 '섞이지 않은, 순수한')를 번역한 것인데, 이 단어는 신약성경에서 두 번 더 사용되었다 (롬 16:19; 빌 2:15). 사도들은 그들의 사역을 수행하는 동안 동족인 유대 인 지도자들 앞에 끌려가 채찍질당하고(참조, 행 5:40), 또 로마의 총독들 과 헤롯 가문의 임금들 앞에 끌려가게 될 것이다. 그러나 염려할 필요가 없었는데, 이는 성령(여기서는 '너희 아버지의 성령'이라고 기록됨)께서 체 포를 면하게 해 줄 만한 말을 주실 것이었기 때문이다.

핍박의 정도가 가족 간의 배신(마 10:21)과 극단적인 증오(22절)에까 지 이를지라도, 예수님은 그들의 궁극적 구원을 약속하셨다. 사도들은 이 동네에서 저 동네로 옮겨 다니며 그들의 사역을 계속해야 했다. 그러나 주님을 위한 그들의 행진에도 불구하고 그들은 인자가 오시기 전에는 이 스라엘의 모든 동네를 다 다니지 못할 것이다.

주님의 이 말씀은 아마도 그의 지상 생애 이후에도 적용될 수 있을 것이 다. 여기에 선포된 내용은 오순절(행 2장) 이후 교회 내에서 복음을 널 리 전파한 사도들의 삶 속에서 더욱 충만하게 드러났다(예, 행 4:1~13; 5:17~18, 40; 7:54~60). 그러나 이 말씀의 입증은 예수 그리스도께서 그 의 나라를 이 땅 위에 설립하시기 위해 권능과 영광 가운데 재림하시기 전의 대환난기에 복음이 온 세상에 전파됨으로 그 절정에 이르게 될 것이 다(마 24:14).

4. 위로받는 일꾼들(10:24~33; 눅 12:2~9)

10:24~33 예수님은 사도들에게 그가 친히 겪으신 적이 없는 일들을 요청하고 계신 것이 아님을 상기시키셨다. 그가 귀신을 쫓아내자 종교지

도자들은 그가 귀신들의 왕을 힘입어 일한다고 주장했다(참조, 9:34). 그들이 예수님(집주인)을 그렇게 모함했다면, 그의 일꾼들(그 집 사람들)에게도 같은 말을 할 것이 분명했다. **바알세불**은 귀신들의 왕인 사탄의 이름으로, 아마도 블레셋의 성읍인 에그론의 신 바알세붑에서 나온 말일 것이다(왕하 1:2). '바알세붑'은 '파리들의 군주'라는 뜻이고, '바알세불'은 '고지(高地)의 군주'라는 뜻이다.

그러나 사도들은 오직 몸만을 멸할 수 있는 종교지도자들을 두려워할 필요가 없었다(마 10:28). 종교지도자들의 진정한 동기는 심판 때에 드러날 것이다(26절). 육체적 생명과 영적 생명의 궁극적 주관자이신 하나님께 순종하는 것이 훨씬 중요하다. 사도들은 주님께 사적으로 받은 메시지를("어두운 데서 … 귓속말로") 두려움 없이 공공연하게 선포할 것인데("광명한 데서 … 집 위에서"), 이는 천부께서 그들을 진실로 염려해 주시며 그들이 처한 상황을 잘 알고 계셨기 때문이다.

그분은 별 가치가 없는 참새의 죽음까지도 알고 계신다. 당시 **참새 두 마리는 한 앗사리온**(ἀσσάριον : 헬라의 동전으로, 하루 임금에 해당하는 로마 데나리온의 약 1/16의 가치가 있었다)에 팔렸다. 아버지 하나님은 또한 **사람의 머리털 숫자까지도 아신다**(30절). 주님은 사도들에게 두려워 말라고 하셨는데, 이는 **참새보다 훨씬 귀한** 그들을 하나님이 친히 아시며 돌보고 계시기 때문이다. 그 대신 그들은 예수님을 사람 앞에서 충성되게 **고백**(시인: 호몰로게세이[ὁμολογήσει])해야 했다(32절). 그리하여 그들은 아버지 하나님 앞에서 그의 일꾼들임을 인정받게 되지만, 그분을 시인하지 않으면 그분으로부터 외면당할 것이다. 열두 사도들 중 오직 한 사람, 가룟 유다만이 이 후자의 경우에 속했다.

5. 훈계받는 일꾼들(10:34~39; 눅 12:51~53; 14:26~27)

10:34~39 예수님은 세상에 화평을 주러 온 것이 아니라, 자르고 나누는 검을 주러 오셨다고 말씀하셨다. 그가 세상에 오신 결과로 어떤 자녀들은 부모들과 등지게 될 것이고, 자기 집안 식구가 원수가 될 것이다. 이는 그리스도를 좇는 자들 중 일부는 식구들의 미움을 사게 되기 때문이다. 가족에 대한 사랑이 주님을 향한 사랑보다 커서는 안 되므로(37절. 참조, 눅 14:26의 주해), 이것은 제자가 되려는 자가 치러야 할 대가의 일부분인지도 모른다. 참된 제자는 자기 십자가를 지고 예수님을 따라야 한다(참조, 마 16:24). 그는 가족의 미움뿐 아니라, 마치 자신의 사형집행틀인 십자가를 지고 가는 범죄자처럼 죽음까지도 기꺼이 대할 각오를 해야만 한다. 당시에 죄수가 자기 십자가를 지는 것은 자기에게 사형을 언도한 로마 제국의 결정이 옳았음을 무언으로 인정하는 것이다. 이와 같이 예수님의 추종자들은 자기들의 생명에 대한 그분의 재량권을 인정했던 것이다. 제자는 자기 목숨을 예수 그리스도께 바친 대가로서 그것을 다시 얻을 것이다(참조, 16: 25의 주해).

6. 보상받는 일꾼들(10:40~11:1; 막 9:41)

10:40~11:1 주님을 충성스럽게 섬기고 그 사역자들을 충성스럽게 영접한 자들은 보상을 약속받았다. 선지자와 그 메시지를 영접하는 것은 예수 그리스도를 영접하는 것과 같았다. (여기서 사도들이 선지자로 불렸는데, 이는 그들이 하나님의 메시지의 수신자들이자 전달자들이었기 때문이다. 참조, 10:27) 그러므로 이 작은 자, 즉 예수님의 평범한 제자들 중

하나에게 준 냉수 한 그릇도 하나님은 반드시 기억하실 것이다. 상은 실천된 행위에 따라 주어질 것이다. 이렇게 명하신 후 예수님은 갈릴리에서 가르치시며 전도하시려고 떠나셨다(11:1). 열두 제자가 주께로부터 권위를 위임받았으므로 그들도 떠나 예수님의 지시를 수행했으리라 생각된다. "예수께서 명하기를 마치시고"라는 문구는 이 책의 또 다른 전환점이다 (참조, 7:28; 13:53; 19:1; 26:1).

Ⅳ. 왕의 권위에 대한 도전(11:2~16:12)

A. 세례 요한을 거부함(11:2~19; 눅 7:18~35)

1. 요한의 질문(11:2~3)

11:2~3 마태는 요한이 옥에 갇혔다고 기록했다(4:12). 그의 투옥 이유가 뒤에 설명된다(14:3~4). 요한이 그리스도께서 하신 모든 일을 듣고 그의 제자들 몇몇을 보내어 예수께 물었다. "오실 그이가 당신이오니이까 아니면 우리가 다른 이를 기다리오리이까?" '오실 그이'는 시편 40편 7절과 118편 26절에 근거한 메시아의 칭호이다(참조, 막 11:9; 눅 13:35). 요한은 이렇게 생각했을 것이다. '만일 내가 메시아의 선구자이고 예수님이 메시아시라면 왜 내가 감옥에 갇혀 있는가?' 그에게는 재확인과 해명이 필요했는데, 이는 그가 메시아께서 악을 극복하고 죄를 심판하여 그의 나라를 설립하실 것을 기대했기 때문이다.

2. 예수님의 대답(11:4~6)

11:4~6 예수께서는 요한에게 직접적으로 답하시지 않았다. 그 대신 요한의 제자들에게 "너희가 가서 듣고 보는 것을 요한에게 알리라"고 명하셨다. 당시에 일어나고 있던 눈에 띄는 사건들로는 맹인이 보며 못 걷는 사람이 걸으며 나병 환자가 깨끗함을 받으며 못 듣는 자가 들으며 죽은 자가 살아

나며 가난한 자에게 복음이 전파되는 일 등이었다. 물론 이러한 일들은 예수님이 메시아시라는 사실을 입증했다(사 35:5~6; 61:1). 주님의 참된 특성을 놓치지 않는 자들은 참으로 복이 있는 자들이다. 그가 비록 그의 나라를 세우실 때 죄를 심판하심으로 이 세상에 궁극적인 심판을 초래하실 것이나, 당시는 아직 적시가 아니었다. 이스라엘이 그를 거부함으로 육체적인 나라의 설립이 지연되고 말았다. 그러나 요한을 포함해서 그리스도의 인격과 사역을 진실로 깨달은 모든 자들은 복을 받을 것이었다.

3. 예수님의 강론(11:7~19)

11:7~15 요한의 질문은 예수님으로 하여금 무리에게 강론할 계기를 마련해 주었다. 어떤 이들은 아마도 요한의 질문 때문에 메시아에 대한 그의 헌신을 의심했을지도 모른다. 그래서 예수님은 요한이 약해지거나 흔들리지 않았다고 설명하셨다. 그는 미풍에도 흔들리는 갈대가 아니었다. 또한 그는 **왕궁에서나 입는 부드러운 옷을 입은 사람**도 아니었다. 사실상 세례 요한의 복장은 그와 정반대였다(3:4). 요한은 하나님이 회개를 요구하신다는 메시지를 선포했던 참된 **선지자**였다. 사실상 그는 **선지자보다 더 나은 자**였는데, 이는 그가 말라기 3장 1절의 성취로서 예수님의 사자 혹은 선구자였기 때문이다. 마가는 그의 복음서에서(막 1:2~3) 말라기 3장 1절의 이 예언을 예수님의 길을 준비할 자에 관한 이사야의 예언(사 40:3)과 배합했다. 예수님은 지상에서 살아온 모든 사람들 중 세례 요한보다 큰 이는 없었다고 덧붙이셨다. 그러나 **천국에서는 극히 작은 자라도** 요한보다 클 것이다. 예수님의 제자들이 천국에서 누리는 특권은 지상에서 경험할 수 있는 무엇보다도 훨씬 클 것이다.

그러나 **천국**은 **침노**의 대상이었고, 악한 자들은 그것을 강탈하려고 힘쓰고 있었다(마 11:12). 예수님 당시의 종교지도자들('**침노하는 자**')은 요한과 예수님, 그리고 사도들에 의해 도입된 운동에 저항하고 있었다. 비아제타이(βιάζεται)라는 헬라어 동사는 능동적으로나('힘차게 발전하다') 수동적으로('침노당하다') 해석될 수 있다. 또한 '빼앗다'는 뜻의 하르파주신(ἁρπάζουσιν)은 저항 또는 독단적인 주장의 의미에서는 '붙잡다'라는 뜻이다. 그 지도자들은 천국을 원했으나, 그것은 예수께서 제시하신 것과는 다른 것이었다. 그래서 그들은 그 메시지를 거부하면서 독단적인 규범을 세우려고 노력했던 것이다. 그러나 요한의 메시지는 옳았다. 만일 백성이 그것을 받아들이고, 궁극적으로 예수님을 영접한다면 요한은 엘리야에 대한 예언을 성취하게 될 것이다. 그들이 그 메시지를 받아들여야만 세례 요한이 오리라 한 엘리야가 되는 것이다(참조, 말 4:5). 그 백성이 메시아를 배척했으므로 엘리야의 도래는 여전히 미래의 일로 남아 있다(참조, 말 4:6; 행 3:21).

11:16~19 예수님은 당시의 세대를 아무것으로도 기쁘게 해 줄 수 없는, 장터에 앉아 있는 일단의 어린아이들에 견주셨다. 결혼식 노래("피리 … 춤")나 장례 노래("슬피 움 … 가슴을 침")의 연주에 대한 제안을 거절하는 아이들처럼, 사람들은 요한도, 예수님도 거부했다. 그들은 세례 요한이 먹지도 마시지도 않는다고 불만이었고, 예수님은 죄인들과 함께 먹고 마신다고 싫어했다. 그들은 요한더러 귀신이 들렸다고 말했고, 예수님에 대해서는 **먹기를 탐하고 포도주를 즐기는 사람이요 세리와 죄인의 친구**라고 하면서 배척했다. 비록 그 세대는 아무 일에도 만족할 줄 몰랐지만, 요한과 예수님이 취한 접근 방식의 **지혜**는 많은 사람을 천국으로 이끄는 것

으로 옳다는 증거를 받을 것이다.

B. 저주받은 고을들(11:20~30; 눅 10:13-15, 21-22)

11:20~24 비록 예수님의 초림의 우선적 의도가 심판의 선포는 아니었지만, 그는 죄를 책망하셨다. 여기서 그는 특별히 가장 중요한 이적들이 일어났던 고을들에 대한 정죄를 선포하셨다. 고라신, 벳새다, 그리고 가버나움이 그 고을들인데, 모두 갈릴리 바다의 서북 해안에 위치했다. 대조적으로 지극히 패역했던 이방의 세 성읍(**두로와 시돈**[갈릴리 바다에서 각각 55킬로미터와 95킬로미터 떨어진 뵈니게 해안의 성읍들. 참조, 15:21], 소돔[남방으로 160킬로미터 이상 떨어짐. 11:23])이 만일 예수님의 기적들을 보았다면 회개했을 것이다. 그 성읍들에 임할 심판은 비록 끔찍하겠지만 이 유대인들의 고을들에 임할 심판보다는 가벼울 것이다. 이 갈릴리의 세 고을들은 더 큰 '빛'에도 불구하고 메시아를 배척했다. 결국 오늘날에는 폐허로 남아 있을 뿐이다. 비록 예수께서 가버나움에 얼마간 사셨지만, 그 고을이 하늘에까지 높아지지는 않을 것이다. 오히려 그 거민들은 음부, 즉 죽은 자들의 장소에까지 낮아질 것이다.

11:25~30 갈릴리의 세 고을들에 대한 정죄(20~24절)와는 대조적으로, 예수님은 믿음으로 그에게 돌아오는 자들을 향해 위대한 초청을 하셨다. 예수님은 앞에서 당시의 세대가 보여 준 어리석은(childish) 반응을 정죄하신 바 있다(16~19절). 여기서 그는 그에게 어린아이와 같은(childlike) 믿음으로 나아오는 자가 참된 제자의 길을 향유할 수 있다고 선언하셨다. 하나님은 그의 선하신 기쁨 가운데(참조, 엡 1:5) 그의 지혜로운 경륜의 위대한 비밀들을 지혜롭고 슬기 있는 자들(당시의 지도자들)에게는 숨기시고 어린아이들에게는 나타내셨다. 이것은 아들이신 하나님과 아버지이신 하나님이 삼위일체의 밀접한 관계 가운데 피차 완벽하게 아시기 때문에 가능했다(마 11:27). ('아버지'는 25~27절에 다섯 번이나 나온다.) 그래서 **아버지**와 그가 계시하신 것들을 아는 자는 오직 **아들**이 택하는 자들뿐이다(참조, 요 6:37).

그러므로 예수님은 모든 수고하고(호이 코피온테스[οἱ κοπιῶντες]: 중노동으로 지친 자들) 무거운 짐 진 자들(페포르티스메노이[πεφορτισμένοι]. 참조, 마태복음 11장 30절의 포르티온[φορτίον : 짐])을 향해 자기에게 오라고 부르셨다. 사람들은 그들의 짐들, 아마도 죄와 그 열매의 짐들을 견디다 지치게 된다. 차라리 그들은 예수께 와서 예수라는 멍에를 져야 한다. 자신들을 그분의 멍에 아래 두고 그분에게서 배움으로 죄의 짐을 버리고 **마음(영혼)의 쉼**을 얻게 될 것이다. 그 멍에를 짐으로 예수님의 참제자들이 되고 그의 신적 지혜의 선포에 동참하게 된다. 그에게서 배운다(마쎄테[μάθετε])는 것은 그의 제자(마쎄테스[μαθητής])가 된다는 것을 의미한다. 사람들은 그들의 무겁고 지겨운 짐들을 그것과는 대조적으로 쉽고 가벼운 그분의 멍에와 짐(포르티온[φορτίον])으로 맞바꿀 수 있다. 그분을 섬기는 것은 전혀 짐이 아닌데, 이는 그가 그를 배척하는 자들과는 대조적으로 온유하고(프라우스[πραΰς]. 참조, 5:5) 겸손하시기 때문이다.

1. 안식일 논쟁(12:1~21)

a. 안식일에 일하심(12:1~8; 막 2:23~28; 눅 6:1~5)

12:1~8 예수님과 그 제자들이 안식일에 밀밭 사이로 지나가던 중에 제자들이 이삭을 잘라 알곡을 먹기 시작했다. 바리새인들은 즉시 이 율법을 범한 사실(출 20:8~11)을 가지고 제자들이 안식일에 일한다고 비난했다. 바리새인들에 따르면 이삭을 자르는 일은 추수요, 그것을 손바닥으로 문질러 까는 일은 타작이며, 겨를 불어 버리는 일은 키질이었다!

그러나 예수님은 세 가지 예화를 들어 바리새인들의 주장에 반박하셨다. 첫째, 그분은 다윗의 생애 중에 일어난 한 사건을 인용하셨다(마 12:3~4). 사울 왕을 피해 달아나던 중 다윗은 성막으로부터 옮겨진 거룩한 진설병을 먹게 되었는데(삼상 21:1~6), 그것은 통상 제사장만을 위한 것이었다(레 24:9). 다윗은 규율에 얽매이는 것보다 그의 생명을 보전하는 것이 더 중요하다고 믿었다. 둘째, 성전 안의 제사장들은 안식일에 일해도(마 12:5. 참조, 민 28:9~10, 18~19) 책망받지 않았다. 셋째, 예수님은 자신이 안식일의 주인, 즉 그날에 할 수 있는 일을 통제하는 분이시므로 자신이 성전보다 더 큰 이라고 변론하셨고(마 12:6. 참조, 41~42절의 '더 큰 이'), 제자들(무죄한 자)의 행위를 정죄하시지 않았다.

바리새인들은 추수, 타작 그리고 키질에 관한 그들의 규율들을 쓸데 없이 세세히 구별하고 있었다. 그들은 사람들의 기본적인 필요(여기서는 제자들의 굶주림. 참조, 신 23:24~25)에 대한 연민은 없이 희생 제물에 대해서만 깊은 관심을 보였다. 예수님은 그들에게 호세아 6장 6절의 말씀을 회상시키셨다. "나는 인애를 원하고 제사를 원하지 아니하노라." 즉 단지 외적인 형식만이 아닌 내적 영성을 원하신다.

b. 안식일에 치료하심(12:9~14; 막 3:1~6; 눅 6:6~11)

12:9~14 예수께서 회당에 도착하셨을 때까지도 첫 번째 논란은 아직 완전히 종결되지 않았다. 그날은 안식일이었으므로 예수께서 회당에 가시는 것은 누구나 예측할 만한 일이었다. 거기에 한쪽 손 마른 사람이 있었다. 바리새인들은 예수님을 고발할 길을 끊임없이 찾고 있었으므로, 의심할 것 없이 그들이 문제를 만들기 위해 이 사람을 회당에 데려다 놓았을 것이다. 그들은 "안식일에 병 고치는 것이 옳으니이까"라고 문제를 제기했다. 예수님은 가끔 하셨던 것처럼, 또 다른 질문으로 대답하셨다. "만일 어떤 사람의 양이 안식일에 구덩이에 빠졌으면 비록 일로 간주될지라도 그 양을 끌어내지 않겠느냐?" 동물을 향한 자비의 행위는 온전히 질서를 따른 것이었다. 사람이 양보다 훨씬 더 귀하므로 안식일에도 선을 행해야 한다. 이리하여 예수님은 그가 하시고자 했던 일에 대한 장애물을 제거하셨는데, 이는 성경이 이것을 금하지 않고, 또 그의 논리에 흠이 없었기 때문이다. 그러나 그 사람을 고친 일이 바리새인들에게는 믿음을 불러일으키지 않았다. 그들은 오히려 어떻게 하여 예수를 죽일까 공모했다.

c. 예수님의 반응(12:15~21)

12:15~21 예수님은 이 안식일 논쟁들을 통하여 바리새인들이 의도한 바가 무엇이었는지 아셨다. 많은 사람들이 계속 그를 뒤따르자, 그는 그들의 병을 다 고치시고 자기가 누구인지 나타내지 말라고 경고하셨다(참조, 9:30). 그가 메시아이심을 널리 드러내는 것은 반발 세력을 더 강화시키는 결과를 초래할 것이다. 이는 메시아에 관한 선지자 이사야의 예언(사 42:1~4)을 이루려 하심이었다.

"그것은 마태의 논리에 잘 부합된다. 첫째, 그것은 왕의 은둔이 메시아의 사역에 어떻게 들어맞는지를 보여 준다. 그는 말다툼을 하거나 길가에서 외쳐 대지 않을 것이다. 그것은 또한 그의 긍휼을 잘 묘사한 그림인데, 이는 그가 상한 갈대를 꺾거나 꺼져 가는 심지를 끄지 않으실 분이기 때문이다. … 그 예언에 제시된 두 번째 논지는 메시아에 대한 하나님의 공인이다. 비록 그는 외치거나 투쟁하지 않지만, 그는 여전히 하나님의 계획을 수행할 하나님의 종이시다"(Toussaint, *Behold the King*, p. 161).

마태복음 12장 18절(이사야 42장 1절의 인용)에는 삼위일체 하나님이 나온다. 성부 하나님은 그리스도를 나의 종이라 말씀하셨고, 성령은 심판(공의)을 선포한 메시아 위에 임재하셨다. 이방인들은 그리스도 안에서 소망을 가질 것이다(마 12:21).

2. 마귀적 정죄(12:22~37; 막 3:20~30; 눅 11:14~23; 12:10)

12:22~24 본문은 비록 귀신 들린 자를 예수께 데리고 온 자들이 누구였는지 언급하지 않지만(22절), 그들은 아마도 바리새인들이었을 것이다

(참조, 14절). 아마 그들이 이 사람을 발견했고 이 상황을 해결하기가 어렵다는 것을 알았을 것이다. 그는 눈멀고 말 못하는 사람이었으므로 그와의 의사소통은 거의 불가능했다. 그는 도무지 볼 수 없었고, 듣기는 하지만 거기에 반응할 수가 없었다. "예수께서 즉시 귀신을 쫓아내어 그를 고쳐 주시매 그 말 못하는 사람이 말하며 보게 된지라." 무리가 다 놀라(엑시스탄토[ἐξίσταντο : 정신이 나갔다]. 참조, 7장 28절의 주해에 나타난 놀라움에 대한 다른 단어들) "이는 다윗의 자손이 아니냐" 하고 물었다. 다시 말해서, "이는 우리를 다스리시고 우리 백성을 치료하러 오신 다윗의 자손, 약속하신 메시아가 아니냐?"(참조, 삼하 7:14~16)는 것이다. 사람들이 이렇게 묻는 동안 바리새인들은 예수님의 권능이 귀신의 왕 바알세불로부터 말미암았다고 결론짓고 있었다(참조, 마 9:34. '바알세불'의 의미에 관해서는 10장 25절, 마가복음 3장 22절의 주해를 보라).

12:25~29 바리새인들의 생각을 아신 예수님은 그의 권위를 변증하셨다. 이런 일은 퍽 드문 일이기는 하지만 논점은 명확했다. 예수님은 그가 사탄의 권세에 의해 일하셨다는 주장에 대해 세 가지 반론을 제기하셨다. 첫째, 만일 그가 **사탄**을 힘입어 귀신을 쫓아내셨다면 사탄이 **스스로 분쟁**하는 것이다(25~26절). 왜 사탄은 예수님으로 하여금 자기의 통제 하에 있던 사람에게서 귀신을 쫓아내게 하여 그를 자유로운 사람이 되게 했겠는가? 그렇게 하는 것은 사탄의 나라를 나누어 파괴시키는 일인 것이다.

둘째, 예수님은 하나님의 권능으로 귀신을 쫓아내었던 당시의 유대인 사역자들에 대해 질문하셨다(27절). 사도들은 권위를 위임받았고(10:1) 다른 이들은 그러한 능력을 소유한 자들로 간주되었다. 실제적으로 예수님은 이렇게 말씀하셨다. "만일 너희가 유대인 사역자들이 하나님을 힘입어 귀신을 쫓아낸다고 믿는다면, 어찌하여 나도 동일한 신적 권능을 소유했다고는 생각하지 않느냐?"

셋째, 그는 **귀신을 쫓아내는 것으로 자신이 사탄보다 크심을** 증명하셨다. 그는 사탄의 영역인 귀신들의 세계(**강한 자의 집**)에 들어가 전리품들을 탈취해 나오실 수 있었다(12:29). 그가 이런 일을 하실 수 있었으므로, 그는 그들 가운데 하나님의 나라를 세우실 수 있다(28절). 만일 그가 사탄을 힘입어 귀신들을 쫓아내셨다면, 그는 결단코 사람들에게 하나님의 나라를 제시하시지 못했을 것이다. 그것은 모순되는 일이다. 그가 천국의 설립을 위해 오셨다는 사실은 그가 사탄이 아닌 하나님의 성령을 힘입어 일하셨음을 명백히 보여 준다.

12:30~37 예수님은 이어서 사람들에게 분명한 결단을 촉구하셨다. 그들은 예수님과 **함께하든지**, 아니면 **반대하든지** 선택해야만 했다. 예수님은 자기를 떠나가는 자들을 향해 엄히 경고하셨다. 예수님이 누구이신지 깨닫지 못한 자들이 있음은 이해할 만한 일이다. 신적인 인격이 사람들 가운데 거하신다는 사실을 온전히 이해할 수 없음은 자연스러운 일이다. 그렇기 때문에 그러한 행위에 대한 용납의 길이 제시되었다. **누구든지 말로 인자를 거역하면 사하심을** 얻을 것이다. 비록 예수님의 인성이 온전히 이해되지 못했으나, 그분을 통해 입증된 권세는 결코 오해되어서는 안 된다. 특히 종교지도자들의 경우가 그렇다.

백성은 그 지도자들 때문에 돌이킬 수 없는 결과를 초래하게 될 결정을 할 찰나에 있었다. 그들은 예수님을 통해 역사한 **성령의 권능을** 사탄의 힘으로 돌림으로 **성령을 훼방하는** 죄를 범하려 하고 있었던 것이다.

이 특수한 죄는 오늘날에는 재현될 수 없는데, 그것은 예수님의 지상 임재 및 성령의 권능을 통한 그분의 이적의 시행이 있어야 하기 때문이다. 그러나 만일 백성을 대표한 지도자들이 예수님이 사탄을 힘입었다고 결론짓는다면, 그들은 국가적으로나 개인적으로 결코 사죄함을 받을 수 없는 중죄를 범하게 되는 것이었다("이 세상과 오는 세상에도 사하심을 얻지 못하리라"). 그 결과로 그 나라와 그러한 견해를 고집하던 모든 개인들에게 하나님의 심판이 임할 것이었다.

좋은 나무와 그 나무의 열매, 나쁜 나무와 그 나무의 열매에 대한 예수님의 대조는 선택의 문제를 드러내 주었다(참조, 7:16~20). 예수님은 바리새인들을 향해 악한 마음 때문에 선한 말을 결코 할 수 없는 독사의 자식들이라고 정죄하셨다. 사람들은 그들의 모든 행실과 말에 대해 책임이 있으며, 그것들은 심판 날에 그들을 정죄하거나 그것을 면하게 해 줄 것이다.

3. 표적을 구하는 자들(12:38~50)

12:38~42(눅 11:29~32) 예수께서 방금 중요한 표적을 행하셨음에도 불구하고 종교지도자들은 여전히 **표적**을 구했다(참조, 마 16:1). 그들의 요청은 그들이 그때까지 나타난 수많은 표적들을 거부했다는 것을 암시한다. 실질적으로 그들은 이렇게 말하고 있었다. "우리는 당신에게서 멋진 표적을 하나 보고 싶소." 예수님은 비록 수많은 표적들을 행해 오셨지만 믿음을 갖는 데 표적이 필요하지 않음을 지적하셨다. 오직 악하고 음란한 세대만이 표적을 구했다(참조, 16:4). ('음란한'[모이칼리스, μοιχαλίς]이라는 말은 이스라엘이 종교적 형식주의 및 메시아 배척으로

말미암아 영적으로 하나님께 불충성했음을 시사한다.)

요나의 표적 밖에는 그 세대를 위해 더 이상 표적이 주어지지 않을 것이다(참조, 16:4). 마치 요나가 밤낮 사흘 동안 큰 물고기 뱃속에 있었던 것같이 인자도 밤낮 사흘 동안 땅속에 계실 것이다(유대인들은 하루의 일부분도 하루로 쳤으므로, 금요일의 십자가 사건부터 주일의 부활까지를 사흘로 치는 것이 타당하다). 물론 이 표적을 제시하심으로 예수님은 그들이 이미 그를 배척하기로 결정했음을 시사하셨다. 그분으로서는 이 표적을 성취하기 위해 배척을 당하시고, 죽으시고, 묻히셔야 했다. 이 표적이 성취될 무렵에는 그들이 그 나라를 다스릴 수 있는 그분의 왕권을 받아들이기에는 너무 늦을 것이다.

그가 선포했던 세대는 그 이전 세대들이 누리지 못했던 비범한 특권을 가지고 있었다. 니느웨 사람들은 평범한 사람인 요나의 전도를 듣고 회개했다. 남방 여왕(즉 스바의 여왕, 왕상 10:1~13)은 인간 솔로몬의 지혜로운 말을 들으려고 왔다. 니느웨 사람들과 여왕의 반응은 바람직한 것이었다. 그러나 요나와 솔로몬보다 더 큰 이(참조, 마 12:6)가 이 세대와 함께 계셨는데도 그들은 그분을 영접하지 않고 도리어 배척했다('더 큰'[플레이온, πλεῖον]이라는 단어는 사실상 남성이 아닌 중성이므로 '더 큰 이'가 아니라 '더 큰 것'으로 번역해야 한다. 이것은 천국을 가리킨 것이다). 그들이 마지막 날 심판에 주 앞에 설 때 그들의 심판은 분명할 것이다. 또다시 이방 사람들이 유대인들보다 더 올바르게 반응했다(참조, 11:20~24).

12:43~45(눅 11:24~26) 이 표적을 구하는 세대는 최후의 심판에서 정죄받았다. 그들이 계속 불신앙에 거하게 될 경우 땅 위에서 그들의 상태가 어떤지 보여 주기 위해 예수님은 그들을 더러운 귀신으로부터 구제받

은 적이 있는 **사람**(아마도 유대인 사역자를 통하여)에 비유하셨다(참조, 마 12:27). 그는 구제받은 후 모든 자연적인 방법을 동원하여 그의 삶을 청소하고 질서를 회복하고자 노력했다. 그러나 단순히 '종교'만으로는 결코 효과를 볼 수 없으므로, 그 사람은 초자연적 회심을 체험할 수 없었다. 결국 전보다 더 심각한 상태에 빠지고 말았다. 한 귀신에 들리는 대신 다른 **일곱 귀신**에 들리고 말았던 것이다. 그의 나중 **형편**은 전보다 더욱 심하게 되었다. 바리새인들과 종교지도자들은 동일한 위험에 직면하고 있었는데, 이는 하나님의 능력이 없는 그들의 개혁 시도는 헛된 것이기 때문이다. 그들이 성령의 능력을 사탄의 권세와 혼동한 것으로 보아, 그들이 하나님의 능력을 이해하지 못했음이 분명하다(24~28절). 따라서 그들은 사탄의 커다란 공격 대상이었다.

12:46~50(막 3:31~35; 눅 8:19~21) 예수께서 말씀하실 때에 그의 **어머니와 동생들**이 그와 대화하기를 원했다. 사도 요한은 예수님의 동생들(사실상 예수님 탄생 후 마리아에게서 태어난 절반만의 동생들)이 그의 부활 이전에는 그를 믿지 않았음을 분명히 했다(요 7:5). 아마도 여기서 그들은 예수님의 가족임을 빙자하여 특별한 호감을 사려 했을 것이다. 예수님은 참된 제자의 도가 혈육이 아니라 오직 **아버지의 뜻**을 순종함으로 말미암는다는 사실을 가르치셨다. 단지 종교(마 12:43~45)와 가족 관계(46~50절)는 하나님 앞에서 공로로 인정받을 수 없다. 하나님의 뜻을 따르는 자만이 제자가 될 수 있다(참조, 7:21).

마태복음 13:11 - "천국의 비밀"

누가복음 8:10 - "하나님 나라의 비밀"

로마서 11:25 - "이 신비 … 이스라엘의 더러는 우둔하게 된 것"

로마서 16:25~26 - "영세 전부터 감추어졌다가 이제는 나타내신 바 된 … 신비"

고린도전서 4:1 - "그리스도의 일꾼이요 하나님의 비밀을 맡은 자"

에베소서 1:9 - "그 뜻의 비밀"

에베소서 3:2~3 - "하나님의 그 은혜의 경륜 … 곧 계시로 내게 비밀을 알게 하신 것"

에베소서 3:4 - "그리스도의 비밀"

에베소서 3:9 - "영원부터 만물을 창조하신 하나님 속에 감추어졌던 비밀"

에베소서 5:32 - "이 비밀이 크도다. 나는 그리스도와 교회에 대하여 말하노라."

골로새서 1:26 - "이 비밀은 만세와 만대로부터 감추어졌던 것인데 이제는 … 나타 났고"

골로새서 1:27 - "이 비밀은 너희 안에 계신 그리스도"

골로새서 2:2 - "하나님의 비밀인 그리스도"

골로새서 4:3 - "그리스도의 비밀"

데살로니가후서 2:7 - "불법의 비밀이 이미 활동하였으나"

디모데전서 3:9 - "믿음의 비밀을 가진 자"

디모데전서 3:16 - "크도다, 경건의 비밀이여."

요한계시록 1:20 - "일곱 별의 비밀… 일곱 교회의 사자"

요한계시록 10:7 - "하나님의 그 비밀이 이루어지리라."

요한계시록 17:5 - "비밀이라, 큰 바벨론이라."

D. 천국 계획의 수정(13:1~52)

앞 장(12장)은 아마도 이 책의 주요 전환점인 듯하다. 왕은 다양한 이적들을 통해서 그의 권세를 입증하셨다. 그러나 왕에 대한 점진적인 배척은 이스라엘의 지도자들이 예수님이 하나님이 아닌 사탄을 힘입어 일한다고 결론지었을 때 그 절정을 이루었다(9:34; 12:22~37). 비록 온전한 배척은 이후에 일어날 것이기는 하지만 주사위는 이미 던져졌다. 그러므로 예수님은 그 대상을 전환하여 그의 제자들에게 다른 방향으로 교훈하셨다. 본문은 마태복음의 몇몇 주요 강론들 중 하나이다(다른 강론들은 5~7장, 10장, 23~25장에 나온다).

1. 씨 뿌리는 자의 비유(13:1~23)

13:1~9(막 4:1~9; 눅 8:4~8) 예수님은 무리를 향한 그의 사역을 계속하시면서 전에 하신 적이 없는 일을 하셨다. 비유로 말씀하신 것이다. '비유'라는 단어는 두 개의 헬라어 단어(파라[παρα]와 발로[βάλλω])에서 나온 것으로, '연속으로 던지다'라는 뜻이다. 비유는 예화처럼, 알려진 진리와 알려지지 않은 진리를 비교한다. 즉 두 가지를 연속으로 던진다. 이 장에 나오는 일곱 비유들 가운데 이 첫 번째 비유에서 예수님은 자기 밭에 씨를 뿌린 농부에 대해 말씀하셨다. 이 이야기의 강조점은 파종의 결과에 있다. 씨는 네 가지 다른 토양 위에 떨어졌다. 길가에(마 13:4), 돌밭에(5절), 가시떨기 위에(7절), 그리고 **좋은 땅에**(8절). 그래서 농부는 네 가지 다른 결과를 거두었다.

13:10~17(막 4:10~12; 눅 8:9~10) 제자들은 예수님의 교수 방법의 변화를 즉시 깨달았다. 그들은 예수께 나아와 어찌하여 비유로 말씀하시는지를 직접 여쭈었다. 주님은 세 가지 이유를 대셨다. 첫째, 그는 제자들에게 진리를 계속해서 계시하시기 위해 비유를 통해 가르치셨다(마 13:11~12상). 주님은 그들에게 **천국의 비밀**을 알린다고 말씀하셨다. '비

밀'(secrets)이라는 단어는 다른 역본들과 NIV의 다른 구절들에서 '신비' (mysteries)라고 번역되었다. 신약성경의 이 용어는 구약성경에는 계시되지 않았으나 이제는 가르침을 받는 자들에게 알려지게 된 진리들을 언급하는 데 사용되었다.

마가와 누가, 그리고 요한은 오직 '하나님 나라'라고만 하고 '하늘나라'라는 표현을 쓰지 않는데, 왜 마태는 유독 '하늘나라'(天國)라는 용어를 자주 사용했을까? 어떤 학자들은 유대인들이 '하나님'이라는 단어를 사용하기를 두려워하여 피했기 때문에 그 대신 '하늘'이라는 경감된 표현을 사용했다고 주장한다. 그러나 마태는 종종 '하나님 나라'라는 표현도 사용했다(12:28; 19:24; 21:31, 43). 또한 그는 '하나님'이라는 단어를 50회 가까이 사용했다. 여기에는 어떤 구분이 의도된 듯하다. '하나님 나라'에는 구원받지 못한 자들이 포함되지 않는 반면, '하늘나라'에는 구원받은 백성과 더불어 그리스도인이라 고백하지만 실제로는 그렇지 않은 자들도 포함된다. 이것은 알곡과 가라지 비유(참조, 13:24~30, 36~43의 주해), 겨자씨 비유(참조, 31~35절 주해), 그리고 그물 비유(참조, 47~52절의 주해)에 잘 나타난다.

예수께서 백성이 그에 대한 결정을 내리기까지 천국에 대한 '비밀'을 전혀 말씀하시지 않은 것은 중요한 일이다. 그 결정은 지도자들이 그의 신적인 권세를 사탄의 것으로 돌렸을 때 이루어졌다(9:34; 12:22~37). 이제 예수님은 그의 지상 통치에 관하여 구약성경에 나타나지 않은 추가적인 사실들을 계시하셨다. 많은 구약의 선지자들은 메시아가 이스라엘 백성을 구원하시고 그의 나라를 지상에 세우시리라고 예언했다. 과연 예수께서 오셔서 그 나라를 제시하셨으나(4:17) 백성이 그를 배척했다(12:24). 이 배척의 결과로 하나님 나라에는 어떤 일이 일어날 것인가? 천국의 '비밀'은 이제 모든 시대가 왕에 대한 이스라엘의 배척과 훗날의 영접 사이에 삽입될 것을 계시한다.

둘째, 예수님은 불신자들에게 진리를 숨기시기 위해 비유로 말씀하셨다. 천국의 비밀이 제자들에게는 알려지지만, 예수님을 배척한 종교지도 자들에게는 가려질 것이다("그들에게는 아니되었나니"[13:11하]). 사실상 전에 그들이 알았던 사실들마저 더 이상 분명하지 않게 될 것이다(12절). 따라서 비유를 통한 예수님의 가르침은 심판의 양상을 띠고 있었다. 예수께서는 공중(公衆)에게도 비유를 사용하여 이전과 같이 많은 사람들에게 전파하실 수 있었고, 또 제자들을 따로 불러내어 그의 말씀의 온전한 의미를 설명하실 수도 있었다.

셋째, 그는 이사야 6장 9~10절의 예언에 응하기 위해 비유로 말씀하셨다. 이사야가 그의 사역을 시작했을 때, 하나님은 사람들이 그의 메시지를 깨닫지 못할 것이라고 말씀하셨다. 예수께서도 똑같은 반응을 겪으셨다. 그는 하나님의 말씀을 전파하셨으나 사람들은 진정으로 알아차리지 못했다. 그들은 들었으나 깨닫지 못했다(마 13:13~15).

이와 대조적으로 제자들에게는 복이 있었는데, 이는 그들이 구약 시대의 사람들이 보고자 했던 진리들을 보고(깨닫고) 들을 수 있는 특권을 소유했기 때문이다(16~17절. 참조, 벧전 1:10~11). 예수님의 제자들은 백성의 지도자들이 들었던 것과 동일한 진리를 들었지만 그들의 반응은 전혀 달랐다. 제자들은 보고 믿었으나 지도자들은 보고 배척했다. 지도자들이 그들에게 비춘 빛으로부터 돌아섰기 때문에 하나님은 그들에게 더 이상 빛을 비추시지 않았다.

13:18~23 (막 4:13~20; 눅 8:11~15) 씨 뿌리는 자의 비유에 대한 해설

에서 예수님은 파종의 네 가지 결과를 천국 메시지에 대한 네 가지 반응에 비교하셨다. 첫째, 사람이 메시지를 듣고 깨닫지 못할 때는 마귀(악한 자. 참조, 마 13:38~39; 요일 5:19)가 그 뿌려진 말씀을 빼앗아 간 것이다. 이는 곧 길가에 뿌려진 씨앗이다. 다음의 두 결과(돌밭에 뿌려져 뿌리를 내리지 못한 씨앗과 가시떨기에 뿌려져 질식해 버린 씨앗)는 말씀에 관심을 나타내지만 중심에서 우러나오는 반응이 없는 경우를 말한다. 돌밭에 뿌려진 씨앗은 말씀을 들으나 세상에 대한 관심 때문에 환난을 당하면 넘어지는(스칸달리제타이[σκανδαλίζεται : 문자적으로 '감정이 상하다']. 참조, 마 13:57; 15:12) 자를 말한다. 오직 좋은 땅에 뿌려진 씨앗만이 꾸준히 성장하여 뿌린 것의 백 배, 육십 배, 삼십 배를 수확할 수 있었다. 예수님의 말씀을 믿는 자(말씀을 듣고 깨닫는 자)는 더 받아 더 깊이 깨닫게 된다(참조, 13:12).

이상의 결과들의 차이점은 씨앗에 있지 않고 씨앗이 뿌려진 토양에 있었다. 동일한 천국 복음이 전파되었으나, 그 말씀을 들은 개인들은 차이가 있었다. 주님은 메시지를 들은 자들 중 정확히 25%가 믿을 것이라고는 말씀하시지 않았다. 대다수가 복음에 대해 적극적으로 반응하지 않을 것이라고 말씀하셨다. 이 비유에서 예수님은 바리새인들과 종교지도자들이 왜 그의 메시지를 거부했는지 보여 주셨다. 그들은 말씀을 위해 '준비된 토양'이 아니었다. 여기서 예수께서 제시하신 천국의 '비밀'은 복음이 대부분의 사람들에 의해 배척을 당했다는 사실이다. 이것은 구약성경에 계시되지 않았던 사실이다.

2. 곡식과 가라지 비유(13:24~30, 36~43).

13:24~30 두 번째 비유에서 예수님은 다시 씨 뿌리는 자를 상징적으로, 그러나 다른 각도에서 사용하셨다. 농부가 **씨를 뿌린** 후에 그 원수가 밤에 와서 같은 토양에 가라지를 덧뿌렸다. 그 결과 곡식과 가라지가 함께 자랐고 그 상태가 추수 때까지 계속될 수밖에 없었다. 이는 가라지를 일찍 제거하다가는 곡식이 상할 우려가 있기 때문이다(28~29절). 그래서 그들은 추수 때까지 함께 자라다가, 추수 때가 되면 농부가 가라지를 먼저 거두어서 태우고 곡식은 곳간(창고)에 모을 것이다.

13:31~35 이 부분은 43절 뒤에서 다루게 된다.

13:36~43 예수님과 그의 제자들이 무리를 떠나 어느 집에 들어가셨을 때 그들이 '곡식과 가라지' 비유의 해설을 요청했다. 첫째, 주님은 **좋은 씨를 뿌리는 이가 인자**, 곧 자신이라고 말씀하셨다. 이 사실은 비유들을 이해하는 데 매우 중요한 출발점이다. 비유들은 주님의 지상 사역 및 복음 전파로부터 시작되는 모든 시간을 포괄한다.

둘째, 밭은 복음이 확산되는 세상이다.

셋째, **좋은 씨는 천국의 아들들**을 가리킨다. 이 비유에서 좋은 씨는 첫 번째 비유에서 풍성한 결실을 맺었던 씨앗에 해당한다. 가라지는 원수 마귀가 곡식 사이에 덧뿌린 악한 자의 아들들(참조, 19절)이다. 악이 철저히 극복될 의의 천국을 가르친 구약성경에는 천국의 이러한 상태가 결코 계시된 적이 없다.

넷째, **추수 때는 세상 끝이요 추수꾼은 천사들**이다(참조, 49절). 이 사실은 이 비유들이 제시한 기간의 종점을 보여 준다. '세상 끝'은 그리스도께서 메시아 왕국을 확립하시기 이전인 현세의 종말을 말한다. 따라서 마태복음 13장의 비유들은 예수님의 지상 사역으로부터 그의 재림 시에 있을 심판까지를 포괄한다. 그의 재림 시에 천사들이 악한 자들을 모아 심판대에 던져 넣을 것이다(40~42절. 참조, 49~50절; 살후 1:7~10; 계 19:15).

그때에 그들이 "울며 이를 갈게 되리라." 마태는 심판에 대한 이러한 반응을 종종 언급했고(마 8:12; 13:42, 50; 22:13; 24:51; 25:30) 누가도 한 번 언급했다(눅 13:28). 이것은 천년왕국이 확립되기 전에 있을 죄인들에 대한 심판을 가리킨다. '운다'는 것은 슬픔과 통한(멸망당한 자들이 지옥에서 갖게 되는 감정적 고통)을 예시하고, 이를 간다는 것은 (지옥에서 당하는) 육체적 고통을 의미한다. 마태는 심판에 대해 다양하게 언급한다. "그때에 의인들은 자기 아버지 나라에서 해와 같이 빛나리라"(마 13:43. 참조, 단 12:3).

예수님의 배척과 그의 재림 사이의 기간에 왕이신 그분은 자리를 비우시지만, 그분의 나라는 새로이 계시된 형태로 계속된다. 이 시대는 교회 시대보다 광범위하지만 교회 시대를 포함한다. 교회는 오순절에 시작되었는데, 이 시대의 끝에서 최소한 7년 전에 있을 공중 재림 때 끝날 것이다. 이 '신비의 기간'은 복음의 우주적 승리(후천년설의 주장)나 그리스도의 지상 통치를 포함하지 않는다. 그것은 단순히 그의 초림과 그가 다윗에게 약속하신 나라를 세우기 위해 재림하시기 전까지의 기간을 가리킨다.

3. 겨자씨 비유(13:31~32; 막 4:30~32; 눅 13:18~19)

13:31~32 예수께서는 무리에게 제시하신 또 다른 비유에서 **천국**을 겨자씨에 견주었다. 사실상 이 씨는 당시에 알려진 것들 중 가장 작은 씨앗이었다. (목초 씨앗이 더 작긴 했지만 당시 그 지역에서는 알려지지 않았다.) 또한 "겨자씨같이 작다"라는 말은 작은 것을 표현하기 위해 사용된 속담이었다(예, "믿음이 겨자씨 한 알 만큼만 있어도"[17:20]).

비록 그 씨앗은 매우 작지만, 겨자 나무는 철이 되면 **공중의 새들**이 깃들일 만큼 크게 자라게(3.5~4.5미터) 된다. 예수님은 이 비유를 직접 해석하시지는 않았다. 그러나 그 의미는 예수께서 두 번째 비유에서 언급하셨던 신앙을 고백하는 무리의 영역이 비록 그 시작은 미미하나 신속하게 성장하여 큰 집단을 이루게 된다는 것으로 보인다. 이 집단은 나뭇가지에 깃들인 새들이 암시하듯 신자들과 불신자들을 다 포함할 수도 있다. 그러나 다른 주석가들은 새들의 등장이 악을 암시하는 것이 아니고 단순히 번영과 풍요로움의 표현이라 생각한다.

4. 누룩 비유(13:33~35; 막 4:33~34; 눅 13:20)

13:33~35 이 네 번째 비유에서 예수님은 천국을 누룩에 견주셨는데, 이 누룩은 가루 서 말 속에 일단 섞이면 그 전체에 스며들 때까지 계속 발효된다. 많은 주석가들은 여기의 누룩이 왕의 초림과 재림 사이의 기간에 존재하는 악을 일컫는다고 주장한다. 성경에서 누룩은 종종 악을 대변한다(예, 출 12:15; 레 2:11; 6:17; 10:12; 마 16:6, 11~12; 막 8:15; 눅 12:1; 고전 5:7~8; 갈 5:8~9). 그러나 만일 이 비유에서 누룩이 악을 가

리킨다면 두 번째 비유에서 가라지로 상징된 악의 개념과 중복되는 셈이 된다. 그러므로 어떤 학자들은 예수께서 누룩의 역동적인 성질을 염두에 두신 것이라고 생각한다. 누룩은 그 성질상 일단 발효를 시작하면 중단시킬 수 없다. 아마도 예수께서는 천국에 속했음을 고백하는 자들의 숫자가 증가할 것이며 그 진보를 아무것으로도 중단시킬 수 없다는 사실을 암시하셨을 것이다. 이 개념은 누룩의 성질과 부합하며 또한 앞뒤 비유의 흐름과도 일치한다.

마태는 예수님의 교수 방법이 그가 앞에서 말씀하신 바와 일치한다고 덧붙였다(마 13:34~35. 참조, 11~12절). 비유로 말씀하심으로 예수님은 성경(시 78:2)을 응하게 하셨고, 동시에 전에 계시된 적이 없는 진리를 가르치셨다.

13:36~43 이 부분에 대한 주해는 앞의 "2. 곡식과 가라지 비유"를 보라.

5. 감추인 보화 비유(13:44)

13:44 다섯 번째 비유에서 예수님은 천국을 밭에 감추인 보화에 견주셨다. 보화를 발견한 사람이 그것을 소유하기 위해 그 밭을 샀다. 주님이 이 비유를 해석하시지 않았으므로 다양한 해석들이 시도되었다. 이 장(章)의 맥락으로 보아 하나님의 '보배로운 소유'인 이스라엘에 대한 내용으로 보는 것이 가장 적합한 듯하다(출 19:5; 시 135:4). 예수께서 세상에 오신 것은 이스라엘을 구속하시기 위함이었는데, 우리는 그를 보화를 사기 위해 그의 모든 소유(즉 하늘의 영광. 참조, 요 17:5; 고후 8:9; 빌 2:5~8)를 파신 분으로 볼 수도 있다.

6. 진주 비유(13:45~46)

13:45~46 이 비유도 주님의 해석이 뒤따르지는 않지만, 앞의 비유와 연관 지어 생각할 수 있을 것이다. 극히 값진 진주는 예수 그리스도의 신부인 교회를 대변하는 듯하다. 진주는 매우 독특한 방법으로 조성된다. "그것은 조개의 연한 부분이 상처를 받아 형성된다. 이는 마치 교회가 그리스도의 상처로부터 조성되며 그의 죽으심과 희생을 통해 설 수 있게 되는 이치와 유사하다"(John F. Walvoord, *Matthew: Thy Kingdom Come*, p. 105). 매우 값진 진주를 사기 위해 자기의 소유를 다 판 장수는 자기의 죽음을 통해 자기를 믿는 자들에게 속전(贖錢)을 제공하신 예수 그리스도를 가리킨다. 연속해서 나타나는 이 두 비유 – 보화와 진주 – 는 왕이 없는 동안에도 이스라엘은 계속 존재하며 교회는 성장할 것임을 뜻한다.

7. 그물 비유(13:47~52)

13:47~50 예수님의 일곱 번째 비유는 천국을 바다에 쳐서 많은 물고기를 끌어올리는 그물에 비교한다. 어부는 가득 찬 그물을 물가로 끌어내고 물고기를 분류하여 좋은 것은 그릇에 담고 못된 것은 내버렸다. 예수님은 이 분류가 세상 끝에 천사들이 의인 중에서 악인을 갈라내는 것을 대변한다고 말씀하셨다(49절. 참조, 37~43절). 이 분리는 예수 그리스도께서 땅 위에 그분의 나라를 세우기 위해 재림하실 때 일어날 것이다(참조, 25:30).

13:51~52 예수님은 제자들에게 그가 말씀하신 모든 것을 깨달았는지

물으셨다. 그들이 "그러하오이다"라고 대답한 것은 놀라운 사실인데, 이는 그들이 이 비유의 의미를 온전히 이해할 수 없었을 것이기 때문이다. 사실상 뒤따르는 그들의 질문과 행동은 그들이 이 비유들을 참으로 깨닫지 못했음을 증명한다. 그러나 예수님은 자기 곳간에서 새 보화와 옛 보화를 꺼내 올 수 있는 집주인의 역할을 하고 계셨다.

마태복음 13장의 천국 비유		
비유들	본문	비유
1. 씨 뿌리는 자	13:1~23	복음이 대부분의 사람들에게 배척당할 것이다.
2. 곡식과 가라지	13:24~30 13:36~43	참된 신앙인들과 거짓된 신앙 고백자들이 그리스도의 초림과 재림 사이의 기간 중에 공존할 것이다.
3. 겨자씨	13:31~32	신자들과 불신자들이 섞인 기독교는 미약하게 시작하여 급격히 성장할 것이다.
4. 누룩	13:33~35	신앙을 고백한 자들의 수가 중단 없이 계속 많아질 것이다.
5. 감추인 보화	13:44	그리스도께서는 하나님의 보배로운 소유인 이스라엘을 사시려고(구속하시려고) 오셨다.
6. 진주	13:45~46	그리스도께서는 교회를 위한 속전(贖錢)을 제공하려고 자기 목숨을 바치셨다.
7. 그물	13:47~52	그리스도의 재림 시에 천사들이 의인들로부터 악한 자들을 분리해 낼 것이다.

이 일곱 개의 비유 속에서 예수님은 제자들이 잘 알고 있던 진리들과 새로운 진리들을 제시하셨다. 그들은 메시아가 통치하실 왕국에 대해서는 알았으나, 그것이 제시될 때에 배척을 당하리라는 사실은 몰랐다. 천국이 의를 포함하리라는 것은 알았지만 거기에 악도 포함되리라는 사실은 몰랐다. 예수님은 그에 대한 배척과 그의 재림 사이의 기간이 악하고

선한 신앙 고백자들로 특징지어질 것이라는 새로운 진리를 지적하셨다. 이 시기에는 미약하게 시작되는 신앙을 고백하는 자들이 커다란 '나라'로 성장할 것이다. 이러한 과정이 일단 시작된 이상 결코 중단시킬 수 없고, 그 어간에 하나님은 그의 백성 이스라엘을 유지시키시며 그의 교회를 창출하신다. 이 초림과 재림 사이의 기간은 하나님이 의인들 중에서 악인들을 분리해 내실 심판 때에 끝이 난다. 의인들은 그때 지상 천국에 들어가 그리스도와 더불어 통치하게 될 것이다. 이러한 비유들을 통해 예수님은 "천국에 무슨 일이 일어났는가?"라는 질문에 대해 이렇게 대답하셨다. "하나님의 나라는 예수님의 재림 시에 지상에 세워질 것이며, 그때까지 선과 악이 공존할 것이다."

E. 여러 가지 거부 현상들(13:53~16:12)

1. 나사렛에서의 배척(13:53~58; 막 6:1~6)

13:53~58 제자들을 교훈하신 후 예수님은 자기 고향(나사렛, 눅 1:26~27; 마 2:23; 21:11; 요 1:45)으로 돌아가사 회당에서 사람들을 가르치셨다. 그가 전에 나사렛을 방문했을 때는 거민이 그의 가르침을 배척하고 그를 벼랑 아래로 밀쳐 버리려 했다(눅 4:16~29). 이번에는 사람들이 그의 능력과 가르치심에 깊은 인상을 받았으나 또다시 그를 배척하고 말았다. 그들은 그를 목수의 아들로 기억했다(마 13:55). 그들은 예수 그리스도의 탄생 후에 마리아와 요셉에게서 태어난 예수님의 형제들에 대해 언

급했다. 그들 중 셋은 야고보와 시몬, 그리고 유다인데 동일한 이름을 가진 세 제자들과 혼동해서는 안 될 것이다. 나사렛 사람들은 예수 그리스도를 믿기를 거부했으며 그곳에서의 그의 사역을 방해하기도 했다. 그들은 예수님을 그들 가운데서 성장한 평범한 젊은이 이상으로 보지 못했는데, 그러한 빗나간 친숙함이 그들이 안고 있는 문제였다. 실상 그러한 '범인'(凡人)이 약속된 메시아일 수는 없었다. 결국 그들은 메시아를 거부했고 그를 배척했다. 이에 예수님은 별로 놀라시지 않았고, 당시에 흔히 쓰이던 격언(선지자가 자기 고향과 자기 집에서는 존경을 받지 못한다)을 인용하셨다. 그들이 믿지 않음으로 말미암아 예수님은 거기서 능력을 조금만 행하셨다.

2. 헤롯의 배척 행위(14장)

a. 세례 요한의 처형
(14:1~12; 막 6:14~29; 눅 3:19~20; 9:7~9)

14:1~12 예수님과 그의 능한 일들에 대한 소문이 퍼지자 헤롯도 예수님과 그의 이적적인 능력에 대해 듣게 되었다. 이 사람은 헤롯 안티파스인데, 갈릴리와 베뢰아를 포함해서 팔레스타인의 사분의 일을 통치하던 분봉 왕(테트라아르케스[τετρααρχης])이었다. 그는 BC 4년부터 AD 39년까지 다스렸으며, 그의 부친 헤롯 대왕은 베들레헴의 사내아이들을 학살했다(2:16). 이 헤롯 안티파스가 바로 예수님을 재판했던 자이다(눅 23:7~12. 누가복음 1장 5절 주해 부분에 있는 헤롯 가문에 대한 도표를 보라).

헤롯은 예수님이 죽은 자 가운데서 살아난 세례 요한이라고 결론지었다(참조, 눅 9:7). 세례 요한에 대한 마태복음의 마지막 언급은 요한이 예수께 사람들을 보내어 그에 대해 물었던 일이다(마 11:2~14). 이제 마태는 요한에 대한 이야기를 종결지었다. 헤롯 안티파스가 헤로디아의 일로 요한을 체포했다. 요한은 자기 제수인 헤로디아와 함께 살던 헤롯을 공공연하게 책망했다. 그녀는 그의 동생 빌립의 아내였으므로 그것은 비도덕적인 관계였다. 헤롯 안티파스는 요한을 처형하고 싶었으나 무리가 그를 선지자로 여기고 사랑했으므로 두려워했다. 그래서 그는 요한을 옥에 가둠으로써 그를 무리로부터 격리시키는 데 머물렀다.

그런데 그의 생일 축하연에서 헤로디아의 딸인 살로메가 춤을 추게 되었다. 그녀가 헤롯을 매우 기쁘게 하자, 헤롯은 어리석게도 그녀에게 원하는 것은 무엇이든지 주겠다고 맹세했다. "세례 요한의 머리를 소반에 얹어 여기서 내게 주소서"라고 했던 그녀의 요청은 그녀의 생각이 아니라 제어머니의 사주에 따른 것이었다. 비록 이 요청이 헤롯을 심히 근심하게 했으나(뤼페쎄이스[λυπηθεὶς]는 고통스러울 정도로 염려한다는 뜻이다. 참조, 18:31; 19:22), 그는 자기가 한 맹세로 인해 함정에 빠져 있었다(14:9). 그래서 그는 그 요청을 수락하여 요한의 목을 베게 하고 말았다.

요한의 제자들은 요한의 시체를 고이 장사한 후 그 자초지종을 예수께 보고했다. 헤롯의 행위는 예수께 대한 또 하나의 배척 행위였다고 볼 수 있는데, 이는 마태가 이 두 사람[예수님과 세례 요한]의 사역을 상호 간에 직접적인 영향을 미치는 관계로 연결시켰기 때문이다. 헤롯은 왕의 선구자를 거부함으로써 그 뒤에 오시는 왕을 배척한 것이다.

b. 예수님의 은둔(14:13~36)

세례 요한의 죽음에 대해 들으신 예수님은 그의 제자들과 함께 멀리 떠나셨다. 이때부터 예수님의 사역은 주로 그의 제자들을 향하게 되었다. 그의 목적은 그가 곧 그들을 떠나시리라는 사실을 염두에 둔 가르침에 있었던 듯하다. 그는 백성들에게 그가 메시아이심을 설득하기 위한 추가적인 작업은 거의 하시지 않았다.

14:13~21(막 6:30~44; 눅 9:10~17; 요 6:1~14) 사람들은 예수님과 그 제자들이 어디로 갔을지를 예상하고 있었다. 그래서 무리는 갈릴리 바다의 북변 연안을 따라 걸어가 예수님과 합류했다. 예수님은 그들을 불쌍히 여겨(에스플랑크니스쎄[ἐσπλαγχνίσθη]. 참조, 마 9:36의 주해) 그들의 병을 고쳐 주셨다. 저녁이 되매 제자들이 무리를 보내기 원했는데, 이는 그 외진 빈 들(참조, 14:13)에는 그토록 많은 사람들을 먹일 만한 식량이 없었기 때문이다. 그런데 주님은 "갈 것 없다. 너희가 먹을 것을 주라"고 말씀하셨다. 그러나 그들이 가진 것은 떡 다섯 개와 물고기 두 마리뿐이었다. 이것들이 예수님의 손에 쥐어졌을 때 이적이 일어났다. 그 떡과 물고기가 끊임없이 증가되어 거기 있던 사람들이 다 배불리 먹었던 것이다. 그뿐 아니라 남은 조각들을 열두 바구니 가득히 거두었다. 약 5천 명의 남자와 수많은 여자와 아이들이 이 식사에 참여했는데, 그 숫자는 모두 합해서 1만 5천 명에서 2만 명 정도 되었을 것이다.

이 이적은 유월절 직전에(요 6:4) 벳새다에서 일어났다(누가복음 9장 10절에 대한 주해를 보라). 이것은 네 복음서 모두에 기록된 예수님의 유일한 이적이다. 이 이적의 의미는 누구보다도 우선적으로 제자들을 겨냥한 것이었다. 예수님은 그가 떠나신 후 그들에게 부여될 사역이 어떤 것인지를 예증하셨던 것이다. 그들은 사람들에게 영적인 음식을 공급하는 일을 하게 될 것이다. 그 공급원은 주님 자신이다. 떡과 물고기처럼 그들의 공급물이 바닥나면 그들은 추가분을 얻기 위해 주님께 돌아와야 한다. 그분이 공급하시지만 사람들은 제자들을 통해서 먹게 될 것이다. 예수께로부터 음식을 공급받은 사람들은 그가 곧 대망해 왔던 선지자(요 6:14~15; 신 18:15)이심을 깨닫고 그를 임금으로 삼으려 했다. 실로 그들의 육체적 질병들을 치료하실 수 있고 그토록 풍성하게 먹을 것을 공급하신 그분이야말로 틀림없는 왕이시다. 그러나 아직 그의 때가 이르지 않았는데, 이는 백성의 지도자들이 예수님을 배척하기로 결정했고(마 12:24) 차후로 그가 공식적으로 배척당하실 것이기 때문이었다.

14:22~36(막 6:45~56; 요 6:15~21) 예수님은 제자들을 배에 태워 앞서 보내셨다. 무리를 보내신 후 그는 기도하러 혼자 산에 올라가셨다(참조, 요 6:15). 제자들을 배에 태워 보내신 것은 두 가지 의미가 있었다. 그들을 무리로부터 격리시키고, 그들에게 바로 전에 일어났던 일의 의미를 깊이 생각해 볼 수 있는 기회를 제공하기 위한 것이다. 그러나 그들은 이내 풍랑을 만나게 되었다. 새벽 세 시에서 여섯 시 사이의 어느 경점에(밤 사경에) 예수께서 바다 위로 걸어서 제자들에게 오셨다. 약 '십여 리쯤'(요 6:19). 사물을 통제하시는 그의 능력이 여실히 드러났으며, 이러한 경험을 통하여 제자들에게 믿음의 교육이 행해졌다. 유령을 보는 두려움(마 14:26)은 예수께서 자기의 신분을 밝히심으로 해소되었다.

그러나 베드로는 과연 그가 주님이신지에 대해 더 큰 확신을 갖기 원했다. 그는 "만일 주님이시거든 나를 명하사 물 위로 오라 하소서"라고 청했다. 주님은 단순히 "오라"고 대답하셨다. 베드로는 일단 배에서 내려 주님을 향해 걸어감으로 그의 믿음을 입증했다(베드로가 물 위로 걸어간 사실은 마태복음에만 기록되어 있다). 기록된 역사상 물 위로 걸어간 사람은 예수님과 베드로뿐이었다. 그러나 베드로의 믿음은 바람으로 인한 파도를 보았을 때 도전을 받게 되었다. 그는 빠져 가면서 주님께 소리쳐 도움을 요청했다. 주님은 즉시 그를 붙잡아 주셨다. 그리고는 베드로가 빠지게 된 원인인 믿음의 결핍을 책망하셨다(참조, 6:30; 8:26; 16:8).

그들이 배에 이르자 풍랑이 잦아들었고 놀란 제자들은 그를 경배했다. 예수님에 대한 그들의 개념이 확대되었고, 그들은 그를 하나님의 아들로 인정했다. 예수님에 대한 그들의 견해는 가버나움 남서쪽에 위치한 비옥한 평야인 게네사렛 땅(14:34) 사람들의 견해와 좋은 대조를 이룬다. 이 사람들은 예수님의 도착 소식을 듣고 모든 병든 자를 치료하고자 데려왔다. 그들이 예수님의 옷자락을 만진 사실은 그의 겉옷을 만졌던 혈루증 앓던 여인을 회상하게 한다(9:20). 비록 그들이 예수님을 위대한 치료자로 인정하기는 했지만, 그가 누구이신지를 온전히 이해하지는 못했다. 그러나 제자들은 예수님의 진정한 신분에 대해 점점 깊이 깨달아 가게 되었다.

3. 종교지도자들과의 논쟁 속에 나타난 배척(15:1~16:12)

a. 첫 논쟁과 그 결과(15장)

15:1~9(막 7:1~13) 예수님의 가르침과 그의 능한 행적이 온 땅에 두루 퍼졌다. 예루살렘의 관원들도 예수께서 하시던 일에 대해 알고 있었으

며, 거기서 사람들을 갈릴리로 보내 유대인들의 **전통**에 관해 예수께 질문했다. 그들의 공격은 예수님의 **제자**들을 겨냥한 것이었는데, 요컨대 그들이 식사 전에 의례적(儀禮的)으로 손을 씻는 **장로들의 전통**을 범했다는 고발이었다. 이 (모세의 율법이 아닌 랍비의) 전통은 공교한 결례 의식인데, 손뿐 아니라 잔과 주발과 놋그릇까지도 씻게 되어 있었다(막 7:3~4).

예수님은 즉시 종교지도자들에게 반격하시면서, 그들이 **어찌하여** 하나님의 직접적인 **계명**을 범하는지 물으셨다. 그분은 "네 부모를 공경하라"는 다섯째 계명을 인용하셨다(마 15:4; 출 20:12). 유대인들은 효도를 매우 중시하여 누구든지 그 부모를 저주하면 죽임을 당해야 했다(출 21:17; 레 20:9).

예수님은 종교지도자들이 어떻게 이 계명을 실질적으로 무효화시켰는지를 보여 주셨다(마 15:6). 그들은 특정 품목에 대해 '하나님께 드림으로 되었다'고 간단히 선언해 버릴 수 있었다. 그런 경우 그것은 개인이 사용할 수 없게 따로 구별되었다. 그런데 이것은 그러한 물건들을 부모에게 건네주지 않기 위한 영악스러운 방법이었던 것이다. 물론 개인이 그것들을 하나님을 위해 따로 지정한 집안의 장소에 계속 간직할 수도 있었다. 예수님은 그러한 행위를 위선적인 것으로 정죄하셨는데(7절), 그것이 영적인 것으로 보이지만 사실은 자기의 소유를 지키려는 방도였기 때문이다. 따라서 부모에 대한 부양을 이토록 공교하게 회피한 것은 십계명 중 제5계명을 의도적으로 범한 셈이었다. 그러한 행위에 대해 **이사야**는 오래 전에 예언했다(사 29:13). 그들의 종교는 행위 및 인위적 규범들의 수준으로 전락했다. 그들의 **마음**은 하나님으로부터 멀리 떠나 있었고, 결과적으로 그들의 **경배**는 헛된 것이었다(마텐[μάτην]: 열매 없는, 무익한. 이 형용사는 본문과 평행 구절인 마가복음 7장 7절에서만 사용되었다. 이것은 보다 보편적인 형용사인 맛싸이오스[μαθθαῖος : 결과 없는, 쓸모없는]의 변형이다).

15:10~20(막 7:14~23) 이어서 예수님은 무리를 향해 종교지도자들의 가르침을 주의하라고 경고하셨다. 그는 사람의 입으로 들어가는 것이 사람을 더럽게 하는 것이 아니라, 그의 더러운 상태가 그 입에서 나오는 것으로 증명된다고 말씀하셨다. 그러나 바리새인들은 그들의 씻는 의식을 통해 그들이 영적으로 깨끗해진다고 오해하고 있었다.

제자들은 예수님이 방금 하신 말씀이 자기들을 겨냥한 것임을 깨달은 바리새인들이 그 말씀으로 인하여 걸림이 되었다고 보고했다(참조, 마 13:21, 57). 예수님은 바리새인들이 그의 천부(마태복음에서 예수님이 하나님을 '아버지'라 한 또 하나의 예)께서 심으시지 않았으므로 뽑힐 것(심판)이라고 덧붙이셨다. 그들이 스스로의 길을 택했고 아무것도 그들을 방해하지 않을 것이므로 그들을 그냥 두라고 말씀하셨다. 그들은 맹인인 백성을 인도하는 맹인 안내자들이었으며, 결국 그들 모두 구덩이에 빠질 것이다.

베드로는 예수님의 가르침에 대해 더 자세한 설명을 요청했다(여기서 비유는 15장 11절의 예수님의 말씀을 가리킨다. 참조, 막 7:15~17). 그래서 예수님은 그가 앞에서 가르치신 내용을 확대하셨다. 사람의 불결함은 밖으로부터 시작되지 않는다. 밖에서 들어가는 것은 단순히 소화 기관을 통과하여 궁극적으로 사라져 버린다. 그러나 입에서 나오는 것들은 사람의 마음속에 실존하는 것을 대변하며, 그것이야말로 사람을 더럽게 한다(코이노이[κοινοῖ]: 상스러운, 의전적[儀典的]으로 불결한). 악한(포네로이[πονηροί]) 생각과 살인과 간음(모이케이아이[μοιχεῖαι])과 음란(포르네이아[πορνεία])과 도둑질과 거짓 증언과 비방은 사람의 악한 마음으로부터 나온다. 씻지 않은 손으로 먹는 것이 아니라 이러한 것들이 영적인 불결함을 드러낸다.

15:21~28 (막 7:24~30) 종교지도자들의 질문 공세를 피하기 위해 예수님은 이스라엘을 떠나 베니게의 이방 해안지역인 **두로와 시돈 지방**으로 북상(北上)하셨다. 두로는 갈릴리에서 56킬로미터, 그리고 시돈은 95킬로미터쯤 떨어져 있었다. 거기서 예수님은 가나안 여자 하나를 만나셨다. 수세기 전 그 지역의 거민들은 가나안인이라 불렸다(민 13:29). 그녀는 예수께 자신의 귀신 들린 딸에게 자비를 베풀어 달라고 간청했다. 그녀는 그를 메시아의 호칭인 '주 다윗의 자손'이라 불렀다(참조, 마 9:27; 20:30~31). 그러나 그러한 호소도 아직 적시(適時)가 아닌 고로 그녀에게 도움이 되지 못했다. 예수께서 그녀의 호소에 대답하지 않으신 채 그녀의 청원이 집요하게 계속되자 제자들은 예수께 그녀를 보내시라고 요청했다. 그들은 마치 이렇게 청하는 것 같았다. "주님, 왜 빨리 이 여인을 돕지 않으십니까? 주님이 들어주시기 전에는 그녀가 포기하지 않을 것입니다."

예수님은 그들에게 그가 오직 **이스라엘 집의 잃어버린 양**에게로만 보내심을 받으셨다고 대답하셨다(참조, 10:6). 그는 자기 백성에게 수세기 전 다윗을 통해 약속하신 나라를 제시하기 위해 오셨다. 따라서 그로서는 그 축복을 이스라엘에게 내리시기 전에 이방인들에게 나눠 주는 것이 합당한 일이 아니었던 것이다. 그런데 그 **여자**는 쉽게 물러서지 않았다. 그녀는 예수님이 그녀의 딸을 도와줄 수 있는 유일한 분이심을 알았다. 무릎을 꿇은 채 그녀는 "주여, 저를 도우소서" 하고 부르짖었다. 예수님은 "자녀의 떡을 취하여 개들에게 던짐이 마땅하지 아니하니라"고 대답하심으로 그녀의 위치를 일깨우셨다. 그는 식사 시간에 식탁에 둘러앉아 가장이 공급한 음식을 먹는 그림을 연상하고 계셨다. 그 이방 여인도 자신의 모습을 그 그림 속에서 발견했다. 그녀는 자기가 먹고 싶은 음식을 골라 먹을 자격이 있는 그 가족(이스라엘)의 자녀가 아니었다. 그러나 그녀는 자신을 주인의 상에서 떨어지는 부스러기를 받아먹을 수 있는 개로 보았다(유대인들은 종종 이방인들을 '개들'이라 불렀다).

그녀는 이스라엘에게서 하나님의 축복을 빼앗아 가려는 것이 아니었다. 그녀는 단지 그 축복의 일부가 그녀의 필요를 채우기를 요청했던 것이다. 예수님은 이스라엘 중에서 찾고 계셨던 큰 믿음(참조, 8:10)을 보시고 그녀의 청을 수락하셨다. 그녀의 딸이 그때로부터 나았다. 이 이방 여인의 믿음은 예수님을 배척한 이스라엘의 지도자들과 상반된 대조를 이루었다.

15:29~39(막 7:31~8:10) 두로와 시돈 지방에서 돌아오신 예수님은 갈릴리 호숫가에 이르러 산에 올라가(참조, 마 14:23) 앉으셨다. 큰 무리가 수많은 병자들을 그에게 데려왔다. 마가복음 7장 31~37절로 미루어 여기(마 15:30~31)에 언급된 무리는 이방인들이었을 가능성이 있다(참조, 막 8:13; 마 15:39). 예수님은 그들의 육체적 질병을 고쳐 주셨고, 사람들은 하나님께 영광을 돌렸다. 이리하여 예수님은 지상에 천년왕국이 세워졌을 때 그가 유대인들과 이방인들에게 무엇을 하실 것인지를 보여 주셨다.

이 사역은 약 사흘 동안 계속되었다. 예수님은 무리를 불쌍히 여기셨다(스플랑크니조마이[σπλαγχνίζομαι]. 참조, 9:36; 눅 7:13의 주해). 그분은 그 무리를 굶긴 채로 집에 보내기를 원치 않으셨다. 제자들은 멀리 떨어진 광야에서(참조, 마 14:15) 어떻게 그 모든 무리가 배부를 만큼 먹을 양식을 살 수 있겠느냐고 물었다. 예수님은 그들에게 현재 확보된 식량에 대해 물으셨고, 그들은 떡 일곱 개와 작은 생선 두어 마리가 있다고 대답했다. 제자들은 예수께서 전에 하신 대로(14:13~21) 이번에도 그 식량으로 온 무리를 먹이시리라고 예상했을 것이다. 예수님은 무리를 앉게 하시고 떡 일곱 개와 그 생선을 가지사 축사하신 후 제자들에게 그 음식을 주어 그들로 하여금 무리에게 나눠 주게 하셨다. 무리(이번에는 여자와 어린이 외에 성인 남자만 4천 명)가 다 배불리 먹은 후 남은 조각을 일곱 광주리에 차게 거두었다.

이 이적은 제자들을 통하여 시행될 주님의 축복이 이스라엘뿐 아니라(14:13~21) 이방인에게도 미치리라는 사실을 입증했다. 이것은 사도행전 10~11장에서 베드로가 구원의 복음을 고넬료와 그의 이방 권속들에게 나눠 준 사건에서 가장 명확하게 드러났다고 볼 수 있다. 무리를 흩어 보내신 후 예수님은 갈릴리 바다 서안, 디베랴의 바로 북쪽에 위치한 마가단(혹은 막달라)으로 돌아가셨다. 막달라 마리아(마 27:56)가 바로 이곳 출신인데, 이 지역은 또한 달마누다(막 8:10)라고도 불렸다.

b. 두 번째 논쟁과 그 결과(16:1~12)

16:1~4(막 8:11~13; 눅 12:54~56) 예수께서 이스라엘로 돌아가시자 다시 종교지도자들인 바리새인과 사두개인들과 대면하시게 되었다. 그들은 하늘로부터 오는 표적을 청하여 그를 시험했다. 이로써 그들은 예수께서 그들의 목전에서 행해 오신 모든 이적들을 다시 거부했던 것이다(참조, 마 12:38). 그들은 실질적으로 그들이 믿을 수 있도록 병 고침보다 더 눈요깃거리가 될 만한 표적을 보여 달라고 요청한 셈이다. 예수님은 그

들을 악하고 음란한 세대라고 부르심으로 다시 정죄하는 대답을 하셨다 (16:4. 참조, 12:39). 그들은 날씨의 징후를 주의 깊게 관찰하여 대단히 정확한 일기 예보를 할 수 있었다. 그러나 그들은 예수 그리스도의 인격에 대한 영적인 징후들에 파묻혀 있었으면서도 그 모두를 놓쳐 버리고 말았다. 그토록 사악한 세대는 아무런 특별 처우도 받지 못할 것이다. 예수님은 단순히 표적을 만들기 위한 표적 제조자가 아니셨다. 그는 시키는 대로 공연하는, 끈에 매달린 꼭두각시가 아니셨다. 그들에게 허락된 유일한 표적은 요나의 표적이었는데, 이는 앞에서 제시된 바 있으나(12:38~42) 그들은 이미 때가 너무 늦었을 때 그 표적을 깨닫게 될 것이다.

16:5~12(막 8:14~21) 예수께서는 종교지도자들을 떠나신 후 그의 제자들에게, 방금 함께 대화했던 바리새인과 사두개인들의 누룩을 주의하라고 경고하셨다. 예수께서 누룩에 대해 언급하시자 제자들은 그들이 떡 가져가기를 잊은 사실을 언급하시는 줄로 알았다. 그러나 예수님은 떡이 없음을 말하는 것이 아님을 설명하셨다. 그는 전에 떡과 물고기로 많은 무리를 먹이고도 음식이 남아돌았던 일을 상기시키셨다(마 14:13~21; 15:29~38). 음식의 분량은 문제가 아니었는데, 그런 문제는 예수께서 처리하실 수 있기 때문이었다. 그들이 그런 것조차 그에게 의뢰하지 못하고 있었기 때문에 그들을 '믿음이 작은 자들'이라고 책망하셨다(16:8. 마태복음 중 예수께서 '작은 믿음'에 대해 말씀하신 다른 세 구절은 6장 30절, 8장 26절, 14장 31절이다). 그리고 그분은 같은 경고를 되풀이 하셨다. "삼가 바리새인과 사두개인들의 누룩을 주의하라"(참조, 16:6). 그들의 교훈은 마치 전염성 높은 누룩과 같이 백성에게 파고 들어가 부패시키는 것이다.

Ⅴ. 왕의 제자 훈련(16:13~20:34)

A. 배척을 염두에 둔 계시(16:13~17:13)

1. 메시아의 인격(16:13~16; 막 8:27~30; 눅 9:18~21)

16:13~16 예수님과 제자들은 갈릴리 바다 주변을 떠나 북쪽으로 약 48킬로미터 떨어진 가이사랴 빌립보 지방에 이르셨는데, 이곳은 안티파스의 형제인 헤롯 빌립이 통치하던 지역이었다. 거기서 예수님은 제자들에게 그를 향한 믿음에 대해 질문하셨다. 예수님은 사람들이 그에 대해 무어라 말했는지를 그들에게 물으셨다. 그들의 대답은 약간 아첨기가 있는 것으로, 사람들이 예수님을 세례 요한, 엘리야, 예레미야나 선지자 중의 하나라고 한다는 것이었다. 정말로 그의 가르침이 그들의 것과 유사한 점이 있기는 했다. 그러나 이 모든 대답은 물론 잘못된 것이었다. 이어서 그는 제자들에게 "너희는 나를 누구라 하느냐"라고 물으셨다.

제자들을 대표해서 베드로가 너무나 유명한 고백을 했다. "주는 그리스도시요 살아 계신 하나님의 아들이시니이다." '그리스도'로서 그는 메시아이시다. 그리스도(호 크리스토스[ὁ χριστός])는 구약성경에 나오는 메시아(마쉬아흐[מָשִׁיחַ])의 동의어로서 '기름 부음을 받은 자'라는 뜻이다. 그분 안에서 그 백성을 향한 하나님의 모든 약속들이 성취되었다. 구약성경이 명시하듯이, 메시아는 단순한 인간 이상의 존재이시다. 그는 하나님이시다(사 9:6; 렘 23:5~6; 미 5:2). 그래서 베드로는 살아 계신 하나님의 아들로서의 예수님의 신성을 인정했다. 제자들은 오랫동안 주 예수님을 관찰하고 그의 이적들을 목격하며 그의 말씀을 들어 온 끝에 이러한 결론에 도달하게 되었던 것이다.

2. 메시아의 계획(16:17~26)

16:17~20 베드로의 대답은 주님의 칭찬을 자아냈다. 베드로는 그리스도의 인격에 대해 올바른 결론을 끌어냈다. 그리하여 그는 주님으로부터 "네가 복이 있도다"라는 축복의 선언을 듣게 된다. 그러나 주님은 이 결론이 베드로 자신이나 다른 사람의 능력으로 된 것이 아니라는 사실을 덧붙이셨다. 하늘에 계신 아버지 하나님이 그것을 그에게 계시하셨다. 베드로는 그의 이름('반석'이라는 뜻)에 맞게 살고 있었다. 주님은 처음 베드로, 즉 시몬을 만나셨을 때 게바(아람어로 '반석') 또는 베드로(헬라어로 '반석')라 불릴 것이라고 말씀하셨다(요 1:41~42).

메시아의 인격에 대한 그의 선언은 메시아의 계획에 대한 선언을 유발했다. 베드로(페트로스[Πέτρος], 남성 명사)는 반석처럼 강했으나, 예수님은 이 '반석'(페트라[πέτρα], 여성 명사) 위에 다른 것을 더하셨다. 그는 그의 교회를 건축하실 것이다. 이 헬라어 단어의 변화 때문에 여러 보수신학자들은 예수께서 그의 교회를 자신 위에 세우신다고 믿는다. 다른 학자들은 교회가 베드로 위에 세워지고 다른 사도들은 그 건물의 주춧돌이라고 해석한다(엡 2:20; 계 21:14). 또 다른 이들은 교회가 베드로의 고백 위에 세워진다고 말한다. 가장 무난한 해석은, 예수께서 자신에 대한 베드로의 정확한 진술을 칭찬하시면서 **자기 자신 위에 교회를 세우**겠다고 말씀하신 것으로 보는 것이다(고전 3:11).

아직 교회의 건립 과정이 시작되지 않았으므로 그것은 아직 예수 그리스도의 장래 사역에 속했다. 그는 "내 교회를 세우리니"(미래 시제)라고 말씀하셨지만, 다른 계획이 시행되기 전에 이스라엘 백성을 위한 그의 계획을 종결지어야만 했다. 아마도 이것이 예수께서 심지어 음부의 권세까지도 이 계획을 이기지 못하리라고 말씀하신 이유인 듯하다. 유대인들은 음부의 권세(또는 대문)가 육체적 죽음을 가리킨다는 것을 알았을 것이다. 이렇게 하여 예수님은 제자들에게 그의 죽으심이 그의 교회 세우는 것을 방해하지 못하리라고 말씀하신 것이다. 나중에(마 16:21) 그는 그의 임박한 죽음에 대해 말씀하셨다. 그의 죽으심과 부활을 통한 죽음에 대한 그의 승리를 대망하셨던 것이다.

그런 후에 그의 교회가 오순절을 기점으로 해서 비로소 세워지기 시작할 것이며, 베드로와 다른 사도들은 거기에서 중대한 역할을 감당할 것이다. 주님은 베드로에게 중요한 권위, 즉 천국 열쇠가 주어질 것이라고 선언하셨다. '열쇠'는 권위의 상징이었는데, 이는 신임받는 청지기가 그 주인의 소유물에 대한 열쇠를 맡아 가지고 있다가 필요한 대로 분배했기 때문이다(참조, 예수께서 소유하신 '사망과 음부의 열쇠'[계 1:18]와 '다윗의 열쇠'[계 3:7]). 베드로는 그가 그 열쇠들을 소유할 것이며 사람들을 매고 풀 수 있으리라는 말씀을 들었다. 이것은 베드로가 하늘로부터 지시를 받아 해야 할 결정들이었는데, 이는 매고 푸는 일이 하늘에서 먼저 일어났기 때문이다. 베드로는 단지 하나님의 지시를 수행할 따름이었다. 매고 푸는 이 특권은 베드로가 오순절에 복음을 선포하고 거기에 믿음으로 응답한 자들을 향해 그들의 죄악이 사함 받았다고 선언하는 특권을 행사할 때 잘 드러났다(행 2장). 그는 같은 일을 고넬료의 가정에도 행사할 수 있었다(행 10~11장. 참조, 행 15:19~20). 동일한 특권이 모든 제자들에게 주어졌다(요 20:22~23).

교회의 계획에 대한 이 위대한 선언 후, 예수님은 제자들에게 자신이 그리스도, 곧 메시아이심을 아무에게도 이르지 말라고 말씀하셨다. 주님은 백성이 그의 제안을 받아들이기에는 너무 늦었으며, 그에 대한 배척의 시간이 가까이 다가옴을 아셨다. 제자들로서는 이미 예수님으로부터 돌아서 버린 백성을 설득하려고 힘써야 할 하등의 이유가 없었던 것이다.

16:21~26(막 8:31~38; 눅 9:22~25) 예수님은 그 제자들에게 그의 죽음이 가까웠음을 설명하셨다. 그는 예루살렘에 올라가 거기서 종교지도자들에게 많은 고난을 받고 끝내 죽임을 당하시나, 제삼 일에 죽은 자들 가운데서 살아나야 할 것이다. 이것은 예수님의 죽으심에 대한 마태의 첫 예언이다. 다른 예언들은 마태복음 17장 22~23절과 20장 18~19절에 뒤따른다.

이 말씀을 들은 베드로는 주님을 붙들고 항변했다. 주님께 방금 복을 선언받은 그는 주님의 계획을 온전히 깨닫지 못했음이 분명하다. 베드로는 예수님이 메시아이신데, 어떻게 종교지도자들의 손에 죽임을 당하실 수 있는지를 이해할 수 없었다. 베드로는 아마도 예수께서 그의 죽으심에 대해 말씀하실 때 너무 충격을 받은 나머지 그가 그의 부활에 대해 언급하신 것을 듣지 못한 듯하다. 그러나 베드로의 항변은 주님의 책망을 유발했는데, 이는 베드로가 사탄의 역할을 하고 있었기 때문이다. 예수님은 베드로를 도구로 사용하고자 했던 사탄을 직접적으로 부르셨다. 앞에서 예수님은 사탄더러 자기에게서 물러가라고 명하신 적이 있다(4:10). 이제 그는 같은 명령을 반복하셨다. 베드로는 주님을 죽음으로부터 보호하고자 했으나, 죽음이야말로 예수께서 세상에 오신 주된 이유였다. 일찍이 사탄이 시도했던 것(4:8~10), 즉 십자가의 죽음을 훼방하려는 것은 하나님의 관점에서 나온 일이 아니다.

비록 베드로가 주님으로 하여금 자기의 계획을 따르게 하려 했지만, 주님은 제자의 도가 대가를 요구한다는 사실을 가르쳐 주셨다. 제자가 되면 즉시 영광을 누리게 되는 것이 아니다. 누구든지 예수님을 따라오려거든 자기와 자기의 모든 포부들을 부인해야 한다. 그는 자기 십자가를 지고 예수님을 따라야 한다(참조, 10:38). 로마 제국에서는 죄인이 십자가에 처형될 때 자기 십자가를 운반하게 되어 있었다. 이것은 그가 전에 반기를 들었던 규칙에 이제는 복종한다는 것을 공공연히 밝히는 행위였다. 마찬가지로 예수님의 제자들은 전에 그들이 모반했던 분에게 순종한다는 사실을 입증해야 한다. 예수님과 그 추종자들이 거쳐야 할 길은 슬픔과 고난의 여정일 것이다. 그러나 그렇게 목숨을 잃음으로써 진정으로 나은 삶을 찾게 될 것이다. 이와 비슷한 예수님의 말씀(10:38~39)은 자기 가족에 대한 태도와 연관된 것에서도 볼 수 있다. 그러나 여기서는 (10:24~25) 그의 계획과 제자의 대가에 대한 베드로의 오해와 연관하여 말씀하신 것이다.

만일 사람이 자기 목숨을 보존함으로 온 천하를 얻고도 그 과정에서 자기 목숨(영혼)을 잃는다면 이 세상의 소유가 무슨 가치가 있겠는가? 참된 제자의 도는 어디로 인도하든지 그리스도를 따르며 그분의 뜻을 행하는 일을 포함한다.

3. 메시아 왕국의 조감도(16:27~17:13)

16:27~28(막 9:1; 눅 9:26~27) 예수님은 그의 제자들을 계속 가르치

시면서 인자이신 그가 아버지의 영광으로 그 천사들과 함께 오실 그의 재림에 대해 예언적으로 말씀하셨다(참조, 마 24:30~31; 살후 1:7). '하나님의 아들'로서(마 16:16) 그는 신성을 소유하시고, '인자'로서 인성을 가지셨다(참조, 8:20의 주해). 그때 주님은 그 종들에게 충성도에 따라 보상하실 것이다. 재림에 대해 말씀하시면서 그는 그와 함께 거기 서 있는 제자들 중 몇몇은 죽기 전에 그의 도래하는 나라를 보게 될 것이라고 말씀하셨다. 이 말씀은 많은 사람들로부터 천국 계획에 대한 오해를 자아냈는데, 이는 어떻게 제자들이 주께서 그의 나라에 임하시는 것을 보았는지에 대해 의아하게 여겼기 때문이다. 여기에 대한 해명은 이어지는 변화산 사건에서 나타난다(17:1~8).

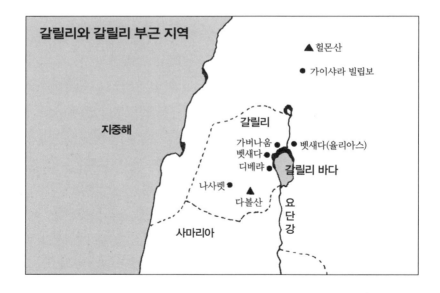

17:1~8(막 9:2~13; 눅 9:28~36) 여기에서 새로운 장(章)이 시작된 것은 이야기의 흐름으로 보아 유감스러운 일이다. 예수님은 그와 함께 서

있던 자들 중 몇몇이 죽기 전에 인자가 그의 나라에 임하시는 것을 보리라고 방금 말씀하셨다(마 16:28). 이어지는 이야기는 **엿새 후에 예수께서 베드로와 야고보와 요한을 데리시고 따로 높은 산에 올라가신** 것으로 시작되었다. 누가는 이 사건이 '팔 일쯤 후'에 일어났다고 기록했는데(눅 9:28), 이는 엿새의 공백기 외에 시작하는 날과 끝나는 날을 합산한 결과이다. 높은 산은 가이사랴 빌립보에서 가까운 헐몬 산이었을 터인데(지도 참조), 이는 예수께서 그 지역에 계셨기 때문이다(마 16:13).

거기서 예수님은 이 제자들 앞에서(17:2) **변형되셨다**(메테모르포쎄 [μετεμορφώθη]: 모습이 바뀌었다. 참조, 롬 12:2; 고후 3:18). 이것은 예수님의 영광의 계시였다. 그의 영광의 광채는 빛과 같이 희어진 그의 **얼굴과 옷**에 의해 증명되었다. **모세와 엘리야**가 가시적(可視的) 형태로 하늘로부터 나타나 **예수와 더불어 말했다**(이렇게 함으로 죽음 후에도 의식이 있는 존재로 남아 있음을 입증했다). 누가는 모세와 엘리야가 예수님과 함께 그의 임박한 죽으심에 대해 이야기했다고 기록했다(눅 9:31).

구약의 모든 사람 중 왜 하필이면 모세와 엘리야가 나타났을까? 아마도 이 두 사람과 제자들이 도래하는 예수님의 나라에 거할 사람들의 유형을 제시하는 것 같다. 제자들은 육체적 몸으로 존재할 사람들을 대표한다. 모세는 죽었거나 죽을, 구원받은 사람들을 대표한다. 엘리야는 죽음을 경험하지 않고 산 채로 하늘로 들려 올라갈 구원받은 사람들을 대표한다(살전 4:17). 이 세 집단이 그리스도께서 지상에 그의 나라를 세우실 때 존재할 것이다. 주님은 변화산에서 그랬듯이 그 나라에서 그의 영광 중에 계실 것이며, 이 사건에서처럼 그 나라는 지상에 세워질 것이다. 제자들은 이렇게 해서 주님이 약속하신 나라를 미리 맛보았던 것이다(마 16:28).

베드로가 예수님과 모세와 엘리야를 위해 **초막 셋을 짓겠다**고 제안한 것으로 미루어 보아, 그는 이 사건의 중요성을 깨달았던 것 같다. 그는 이 사건 속에서 유대인들의 장막절이 성취되는 것을 보았는데, 이 축제는 두 방향의 조망을 가지고 있었다. 과거를 향해서는 광야 40년간의 유랑 생활이요, 미래를 향해서는 하나님이 그 백성을 그 땅에 모으실 때 이스라엘이 충만히 누리게 될 하나님의 복이다. 베드로는 당시에 일어났던 사건을 이해하는 데는 옳았으나(그는 천국을 보았다) 그 시간에 관해서는 제대로 알지 못했다.

베드로가 아직 말하고 있는 동안 그들을 둘러싼 **빛난 구름**으로부터 더 중요한 소리가 들려왔다. 이 소리는 "이는 내 사랑하는 아들이요 내 기뻐하는 자니 너희는 그의 말을 들으라"고 말씀했다(참조, 3:17). 하나님의 음성이 하나님의 아들을 확증한 것은 제자들에게 중대한 의미를 전달했다. 훗날 베드로는 그의 두 번째 서신에서 이 사건을 언급했다(벧후 1:16~18). 예수님의 권위에 대한 천부의 확증은 제자들에게 두려움을 불러일으켜 엎드리게 만들었다. 주님이 제자들에게 **일어나라**고 말씀하셨을 때 모세와 엘리야는 떠났고, 오직 예수 외에는 아무도 보이지 않았다.

17:9~13 이 작은 무리가 산에서 돌아왔을 때, 예수님은 세 제자에게 그가 **죽은 자 가운데서 살아나기 전에는** 그들이 목격한 것을 아무에게도 이르지 말라고 명하셨다(참조, 16:20). 이미 어떤 사람들이 예수님을 억지로 임금 삼으려 했는데, 만일 이 사건에 대한 소식이 널리 퍼진다면 아마 다른 사람들도 예수님을 임금 삼으려 할 것이기 때문이다.

이 사건은 천국의 맛보기였으나 제자들은 몹시 당황했다. 많은 사람들이 메시아가 오시기 전에 **엘리야**가 돌아와야 한다고 가르치고 있었다.

예수님은 실제로 엘리야가 와서 모든 일을 회복해야 한다고 설명하셨다(참조, 말 4:5). 그런데 엘리야가 세례 요한의 인격으로 이미 왔으되 사람들이 그의 사역을 바로 인식하지 못했다. 세례 요한을 영접하기는커녕, 종교지도자들이 앞장서서 그를 배척했다. 그들이 요한의 사역을 인정하지 않고 오히려 배척했듯이 예수님도 배척을 당할 것이다. 요한의 탄생에 대한 첫 번째 선포에서 그의 부친 사라갸는 요한이 '엘리야의 심령과 능력으로' 주님을 앞서 가리라는 말씀을 들었다(눅 1:17). 요한에 대한 주님의 초기 말씀(마 11:14)은 그가 예언된 엘리야였음을 확증해 주었다. 백성이 만일 믿음으로 반응했다면 그것을 깨달았을 것이다. 메시아의 나라를 도래시키는 데 필요한 모든 일이 행해졌다. 유일한 변수는 왕에 대한 백성의 영접 여부였다.

B. 배척을 염두에 둔 교훈(17:14~20:34)

1. 믿음에 관한 교훈(17:14~21; 막 9:14~29; 눅 9:37~43상)

17:14~21 예수님과 세 명의 제자들이 다른 제자들에게 돌아왔을 때, 간질을 앓는 아들을 가진 한 사람이 아홉 제자들에게 치료를 요청한 것 때문에 무리가 몰려와 있는 것을 보게 되었다. 그러나 아홉 제자는 그 소년에게 들어가 간질병을 일으킨 귀신(18절)을 쫓아내지 못하고 있었다. 그 아비는 예수님 앞에 꿇어 엎드려 그를 주라고 부르면서 호소했다. 간질병은 그 소년에게 큰 고생과 육체적 위험을 초래했다. 경련으로 인해 소년

은 심지어 불이나 물에도 넘어지곤 했으나 제어할 길이 없었다. 마가는 소년이 입에서 거품을 흘렸다고 말했다(막 9:18, 20). 예수님은 그를 데려오라고 말씀하시면서 제자들뿐 아니라 온 무리의 **믿음 없음**을 책망하셨다. 그는 즉시 소년에게서 귀신을 쫓아내셨고, 그때부터 소년은 완쾌되었다(참조, 마 15:28).

제자들이 자신들은 왜 그 아이를 치료할 수 없었는지를 묻자, 예수님은 믿음이 작은 까닭이라고 대답하셨다(참조, 로마의 백부장[8:10]과 가나안 여인[15:28]이 가졌던 '큰 믿음'). 심지어 **겨자씨 한 알만큼의 작은 믿음이라도**(참조, 13장 31절의 겨자씨에 대한 주해) 큰 산을 옮기기에 족하다. 물론 그것이 하나님의 뜻에 부합한다고 전제하는 경우에 한(限)한다. 하나님께는 불가능이 없다(참조, 19:26; 눅 1:37. 어떤 헬라어 사본에는 21절에 "기도와 금식이 아니면 이런 유가 나가지 아니하느니라"는 말씀이 있다. 참조, 막 9:29). 예수님은 제자들에게 그들의 장래 사역에 관해 가르치고 계셨다. 그들의 문제는 믿음의 결핍과 주님의 지시를 구하지 않는 데 있을 것이다. 주님의 말씀은 병을 고치는 데 충분하지만, 그들의 삶에는 기도를 통해 주님과 계속 교제 나누는 것과 큰 믿음이 요구된다. 이러한 요소들이 결합될 때, 하나님의 뜻을 따르는 제자들의 사역이 성취되는 데 제한이 없다.

2. 죽으심에 관한 교훈(17:22~23; 막 9:30~32; 눅 9:43하~45)

17:22~23 주님은 다시 제자들에게 그가 배반을 당하여 악한 **사람들**에게 **죽임을 당하실** 것임을 상기시키셨다. 주님은 예기치 않게 졸지에 돌아가신 것이 아니다. 그는 자기 생명을 스스로 통제하셨고, 아무도 그것

을 빼앗지 못했다(요 10:11, 15, 17~18). 그는 또 그의 제자들에게 죽음이 그의 끝은 아니라고 말씀하셨다. 다시금 그는 "제삼 일에 살아나리라"고 말씀하셨다. 전(마 16:21~23)과 달리 제자들은 그의 죽으심에 대한 이 선언에 반대하지 않았다. 그러나 주님의 말씀 때문에 매우 근심했다.

3. 정부에 대한 책임에 관한 교훈(17:24~27)

17:24~27 예수님과 제자들이 가버나움에 이르니 세리들이 그들을 기다리고 있었다. 관례적으로 20세 이상 모든 유대인들은 성전을 후원하기 위해 매년 반 세겔이나 두 드라크마의 성전세를 내게 되어 있었다(참조, 출 30:13~15; 느 10:32). 베드로와 예수님이 그해의 세금(마 17:27하)을 아직 납부하지 않았으므로 세리들은 베드로를 채근했다. 그들이 주님의 세금 미납에 대해 질문한 것은 그가 율법을 범했다는 것을 암시했다. 베드로는 주님이 율법대로 세금을 내실 것이라고 대답했다.

베드로가 이 일을 주님께 고하기 전에 예수님은 그에게 **임금들이 관세와 국세를 아들들과 타인 중 누구에게 받는지** 물으셨다. 베드로는 임금들이 자기 가족에게는 세금을 면제해 주고 타인에게서 받는다고 대답했다. 주님은 왕이신 자기뿐 아니라 천국의 아들들인 제자들도 세를 면제받아야 한다는 사실을 보여 주셨다(26절). 그들도 특권층에 속했으므로 왕이 친히 그들의 모든 필요를 공급하실 것이다. 그러나 주님은 이번에는 그렇게 작은 일을 문제 삼지 않기로 하셨다("**실족하지 않게 하기 위하여**"[27절]). 종교지도자들은 예수님을 책잡을 것을 찾고 있었다. 베드로는 그가 정말 즐기던 일을 하도록 지시받았다. 주님이 그에게 낚시질을 명하신 것이다. 그는 낚싯줄을 던져 특별한 고기를 낚아 올리게 되어 있었다. 그 고기 입에는 베드로와 주님이 내야 할 정확한 세금인 한 세겔짜리 동전이 있을 것이었다.

마태가 그 이후의 이야기를 기록하고 있지 않지만, 베드로는 지시대로 행하여 물고기를 낚아 돈을 찾아서 세금으로 납부했을 것이다. 주님은 이렇게 하심으로 권세에 대한 그의 순종을 보여 주셨다.

4. 겸손에 대한 교훈(18:1~6; 막 9:33~37, 42; 눅 9:46~48)

18:1~6 아직 가버나움에 머무는 동안 제자들이 예수께 그간에 그들 사이에서 논란이 되어 왔음 직한 내용을 질문했다. "천국에서는 누가 크니이까?" 제자들은 여전히 지상 천국을 대망하면서, 그들이 어떤 고위직을 맡게 될 것인지 궁금해 하고 있었다. 이에 대한 응답으로 예수님은 율법에 의하면 아무런 권리도 없는 한 어린아이(파이디온[$\pi\alpha\iota\delta\acuteo\nu$])를 불러 그들 가운데 세우셨다. 그는 제자들의 사고방식에 변화(돌이킴)가 필요하다고 말씀하셨다. 천국에서 위대함은 큰일이나 말에 근거하지 않고 어린아이와 같은 겸손함에 근거하는 것이다.

예수님의 대답은 그들이 그릇된 질문을 제기하고 있음을 시사했다. 그들은 천국에서 그들이 차지할 지위가 아니라 주님을 섬기는 일에 대해 물어야 했다. 예수께서 그의 이름으로 어린아이를 영접하는 일에 대해 말씀하신 것은 그들이 사람들을 섬겨야 한다는 가르침이었다. 당시에 어린아이들에 대한 배려는 거의 없다시피 했는데, 예수님은 그들을 간과하시지 않았다. 사실상 그를 믿는 이 작은 자 중 하나를 실족하게 하는 자들에 대해 엄히 경고하셨다(어린아이들도 예수님을 믿을 수 있고 실제로 믿는다). 실족하게 한다는 말은 스칸달리온($\sigma\kappa\acute\alpha\nu\delta\alpha\lambda\iota o\nu$), 즉 '감정을 상하게 하다' 혹은 '넘어지게 하다'라는 동사를 번역한 것으로, 마태복음에 13번 나온다. "차라리 연자 맷돌이 그 목에 달려서 깊은 바다에 빠뜨려지는 것이 나으리라." 진정으로 겸손한 자는 지위나 권력에 연연하지 않고 사람들, 특히 궁핍 가운데 처해 있는 사람들을 섬기는 데 관심을 쏟는다.

5. 실족하게 하는 일에 대한 교훈(18:7~14)

18:7~11(막 9:43~48) 예수님은 실족하게 하는 자들에 대한 말씀을 계속하셨다. 예수님 당시에 그러한 자들이 있었던 것이 분명한데, 그들은 그들의 범죄 요인에 올바로 대처하지 못했기 때문에 하나님의 심판(화, 마 18:7; 영원한 불, 8절; 지옥 불, 9절. 참조 6:22)을 받을 것이다. 예수께서 자기의 손이나 발을 자르거나 눈을 뽑아내는 일 따위의 자해(自害) 행위를 가르치신 것은 아니다(참조, 5:29~30). 그렇게 한다고 해서 실족의 근원인 마음이 고쳐지지는 않는다(참조, 15:18~19). 예수님은 무엇이든지 실족하게 하는 그것을 제거해야 한다고 말씀하셨던 것이다. 실족하게 하지 않기 위해서는 종종 급진적인 변화가 필요하다.

예수님은 제자들에게 이 작은 자들(미크론 투톤[μικρῶν τούτων]. 참조, 18:6, 14)의 가치를 상기시키셨다. 어린아이들은 하나님께 소중하다. 어쩌면 하나님은 늘 자기와 상면하는 그의 특별한 천사들(그들의 천사들)에게 어린아이들을 돌봐 주도록 의탁하셨는지도 모른다(참조, 시 91:11; 행 12:15. 어떤 헬라어 사본에는 마태복음 18장 11절에 "인자가 온 것은 잃은 자를 구원하려 함이니라"는 말씀이 있는데, 아마도 누가복음 19장 10절에서 삽입한 듯하다.)

18:12~14(눅 15:3~7) 하나님이 어린아이들에게 부여하시는 중요성을 입증하기 위해 주님은 제자들에게 예화 하나를 들려주셨다. "만일 어떤 사람이 양 백 마리가 있는데 갑자기 아흔아홉 마리만 있음을 알았을 때 그들을 두고 길 잃은 양을 찾지 않겠느냐?" 이와 같이 하나님("하늘에 계신 너희 아버지." 참조, 마 18:10)은 이 작은 자들(참조, 6, 10절)을 염려하시며, 그중 하나라도 잃기를 원치 않으신다. 실족하게 하는 일을 피하기 위해서는 대단히 주의해야 한다.

6. 치리에 관한 교훈(18:15~20; 눅 17:3)

18:15~20 주님은 방금 실족하게 하는 일에 대해 말씀하셨다. 이제 그는 범죄가 알려졌을 때 무엇을 해야 할 것인지에 대해 말씀하신다. 어떤 형제가 다른 형제에게 죄를 범하거든, 그 두 사람이 그 일을 상의해야 한다. 일이 그 선에서 끝나면 더 이상 거론할 필요가 없다. 그러나 만일 죄를 범한 형제가 듣지 않거든 분명한 증언을 위해 두세 증인을 대동해야 한다. 이것은 신명기 19장 15절에 기록된 대로 구약의 규례에 부합하는 일이다. 만일 그래도 죄를 범한 형제가 자기의 잘못을 인정하지 않으면, 그 상황을 온 교회 혹은 '회중'에게 고해야 한다. 제자들은 아마도 예수께서 유대인의 회중을 언급하신 것으로 이해했을 것이다. 오순절에 교회가 설립된 후 그들은 이 말씀의 참의미를 깨달았을 것이다. 거기서도 자기 죄를 인정하지 않으면 그를 외인(이방인과 세리)으로 취급하게 된다.

이 공동체적인 행위는 사도적 집단 전체에 의탁되었다. 그들의 매고 푸는 행위는 하늘로부터 지시를 받도록 되어 있었다(마 18:18. 참조, 16:19의 주해). 대명사가 복수형(너희)으로 쓰인 것으로 보아서 이것은 모든 사도들을 향한 말씀임이 분명하다. 매고 푸는 일 외에도 그들은 합심 기도에도 참여해야 했다. 그들이 주님의 이름으로 모일 때마다 그분이 그들과 함께 계실 것이다. 만일 두세 사람이 무엇이든지 합심하면 하늘에 계신 아버지께서 그들을 위하여 이루게 하실 것이다.

7. 사죄에 관한 교훈(18:21~35)

18:21~22 그때 베드로가 예수께 이렇게 물었다. "주여 형제가 내게 죄를 범하면 몇 번이나 용서하여 주리이까 일곱 번까지 하오리이까." 피해자는 그 형제를 세 번까지만 용서하라고 한 랍비들의 가르침을 감안할 때, 베드로는 여기서 매우 관대한 태도를 취했다고 볼 수 있다. 그러나 예수님은 용서가 훨씬 광범위하게 시행되어야 한다고 대답하셨다. 일곱 번뿐 아니라 일곱 번을 일흔 번, 즉 490번까지라도 용서하라고 하셨다. 실상 예수님은 그 횟수에 제한이 있어서는 안 된다고 말씀하신 것이다. 그 개념을 온전히 설명하시기 위해 비유를 말씀하셨다.

18:23~35 예수님은 그 종들과 결산하려 하던 어떤 임금에 대해 말씀하셨다. 한 종이 만 달란트나 되는 거액의 빚을 졌다. 한 달란트는 58~60파운드 정도의 금에 해당했으므로, 그 금액을 환산하면 수백만 달러에 달했을 것이다. 그가 빚을 갚을 것이 없는 것을 보고 주인이 명하여 그 몸과 아내와 자식들과 모든 소유를 다 팔아 가능한 만큼 갚으라고 했다. 그 종은 갚을 시간을 달라고 주인에게 간청했다. 이에 주인은 그를 불쌍히 여겨 그 빚을 탕감해 주고 그를 놓아 주었다.

그런데 얼마 안 되어서 이 종이 밖에 나갔다가 그에게 훨씬 적은 금액인 백 데나리온 빚진 다른 종을 만나게 되었다. 데나리온은 로마의 은전으로, 약 16센트의 가치가 있었다. 그것은 노무자의 하루 품삯에 해당했다. 그 처음 종은 채무 이행을 요구했고 채무자에게 자비를 베풀지 않았다. 도리어 그 빚을 갚을 때까지 그 종을 옥에 가두었다. 다른 종들이 이 모든 일을 알고 그 종을 몹시 딱하게 여겨(엘뤼페쎄산[ἐλυπήθησαν]: 고통스러울 정도로 슬퍼하다. 참조, 14:9; 19:22) 그 자초지종을 그들의 주인에게 고했다. 이에 주인은 그 첫 번째 종을 다시 불러다가 그가 훨씬 큰 빚을 탕감받았음에도 불구하고 자기 동료에게 자비를 베풀지 않음을 들어 그를 감옥에 가두었다.

주님은 용서받은 분량에 정비례해서 용서를 베풀어야 한다고 가르치셨다. 첫 번째 종은 모든 것을 용서받았으므로 자기도 다 용서해야만 했다. 하나님의 자녀는 예수 그리스도를 믿음으로 모든 죄를 사함 받았다. 그러므로 남이 그에게 죄를 범했을 때, 그는 그러한 행위가 아무리 여러 번 행해진다 할지라도 기꺼이 마음으로부터 용서해야 한다(참조, 18:21~22; 엡 4:32).

8. 이혼에 관한 교훈(19:1~12; 막 10:1~12)

19:1~12 예수님은 마지막으로 갈릴리를 떠나 요단 강 동편 유대 지경을 통해 예루살렘으로 향하셨다. 그 지역은 베뢰아라 알려졌다. 자주 그랬듯이 거기서도 도움을 필요로 하는 큰 무리가 예수님을 좇았고 예수님은 그들의 병을 고쳐 주셨다. 그러나 그곳에서 어떤 바리새인들이 예수님을 시험했다. "사람이 어떤 이유가 있으면 그 아내를 버리는 것이 옳으니이까?" 백성은 이 문제에 대해 여러 견해로 나뉘어 있었다.

힐렐의 추종자들은 사람이 어떠한 이유로든 그 아내와 이혼할 수 있다고 생각했으나, 샴마이의 추종자들은 아내가 성적으로 부정한 경우 이외에는 이혼할 수 없다고 생각했다. 힐렐과 샴마이의 논쟁과 무관하게, 예수님은 종교지도자들에게 결혼의 연합을 제정하신 하나님의 원래 목적을 상기시키셨다. 하나님이 사람들을 남자와 여자로 만드셨다(4절; 창 1:27). 하나님은 결혼을 통해 둘을 뗄 수 없는 관계로 결속시키신다. 이 결속은 부모와 자식 간의 관계보다 더 고차원적인 부르심인데, 이는 그것이 사람(남자)이 그 부모를 떠나서 아내에게 합하여 그 둘이 한 몸을 이루는 관계이기 때문이다(창 2:24). "그러므로 하나님이 짝지어 주신 것을 사람이 나누지(코리제토[χωριζέτω]. 고린도전서 7장 10절에서 이 단어는 '이혼하다'라는 의미로 사용되었다) 못할지니라."

예수께서 결혼에 의한 관계의 영구성을 말씀하시는 것을 알아차린 바리새인들은 어찌하여 모세는 그 당시 사람들을 위한 이혼 규례를 제정했는지 예수께 물었다(마 19:7). 주님의 대답은 모세가 사람들의 마음의 완악함 때문에 이것을 허용했다는 것이다(참조, 신 24:1~4). "너희 마음의 완악함 때문에"는 문자적으로 "너희 마음의 완악함을 향하여"이다(스클레로카르디안[σκληροκαρδίαν]. 스클레로스[σκληρός]에서 영어 단어 'sclerosis'[경화증]가 나왔고 카르디안[καρδίαν]에서 'cardiac'[심장(병)의]이 나왔다). 그러나 그것은 결혼에 대한 하나님의 의도가 아니었다. 하나님은 남편과 아내가 영구히 함께 살도록 뜻하셨다. 이혼은 부정한 결혼 생활에서 비롯된 빗나간 예외였다(참조, 마 5:32).

성경학자들은 마태복음에서만 발견되는 이 예외 구절의 의미에 대해 분분한 견해들을 보인다. '음행'이라는 말의 원어는 포르네이아(πορνεία)이다.

(1) 어떤 이들은 예수께서 이것을 간음(모이케이아이[μοιχεῖαι])과 동의어로 사용하셨다고 생각한다. 그러므로 부부 중 어느 편에서든지 저지른 간음은 결혼을 이혼으로 끝맺을 유일한 근거가 된다. 이 견해를 지지하는 사람들 중 어떤 이들은 재혼이 가하다고 보나 다른 이들은 불가하다고 믿는다.

(2) 다른 사람들은 **포르네이아**(πορνείᾳ)를 유대인 남녀의 정혼 기간 중에 일어난 부정한 성관계로 해석한다. 이 기간부터 두 사람은 결혼한 사이로 인정되나 아직 성관계를 통한 결혼의 정점에는 이르지 않은 상태였다. 만일 이 기간 중에 여인이 임신하게 되면(마리아처럼, 1:18~19) 결혼 언약을 취소하기 위해 이혼할 수 있었다.

(3) 또 다른 이들은 **포르네이아**(πορνείᾳ)라는 용어를 근친혼과 같은 불법적인 결혼에 대한 것으로 본다(참조, 레 18:6~18). 만일 아내가 가까운 친족인 경우라면 근친혼에 해당될 수 있다. 이런 경우는 정당한 이혼 사유가 될 것이다. 어떤 이들은 이러한 **포르네이아**(πορνείᾳ)의 의미가 사도행전 15장 20, 29절에 나타난다고 말한다(참조, 고전 5:1).

(4) 또 다른 견해는 **포르네이아**(πορνείᾳ)가 무분별하고 집요하며 회개할 줄 모르는 문란한 성생활을 가리킨다는 것이다(이것은 단 한 번의 부정행위와는 다르다. 신약성경에서 **포르네이아**[πορνείᾳ]는 **모이케이아이**[μοιχεῖαι]보다 더 광범위한 의미로 사용되었다). 따라서 그러한 지속적 행위는 가히 이혼 사유가 되는데, 이는 그토록 무분별한 행위가 결국 결혼의 연합을 깨뜨리고 말 것이기 때문이다(결혼 및 재혼의 주제에 대해서는 고린도전서 7장 10~16절의 주해를 보라).

예외 구절에 대해 어떠한 견해를 취하든지 간에, 예수께서 결혼의 영구성을 확언하셨음은 분명한 일이다. 그의 말씀을 들은 자들은 그렇게 이해했다. 따라서 그들은 이혼 사유가 있을 수 없으므로 차라리 장가들지 않는 것이 나으리라고 추론했다. 그러나 그것은 예수께서 의도하신 바가 아니었는데, 이는 하나님이 사람의 유익을 위해 결혼 제도를 제정하셨기 때문이다(창 2:18). 결혼은 정욕과 부정을 막는 방부제가 되어야 한다(고전 7:2). 그러나 극소수의 사람들은 정상적인 성욕을 소유하지 않았거나(그들은 타고난 고자이거나 거세된 자들이다), 지상에서 하나님의 계획을 수행해 나가기 위해 성욕을 제어할 능력을 가지고 있기도 하다(마 19:12. 참조, 고전 7:7~8, 26). 그러나 모든 사람이 다 이러한 역할을 받아들일 수는 없다(마 19:11). 많은 사람들은 결혼하여 하나님의 일을 세상에 확장해 나감으로 그분의 뜻을 수행한다.

9. 아이들에 관한 교훈
(19:13~15; 막 10:13~16; 눅 18:15~17)

19:13~15 여러 부모들이 예수께서 안수하고 기도해 주심을 바라고 어린아이들을 데리고 왔다. 그러나 제자들은 이것이 예수님의 시간을 낭비하는 것이라 생각했다. 그들은 아이들을 데려온 사람들을 책망하기 시작했다. 제자들은 분명히 전에 예수께서 아이들의 가치 및 그들을 실족하게 하는 일의 심각성에 대해 말씀하신 바를 벌써 잊어버렸던 것이다(참조, 18:1~14). 예수님은 제자들을 꾸짖으시면서 "어린아이들을 용납하고 내게 오는 것을 금하지 말라"고 말씀하셨다. 천국은 종종 어린이들보다 더 가치 있는 존재로 여겨지는 어른들에게만 국한되어 있지 않다. 누구든지 믿음으로 주님께 오는 자는 천국에 합당한 자이다. 예수께서 아이들을 다 축복하시기까지 그 지역을 떠나지 않으신 점으로 미루어 보아서 그는 모든

아이들과 함께 시간을 가지셨던 것 같다.

10. 부자들에 관한 교훈
(19:16~26; 막 10:17~31; 눅 18:18~30)

19:16~22 젊고(20절) 부유하며(22절) 관직에 있는(눅 18:18, 아마도 공회원인 듯하다) 어떤 사람이 예수께 와서 "내가 무슨 선한 일을 하여야 영생을 얻으리이까? 하고 물었다. 이 관원은 자신이 어떻게 구원받을 수 있는지를 물은 것이 아니었다. 그보다 어떻게 메시아의 나라에 들어갈 확신을 가질 수 있을지를 염려한 것이다. 그는 어떤 '선한 일'이 그의 의를 드러내 천국에 들어갈 자격을 부여할지를 알기 원했다. 예수님은 선한 이는 오직 한 분, 곧 하나님뿐이라고 대답하셨다. 완전함이 요구되었으므로(마 19:21. 참조, 5:48) 그는 하나님처럼 선해야만 했다. 그는 하나님에 대한 믿음을 통하여 부여되는 그분의 의를 소유해야 했다(롬 4:5). 아마도 그때 예수님은 그 관원이 예수님이 하나님이시므로 선하신(아가쏘스 [ἀγαθός]: 본질적으로 선한) 분이라고 인정하는지를 보기 위해 그의 반응을 기다리셨던 것 같다.

그가 대답하지 않자 예수님은 **생명**(즉 하나님 나라에서의 삶)에는 의로운 **증거**가 있어야만 들어갈 수 있음을 시사하셨다. 의에 대한 공정한 표준이 모세의 율법이었으므로 예수님은 그에게 **계명들을 지키라**고 말씀하셨다. 관원은 그것을 매우 감수성 있게 받아들여 즉시 "어느 계명이오니이까?"라고 물었다. 의에 대한 다른 표준들이 바리새인들에 의해 창출되었는데, 그들은 하나님의 의도를 훨씬 넘어선 수많은 조항들을 모세의 율법에 추가했다. 그 청년은 실제로 이렇게 묻고 있었다. "제가 바리새인들의 모든 계명을 지켜야 합니까?" 예수님은 살인과 간음, 도둑질, 그리고 거짓 증언을 금하며, 또한 네 부모를 공경하라는 적극적인 명령을 담고 있는 제5계명부터 9계명까지를 열거하심으로 질문에 응답하셨다(출 20:12~16). 예수님은 탐욕에 관한 제10계명(출 20:17)을 언급하시지 않았으나 "네 이웃을 네 자신과 같이 사랑하라"는 요약적 진술을 덧붙이셨다(참조, 레 19:18; 마 23:39; 롬 13:9; 갈 5:14; 약 2:8).

청년은 자신이 이 모든 것을 지켰다고는 했지만 여전히 **부족함**을 느끼고 있었다(마 19:20). 그가 정말 이 계명들을 지켰는지는 오직 하나님만이 아신다. 아무튼 청년은 이 계명들을 다 지켰다고 믿었음에도 불구하고 자기 삶에 무언가가 빠져 있음을 알았다. 예수님은 문제의 정곡을 찌르셨다. "가서 네 소유를 팔아 가난한 자들에게 주라 그리하면 하늘에서 보화가 네게 있으리라." 가난한 자들을 향한 그러한 자비야말로 내적인 의를 입증해 주는 것이다. 만일 그가 (하나님이신 예수님에 대한 믿음에 근거하여) 의로웠다면 가난한 자들에게 그의 재물을 나눠 주고 예수님을 따라야 했다. 그러나 그는 재물이 많으므로 근심하며(뤼푸메노[λυπούμενο]: 고통스러울 정도로 걱정하거나 슬퍼함. 참조, 14:9; 18:31) 떠나갔다. 자기 재산을 포기하기 싫어한 그의 태도는 그가 이웃을 자기 자신과 같이 사랑하지 않음을 보여 준 것이다. 따라서 그는 모든 계명을 지키지 못했고 구원에 이르기에는 부족했다. 이 청년에 대해서는 더 이상의 이야기가 기록되지 않았다. 아마도 그는 모든 것을 버리고 예수님을 좇지 못했을 것이다. 그는 하나님보다 돈을 더 사랑했다. 따라서 첫 번째 계명(출 20:3)마저 범한 것이다.

19:23~26 젊은 관원의 사건 직후에 예수님은 제자들을 향해 짧은 메

시지를 선포하셨다. 그는 부자가 천국에 들어가기가 얼마나 어려운지를 말씀하셨다. 사실 예수님은 낙타가 바늘귀로 들어가는 것이 더 쉽다고 말씀하셨다. 그 청년은 주님보다 그의 재물을 더 신뢰했으므로, 그가 천국에 들어갈 가능성은 낙타(유대인들이 표현하는 가장 큰 동물 중 하나)가 '바늘귀'(라피도스[ῥαφίδος]: 바느질용 바늘. 종종 어떤 이들이 주장하는 것처럼 큰 대문에 딸린 작은 쪽문을 가리키는 것이 아니다)로 들어가려는 것보다 결코 높지 않았다. 바늘귀는 지극히 작은 구멍이었다. 놀란 제자들은 "그렇다면 누가 구원을 얻을 수 있으리이까?" 하고 반문했다. 이것은 바리새인들의 영향을 반영한 것인데, 바리새인들은 하나님이 사랑하시는 자들을 물질적으로 부유하게 해 주신다고 가르쳤다. 따라서 만일 부유한 사람이 천국에 들어가지 못한다면 아무도 들어갈 수 없다고 생각했다! 예수님은 구원이 하나님의 사역이라고 대답하셨다. 하나님은 사람들에게는 불가능해 보이는 일을 행하기를 기뻐하신다(참조, 17:20).

11. 사역과 보상에 관한 교훈(19:27~20:16)

19:27~30 앞에서 예수님은 부자 청년에게 그 모든 소유를 팔고 자기를 따르라고 말씀하셨다. 이것이야말로 베드로가 표현한 대로 제자들이 했던 일이다. "우리가 모든 것을 버리고 주를 따랐사온대 그런즉 우리가 무엇을 얻으리이까?" 청년 관원은 그 소유를 버리지 않았으나(22절) 베드로와 다른 제자들은 버렸다(4:18~22; 9:9. 참조, 16:25). 베드로는 그들이 재물을 의뢰하지 않음으로 인해 하나님이 그들에게 복을 주시리라고 기대했다. 주님은 세상이 새롭게(팔링게네시아[παλιγγενεσίᾳ]: 중생) 될 날이 있으리라고 설명하셨다. 비록 당시에는 백성이 그의 천국 제시를 거

부하고 있었지만, 그 나라는 영적(사 2:3; 4:2~4; 11:9하), 정치적(사 2:4; 11:1~5, 10~11; 32:16~18), 지리적·물리적(사 2:2; 4:5~6; 11:6~9; 35:1~2)인 영역에 이르는 광범위한 재창조와 더불어 도래할 것이다. 그때 그리스도께서는 자기 영광의 보좌에 앉으실 것이다(참조, 마 25:31; 계 22:1).

제자들은 천국에서 특별한 지위를 얻게 될 것이다. "열두 보좌에 앉아 이스라엘 열두 지파를 심판하리라"(참조, 계 21:12~14). 사실상 주님을 위하여 집이나 친족을 떠난 모든 자들은 그들이 잃은 것보다 훨씬 큰 보상을 영생에 덧붙여 받게 될 것이다(마 19:29). 지금은 그들이 모든 것을 포기하여 나중('꼴찌') 된 듯하지만 결국 모든 것을 영원히 보상받아 먼저('첫째') 될 것이다. 역으로, 젊은 부자처럼 지금 모든 것을 가진 것 같은 자들('먼저 된 자')은 훗날에 모든 것을 잃게 될 것이다('나중 될 자.' 참조, 20:16).

20:1~16 이 교훈의 연장으로 예수님은 이른 아침에 나가 자기 포도원에서 한 데나리온씩 받고 하루 동안 일할 **품꾼들**을 고용한 어떤 지주에 대한 비유를 말씀하셨다(한 데나리온은 보통의 하루 품삯이었다). 나중에 **제삼 시**(오전 9시경)쯤에 지주는 **장터**에서 다른 **사람들**을 권하여 특정 계약이 없이 일한 바에 **상당하게** 보상하기로 하고 자기 **포도원**에서 일하게 했다. 그 지주는 **제육 시**(정오경)와 **제구 시**(오후 3시), 그리고 심지어 일할 시간이 한 시간밖에 남지 않은 **제십일 시**(오후 5시)에도 나가 일꾼들을 더 고용했다.

품삯을 지불할 시간이 되어(저물매, 즉 오후 6시에) 지주는 가장 짧은 시간 동안 일한 자들부터 **시작하여** 각각 한 데나리온씩 지불했다. 하루

종일 일한 자들이 지급받을 때가 되자, 그들은 한 데나리온보다 더 받을 줄로 생각했다. 그들은 종일 일했고 수고와 더위를 견뎌 냈다. 그렇지만 그들은 계약한 금액을 정확히 받았다(13절). 지주는 자기 돈을 가지고 자기 뜻대로 행할 권리가 있음을 주장했다. 그리고 그들에게 조금만 일한 자들에 대한 그의 관대함을 질시해서는 안 된다고 말했다.

예수님은 보상이 이 비유 속의 '지주'에 해당하는 하나님의 절대적 통제에 달려 있음을 가르치셨다. 하나님 앞에서 모든 계산이 이루어질 것이다. 현저한 지위를 차지하고 있는 많은 사람들이 훗날 비하된 자신들을 발견하게 될 것이다. 그리고 종종 말미에 서 있는 자신들의 모습을 보아 온 많은 자들이 선두를 달리게 될 것이다. "나중 된 자로서 먼저 되고 먼저 된 자로서 나중 되리라"(이것은 예수께서 19장 28~30절에서 하신 말씀을 지지해 준다).

12. 예수님의 죽으심에 관한 교훈
(20:17~19; 막 10:32~34; 눅 18:31~34)

20:17~19 우리는 예수께서 그의 죽으심에 대해 열두 제자를 준비시키시지 않았다고 결코 말할 수 없다. 이미 그는 최소한 세 번 이상 자신이 죽으리라는 사실을 공포하셨다(12:40; 16:21; 17:22~23). 그는 이제 예루살렘으로 향하고 계셨다(참조, 예수님의 지리적 동선[動線]. 4:12; 16:13; 17:24; 19:1; 21:1). 다시 한번 그는 제자들에게, 죽음이 그 성에서 그를 기다리고 있다고 말씀하셨다. 여기서 그는 처음으로 그가 배신당하실 것과 능욕, 채찍질 그리고 십자가상의 죽으심에 대해 말씀하셨다. 또한 그가 제삼 일에 살아나실 것이므로 죽음이 결코 그의 종점이 아니라는 사

실을 상기시키셨다(참조, 16:21; 17:23). 주님의 말씀에 제자들은 아무런 응답도 하지 않았다. 정말로 주님이 그런 일을 당하시게 될 것인지 도저히 믿을 수 없었기 때문인 듯하다.

13. 야망에 관한 교훈(20:20~28; 막 10:35~45)

20:20~23 '만물의 갱신'(19:28)에 관한 예수님의 언급이 다음의 사건을 유발했다. 야고보와 요한의 어머니가 그 아들들을 데리고 예수께 와서 절했다. 예수께서 그녀에게 **무엇을** 원하는지 물으시자, 그녀는 주의 나라에서 자기 아들들에게 좋은 지위를 주어, 하나는 주의 우편에, 하나는 주의 좌편에 앉게 해 달라고 요청했다. 아마도 그녀는 예수께서 제자들이 보좌에 앉게 되리라고 말씀하신 것(19:28)을 듣고, 전형적인 모성애적 자존심이 발동하여 자기 아들들이야 말로 최고 직에 합당한 자들이라 생각했던 것 같다.

예수님은 그의 도래하는 나라와 관련하여 그녀의 잘못된 생각을 시정하시지 않았다. 그의 질문은 오직 자기들의 어머니에게 그 일을 하도록 강청했음이 분명한 두 아들들(너희)에게 던져졌다. 그는 그들에게 그가 **마시려는 잔을** 마실 수 있느냐고 물으셨다. 다가오는 그의 시련과 십자가상의 죽으심에 대해 말씀하신 것이다(26:39, 42). 그들은 모두 "할 수 있나이다"라고 대답했다. 예수님은 그들이 과연 고난과 죽음의 잔을 그와 함께 나눌 것임을 시사하셨다. 야고보는 교회시대 초기에 헤롯 아그립바 1세에게 죽임을 당했고(행 12:1~2), 요한도 1세기 말엽에 순교한 것으로 전해지고 있다.

그러나 주의 나라에서 예수님의 **좌우편의** 높은 직분을 부여하는 것은 그의 소관이 아니었다. 그 자리는 은혜로우시고 관대하신 **아버지께서** (참조, 마 20:1~16) 지정하신 자들에 의해 채워질 것이다(23절). 이 사건은 제자들이 겸손에 관한 예수님의 가르치심을 깨닫지 못했음을 다시 한 번 예증해 준다(참조, 18:1~6). 베드로의 질문(19:27) 역시 지위에 대한 욕망을 드러냈다. 제자들은 심지어 주님의 죽으심이 임박한 가운데서도 이러한 논의를 계속했다.

20:24~28 열 제자는 야고보와 요한의 모친이 요청한 내용을 듣고 분히 여겼다. 그들은 아마도 자기들이 먼저 그러한 것을 생각하지 못한 점을 유감스러워했던 것 같다(참조, 18:1). 물론 **예수께서**는 그들 사이에 팽배한 알력을 감지하고 계셨다. 그래서 그는 그들을 **불러다가** 몇 가지 중요한 원리들을 상기시키셨다. 어떤 자들(**집권자들과 고관들**)은 남을 다스리지만, 제자들은 그렇지 않을 것이다. 주님의 나라에서의 위대함은 다스림이나 권세가 아닌 섬김을 통해 이루어진다(20:26~27). 그들의 목표는 다스림이 아니라 섬김이어야 한다. 남을 섬기는 겸손한 자들이 고귀하게 여김을 받게 될 것이다.

　주님 자신보다 이 원리에 대해 더 위대한 본보기는 없다. 그가 세상에 오신 것은 "섬김을 받으려 함이 아니라 도리어 섬기려 하고 자기 목숨을 **많은 사람의 대속물로 주기 위해서이다.**" 여기에 그리스도의 죽으심이 무엇을 성취할 것인지에 대한 첫 단서가 있다. 그는 제자들에게 그가 죽으리라는 사실을 누차 말씀하셨지만 그 죽음의 이유에 대해서는 언급하신적이 없었다. 이제는 그의 죽으심이 '많은 사람을 위한(**안티**[ἀντί]: 대신하여) 대속물(**뤼트론**[λύτρον]: 지불액)'을 제공하기 위한 것(마가복음 10장 45절 주해 부분의 '구원을 의미하는 신약성경의 단어들'이라는 도표를 보라)이라는 사실이 분명해졌다. 오직 그의 죽으심만이 참으로 죄를 사하실 수 있으므로 그것이 수많은 죽음들을 대신하게 될 것이다(요 1:29; 롬 5:8; 벧전 2:24; 3:18). 그분이야말로 완벽한 희생 제물이셨고, 그의 대속적 죽음으로 모든 죄의 값을 치르셨던 것이다.

14. 권세에 관한 교훈
(20:29~34; 막 10:46~52; 눅 18:35~43)

20:29~34 예수님은 여리고 성 부근에서 맹인 두 사람을 고치심으로써 예루살렘에 이르기 전에 마지막으로 그의 권세를 제시하셨다. 다른 공관복음서들(마가복음과 누가복음)은 이 이야기를 약간 다르게 보도한다. 마태는 두 사람을 기록하지만 마가와 누가는 한 사람만 언급했다. 마가는 맹인의 이름(바디매오)을 포함시켰다. 의심할 나위 없이 거기에는 맹인 둘이 있었고, 둘 중 바디매오가 관심의 초점이 되었다. 마태와 마가는 예수님이 여리고를 떠날 때 그들이 고침을 받았다고 말했으나, 누가는 예수님이 여리고에 가까이 가실 때 그 일이 일어났다고 기록했다. 이 문제는 당시에 두 개의 여리고 성(오래된 성과 새 성읍)이 있었다는 사실이 해결해 준다. 예수님은 이적을 행하셨을 당시 구(舊)여리고를 떠나(마태복음과 마가복음) 신(新)여리고로 가고 계셨던 것이다.

맹인들은 **예수께서 지나가신다 함**을 듣고 크게 소리 지르며 도움을 요청했다. 그들의 호소는 그가 **주, 다윗의 자손**이시라는 사실에 근거한 것이었다. 앞에서 다른 두 맹인도 예수님을 '다윗의 자손'이라 부른 적이 있다(마 9:27. 참조, 15:22). 이 명칭을 사용함으로 그들은 메시아이신 예수께 호소했던 것이다. 무리가 꾸짖는데도 불구하고 그들이 집요하게 호소했으므로, 마침내 예수께서 머물러 서서 그들을 부르셨다. 그가 그들에게 무엇을 원하는지 묻자, 그들은 단순하게 눈뜨기를 원한다고 대답했다. 예수께서 그들을 불쌍히 여기사(스플랑크니스쎄이스[σπλαγχνισθεὶς]. 참조, 9:36의 주해) 다윗의 자손, 즉 메시아로서의 권세를 발동하여 그들을 고쳐 주셨다. 예수께서 자기의 죽음 이후에 제자들에게 필요한 것들을 가르치신 이 긴 단원(17:14~20:34)이 그의 권세를 입증하는 사건으로 끝난다는 것은 매우 흥미로운 일이다. 과연 그는 다윗의 자손, 이스라엘의 메시아이므로 믿음의 대상이시다.

VI. 왕의 희생의 극치(21~27장)

A. 왕의 공식적인 출현(21:1-22)

1. 예루살렘 입성
(21:1~11; 막 11:1~11; 눅 19:28~42; 요 12:12~14)

21:1~5 예수님과 제자들은 동쪽 여리고에서 예루살렘을 향해 가고 있었다. 그들이 감람 산 동편 능선에 위치한 벳바게에 이르렀을 때에 예수님은 두 제자를 앞서 보내시며 나귀와 나귀 새끼를 끌고 오도록 지시하셨다. 네 복음서들이 모두 이 사건을 기록하지만, 마태만이 나귀와 그 새끼를 함께 언급했다. 모순처럼 보이는 이 문제는 예수께서 나귀 새끼를 타셨을 때 그 어미가 당연히 따라나섰음을 감안한다면 간단히 해결된다. 아마도 그는 어느 구간을 통과할 때 두 짐승을 번갈아 타신 듯하다(7절).

예수님은 제자들에게 짐승들을 자기에게 끌고 오라고 명하셨다. 만일 누가 그 이유를 묻거든 '주가 쓰시겠다'고 대답하게 하셨다. 메시아로서 그는 무엇이든지 그에게 필요한 것을 요청할 권한을 가지고 계셨다. 마태는 이 행위가 온유하게 나귀, 곧 나귀 새끼(문자적으로는 '아들')를 타고 오시는 왕에 대해 언급한 스가랴의 예언(슥 9:9. 참조, 사 62:11)을 성취한 것이라고 말했다(마 21:4~5). 이것은 왕들이 입성하는 통상적인 방식이 아니었다. 그들은 대개 점령자로서 말을 타고 들어왔다. 나귀 새끼는 평화의 상징이었다.

21:6~8 제자들은 그 짐승들을 데려다가 자기들의 겉옷을 그 위에 얹어 안장을 삼았고, 무리는 그들의 겉옷(참조, 왕하 9:13)과 나뭇가지를 길에 폈다. 대부분의 사람들은 유월절을 지내기 위해 갈릴리에서 예루살렘으로 향하던 순례자들이었다. 그들은 예수님과 그가 갈릴리에서 행하신 많은 이적들을 잘 알고 있었다.

21:9 사람들은 예수님을 앞서거니 뒤서거니 하면서 아마도 순례자의 시편들을 노래했던 것 같다. 마태는 그들이(어린이들을 포함하여, 15절) 시편 118편 26절의 말씀을 소리 높여 불렀다고 기록했다. "찬송하리로다 주의 이름으로 오시는 이여." 그들은 예수님을 향해 "호산나 다윗의 자손이여"라고 외쳤다. '호산나'는 시편 118편 25절에 나오는 히브리어 – 호쉬아나(הוֹשִׁיעָה נָּא : 기원하노니 우리를 구원하소서) – 로서 찬양과 간구의 구호가 되었다.

비록 무리가 이 사건의 의미를 온전히 깨달은 것은 아니지만, 그들은 이분이야말로 그들에게 구원을 베풀기 위해 오신 약속된 다윗의 씨라는 사실을 깨달았던 것 같다. 그들은 그 성에 들어오셔서 마침내 그들의 왕으로서의 신분을 공적으로 드러내신 이 분에게 말과 행동으로 경의를 표했다.

21:10~11 예수께서 예루살렘에 들어가시니 온 성이 소동하여 "이는 누구냐?" 하고 물었다. 예수께서는 통상적으로 도시를 피해 오셨기 때문에 그 거민들이 그를 알지 못했던 것이다. 도시 밖에서 예수님을 수행해 온 자들은 이는 '갈릴리 나사렛에서 나온 선지자 예수'라고 거듭 대답했다(참조, 46절). '그 선지자'(the Prophet)는 모세를 통해 약속된 분을 뜻한다(신

18:15). 누가는 예수께서 그 성읍을 향해 우셨고(눅 19:41), 종교지도자들에게 그날이 백성에게 의미심장한 때였다고 말씀하신 것을 기록했다. "너도 오늘 평화에 관한 일을 알았더라면 … 지금 네 눈에 숨겨졌도다"(눅 19:42). 예수님은 메시아의 도래 시기에 관한 다니엘의 중요한 예언을 염두에 두셨던 것 같은데, 사실 그는 무려 500여 년 전에 다니엘을 통해 예언되었던 바로 그 시간에 예루살렘에 도착하셨다(단 9:25~26). 이것은 예수 그리스도께서 정당한 다윗의 자손이심을 이스라엘 백성에게 공식적으로 표명한 사건이었다.

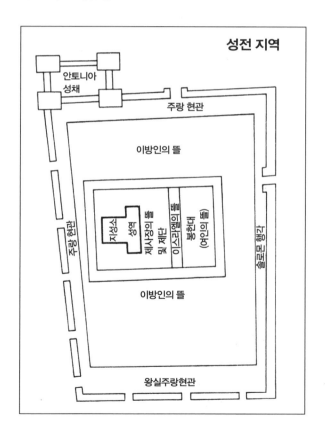

2. 메시아적 권위(21:12~14; 막 11:15~19; 눅 19:45~48)

21:12~14 마태복음의 기사에 따르면 예수께서 예루살렘에 이르신 즉시 성전에 들어가신 것처럼 보이지만, 다른 복음서들의 기사는 예수께서 예루살렘 입성 후 베다니로 돌아가셨다고 기록한다. 성전을 깨끗하게 하신 사건은 예수께서 베다니에서 예루살렘으로 돌아오신 이튿날 아침에 일어난 듯하다(막 11:11~16).

메시아이신 예수님은 성전 경내에 들어가셔서 성전을 기도하는 집에서 부패한 상업주의의 장소로 바꿔 버린 자들을 향해 의분을 발하셨다. 많은 사람들이 성전과 거기서 매매되는 희생 제물들을 생계 수단으로 삼고 있었다. 그들은 성전에서는 세상에서 유통되는 돈을 써서는 안 된다고 주장하면서 먼저 성전 화폐로 환전시킨 후, 그것으로 희생 제물용 짐승들을 비싼 가격에 사도록 만들었다. 그러한 착취 행위는 성전의 목적과 상반되는 일이었으므로, 주님은 구약성경의 두 구절(사 56:7; 렘 7:11)의 일부분을 인용하시면서 바깥쪽 이방인의 뜰(성전 도표를 참조할 것)에 있던 그들의 **상과 의자**를 엎으셨다(예수님은 사역 초기에도 성전을 청결하게 하신 적이 있다[요 2:14~16]).

예수님은 성전에서 그에게 나아온 **맹인과 저는 자**들을 고쳐 주심으로 그의 권세를 계속 입증하셨다(마태만이 이 사실을 기록했다). 대개 그러한 사람들은 성전에 들어올 수 없었는데, 예수님의 권위가 큰 변화를 가져왔다.

3. 공적 의분(21:15~17)

21:15~17 예수께서 성전에서 자기에게 나아오는 자들을 고치고 계실 때 아이들이 소리 질러 메시아적 호칭인 "호산나 다윗의 자손이여"라며 그를 찬양했다(참조, 9절의 주해). 대제사장들과 서기관들은 예수께서 하시는 이상한 일과 아이들의 찬양으로 인해 분노했다. '분노하다'라는 말은 '화가 나서 흥분하다'라는 의미의 동사에서 나온 것으로, 공관복음에만 사용된 단어이다(참조, 20:24; 26:8; 막 10:14, 41; 14:4; 눅 13:14). "그들이 하는 말을 듣느냐?"라는 질문은 예수께 아이들의 찬양을 중지시키라고 요청하는 수사학적 의문문이다. 아마도 성전 안에 있던 아이들은 그 사회에서 성인이 된 것을 축하하기 위해 처음으로 그곳에 오게 되었을 것이다.

예수님은 시편 8편 2절의 말씀을 인용하여 '어린 아기와 젖먹이들의 입에서 나오는 찬미를 온전하게 하셨다'고 대답하셨다. 그들의 찬양을 수락하심으로 자기가 메시아로서 찬양받기에 합당함을 선포하셨다. 종교지도자들은 예수님을 거부함으로 그분을 영접한 어린아이들의 통찰력 정도도 소유하지 못했음을 여실히 드러냈다(참조, 마 18:3~4). 결국 예수님은 지도자들을 떠나 성전을 나가셨다. 감람 산 너머로 약 3킬로미터 떨어진 베다니로 돌아가서 거기에(아마도 마리아와 마르다 및 나사로의 집에) 머무셨다.

4. 상징적 배척(21:18~22; 막 11:12~14, 20~25)

21:18~22 이튿날 아침 예루살렘 성으로 돌아오실 때 예수께서는 몹시

시장하셨다. 그는 길가에서 한 무화과나무를 발견하셨는데, 그것은 잎사귀가 무성한 나무였다. 가까이 다가가셨을 때 그는 그 나무에 열매가 하나도 없음을 아셨다. 무화과나무는 먼저 **열매**를 맺은 후 잎이 나거나 두 가지가 동시에 나오게 돼 있다. 그 나무에는 잎사귀가 나 있었으므로 의당 열매도 맺혀 있어야 했다. 예수께서는 그 나무에 아무 열매도 없음을 아시고 그 나무를 저주하시자 곧 말라 버렸다. 마가는 제자들이 예수께서 나무를 저주하시는 것을 들었으나 그것이 마른 사실은 그들이 이튿날 예루살렘으로 돌아갔을 때에야 알게 된 것으로 묘사했다(막 11:13~14, 20). 제자들은 그 나무가 그토록 빨리 말라 버린 것에 대하여 놀라움(에 싸우마산[ἐθαύμασαν])을 표시했다.

예수님은 이 사건을 믿음에 관한 교훈으로 활용하셨다. 만일 그들에게 하나님에 대한 참된 믿음이 있다면, 그들은 나무를 저주하는 것뿐만 아니라 산을 옮기는 이적도 행할 수 있을 것이다(참조, 마 17:20). 그들이 진실로 믿는다면 그들이 구하는 것은 무엇이든지 다 받을 것이다. 주님은 믿음의 중요성을 가르치신 것이다. 그런데도 이스라엘 백성은 그분을 믿지 못했다.

이 사건은 믿음에 관한 교훈 이상의 의미를 담고 있는 듯하다. 많은 학자들은 예수께서 이 무화과나무를 이스라엘의 상징으로 보셨다고 믿는다. 그들 역시 열매를 맺는 양 으스댔지만 자세히 조사해 본 결과 아무 열매도 맺지 못한 것으로 판명되었다. 예수님은 그 세대를 저주하심으로 그가 그들을 거부한 사실을 보여 주셨으며, 그들로부터 아무 열매도 나오지 않을 것임을 예언하셨다. 사실상 며칠 후 그 세대는 그들의 왕을 배척하여 십자가에 매달고 말았다. 이 일은 결국 그 세대에 대한 심판을 초래했다. AD 70년 로마 군대가 쳐들어와 성전을 파괴하고 온 이스라엘 땅을 짓밟음으로 그 세대는 종말을 고했다(눅 21:20). 무화과나무를 저주하심으로 예수님은 그 세대를 제외시켜 놓으셨던 것 같다. 물론 온 백성을 버리신 것은 아니었다(참조, 롬 11:1, 26).

B. 왕과 종교지도자들의 대립(21:23~22:46)

1. 제사장들 및 장로들과의 대립
(21:23~22:14; 막 11:27~12:12; 눅 20:1~19)

a. 공격(21:23)

21:23 예수께서 성전 뜰로 다시 돌아가셨다. 거기서 그는 다양한 종교 집단들과 부딪히시게 되었다. 논쟁은 대제사장들과 장로들이 예수께 "네가 무슨 권위로 이런 일을 하느냐? 또 누가 이 권위를 주었느냐?"라고 물음으로 시작되었다. '이런 일'은 아마도 그의 예루살렘 입성, 사람들로부터 찬양을 받으신 것, 성전을 깨끗하게 하신 일, 맹인과 저는 자들을 고치신 일(8~14절), 그리고 그의 가르치심(23절)을 뜻하는 듯하다. 지도자들은 예수께서 자기가 메시아임을 주장하고 계신 사실을 알았고, 그가 어디서 그러한 권위를 받았는지 알기 원했다. 그가 그 권위를 그들로부터 받으시지 않았음은 분명한 사실이다!

b. 반격(21:24~22:14)

(1) 요한의 세례(21:24~32)

21:24~27 (막 11:29~33; 눅 20:3~8) 종교지도자들의 질문에 대한 응답으로 예수님은 또 다른 질문을 하시면서, 만일 그들이 그 질문에 대답하면 자신도 그들의 질문에 대답하겠다고 말씀하셨다. 그는 "요한의 세례가 어디로부터 왔느냐 하늘로부터냐 사람으로부터냐"라고 물으셨다. 이것은 매우 단순한 질문 같았으나 종교지도자들 사이의 논쟁을 유발했다. 만일 그들이 요한의 세례가 하늘로부터라 하면 예수께서 "그렇다면 어찌하여 그를 믿지 아니하였느냐?"고 추궁하시리라는 것을 그들은 알았다. 반면에 만일 그것이 사람으로부터라 하면 백성이 그들에게 분노할 것도 알았다. 백성은 요한을 위대한 선지자로 여기고 있었기 때문이다. 이렇게 하여 예수님은 종교지도자들이 자신을 번번이 몰아넣으려 했던 바로 그자리에 그들을 몰아넣으셨다. 마침내 그들은 예수님의 질문에 대해 알지 못한다고 대답했다. 이미 말씀하신 대로 예수님은 그들의 질문에 답하기를 거절하시고 그 대신 한 비유를 말씀해 주셨다.

21:28~32 예수님은 어떤 사람이 두 아들에게 포도원에 가서 일하라고 일렀던 이야기를 하셨다. 맏아들은 "즉시 가겠나이다"라고 대답했으나 가지 아니하고, 둘째 아들은 "싫소이다"라고 대답했으나 그 후에 뉘우치고 갔다. 예수께서 물으셨다. "그 둘 중의 누가 아버지의 뜻대로 하였느냐?" 자명한 대답은 둘째 아들이 순종했다는 것이다. 예수님은 즉시 이것을 종교지도자들에게 적용하셨다. 어떤 이들은 세례 요한의 사역을 받아들인 것 같았으나(요 5:35), 그들의 행위(눅 7:29~30)는 마치 첫째 아들과 같았음

을 증명했다. 반면에 많은 세리들과 창녀들은 요한의 메시지를 받아들여 성부의 뜻을 이행했다. 그러므로 그들은 하나님의 나라에 들어갈 것이다. 그러나 뉘우쳐 믿지 않은 종교지도자들은 입국을 거절당할 것이다. 이 종교지도자들은 정죄를 받았다. 그들은 세리들이나 창녀들과 같이 부도덕하며 멸시당하던 자들이 천국에 들어가고, 종교지도자인 자신들은 거부당하리라는 예수님의 말씀에 큰 충격을 받았을 것이다.

(2) 포도원 주인의 비유(21:33~46; 막 12:1~12; 눅 20:9~19)

21:33~39 다른 한 비유를 통해 예수님은 그의 사역에 대한 백성의 반응을 계속 예증하셨다. 그는 자기 **포도원**의 소출을 높이기 위해 많은 비용을 투자한 지주에 관해 말씀하셨다. 그는 그 포도원을 **농부들**에게 세(稅)로 주어 가꾸도록 했다. 추수 때가 되자 그는 자기 **종들**을 농부들에게 보내어 합법적인 자기의 **열매**를 모아오게 했다. 그런데 소작인들은 그 종들을 박대하며 하나는 심히 때리고 하나는 죽이고 하나는 돌로 쳤다. 다시 **다른 종들**을 보냈으나 결과는 같았다. 마지막으로 지주는 **자기 아들**을 보내면서 그들이 자기 아들만큼은 **존대하리라**고 기대했다. 그러나 농부들은 그 아들을 죽이면 그 땅이 자기들의 소유가 되리라고 계산했다. 그래서 그를 잡아 **포도원 밖에 내쫓아** 죽였다.

예수께서는 하나님이 자기의 포도원으로 사려 깊게 준비해 오신 이스라엘 백성에 관해 말씀하신 것 같다(참조, 사 5:1~7). 포도나무의 관리는 백성의 종교지도자들에게 위탁되었다. 그러나 그들은 자기들에 대한 주인의 의로움을 깨닫지 못하고 그분의 사자들과 선지자들을 박대해 왔다. 궁극적으로 그들은 예루살렘 밖에서 그분의 아들이신 예수 그리스도마저 죽일 것이다(참조, 히 13:12).

21:40~46 예수님은 청중에게 그 지주가 불의한 농부들을 어떻게 하리라고 생각하는지 물으셨다. 지주가 그들에게 더 이상 포도원을 맡기지 않고 그들을 심판하리라는 것은 자명한 사실이다. 그는 포도원을 그들의 손에서 빼앗아 제때에 열매를 바칠 만한 다른 농부들에게 세로 줄 것이다. 이것은 성경과 부합되는 일로서, 예수님은 버린 돌이 머릿돌이 되리라는 시편 118편 22~23절의 말씀을 인용하셨다.

예수님은 "하나님의 나라를 너희는 빼앗기고 그 나라의 열매 맺는 백성이 받으리라"고 선언하셨다. '백성'(에쓰네이[ἔθνει])은 '사람들'이라는 뜻으로도 번역되곤 한다(여기서는 관사가 없이 사용되었다). 이 구절에 대한 두 가지 해석이 종종 거론되곤 한다. 하나는 예수께서 천국이 유대 백성으로부터 벗어나 참된 믿음의 열매를 맺을 이방 백성들에게 주어지리라고 말씀하셨다는 해석이다.

에쓰네이(ἔθνει)가 복수형이 아닌 단수형이므로 로마서 10장 19절과 베드로전서 2장 9~10절에서 '백성'이라 불린 교회를 가리킨다고 주장하는 학자들도 있다. 그러나 천국이 이스라엘로부터 영원히 떠나 버린 것은 아니다(롬 11:15, 25). 또한 교회가 지금 천국을 온전히 상속받고 있는 것도 아니다.

보다 나은 해석은 예수께서 천국이 당시의 이스라엘 백성으로부터 떠났으나, 훗날 그 백성이 참된 회개와 믿음을 보여 줄 때 다시 그들에게 주어질 것으로 말씀하셨다고 보는 것이다. 이 견해대로 하면, 예수님은 '백성'이라는 용어를 '세대'라는 개념으로 사용하신 셈이다(참조, 마 23:36). 주님을 배척했기 때문에 이스라엘의 그 세대는 결코 하나님의 나라를 경험할 수 없을 것이다(참조, 21:18~22의 주해). 그러나 이스라엘의 장래 세대는 이 동일한 메시아에게 믿음으로 반응하여(롬 11:26~27) 천국을 소유하게 될 것이다. 이 돌이신 예수님을 배척함으로 건축자들(마 21:42)은 심판을 겪었다("이 돌이 사람 위에 떨어지면 그를 가루로 만들어 흩으리라"). 종교지도자들(대제사장들과 바리새인들, 45절. 참조, 23절)은 예수님의 말씀이 자기들을 가리켜 하신 것임을 알고 그를 잡으려 했다. 그러나 그들은 예수님을 선지자로 알았던 무리를 무서워하여 행동에 옮기지 못했다(참조, 11절).

(3) 혼인잔치의 비유(22:1~14; 눅 14:15~24).

22:1~7 종교지도자들을 향한 세 번째 비유에서(참조, 21장 28~32절과 33~44절의 다른 두 비유) 예수님은 다시 천국을 제시하시는 하나님의 사역에 대해 언급하셨다. 여기서 혼인잔치는 천년왕국을 상징한다(참조, 9:15; 사 25:6; 눅 14:15). 이 비유를 보면 한 임금이 자기 아들을 위하여 혼인잔치 계획을 세운 것을 알 수 있다. 그 종들은 그 청한 사람들에게 잔치 시간이 되었다고 말했으나 손님들은 초청을 무시하고 오기를 거절했다. 계속되는 초청의 노력도 동일한 결과를 초래할 뿐이었다. 초청에 대한 거절의 정도가 종들을 박대하고 죽이는 데까지 이르렀으므로 임금이 노했다. 그는 군대를 보내어 그 살인한 자들을 진멸하고 그 동네를 불살랐다.

예수님은 백성이 그를 배척한 일이 미치는 파급 효과를 염두에 두셨다. 하나님은 그 아들의 천년왕국 통치에 대한 계획을 세우시고 사람들을 초청하셨다. 그러나 세례 요한과 예수님, 그리고 제자들의 복음 전파가 크게 무시를 당했다. 백성은 심지어 그 사역자들을 죽이기까지 했다. 마침내 AD 70년에 로마의 군대가 쳐들어와서 예루살렘에 살던 대부분의 유대인들을 학살하고 성전을 파괴시켰다.

22:8~14 그러나 혼인잔치는 준비되었다. 처음에 초청된 자들이 거절했으므로 참석의 기회는 보다 넓은 집단에게 돌아갔다. 비록 악한 자나 선한 자가 모두 초대받았으나 여전히 개인적인 준비는 필요했다. 이것은 잔치 중 한 손님이 적절히 준비하지 않았다는 사실에서 입증되었다. 그는 적합한 혼인 예복을 입지 않고 있었으므로 임금이 제공한 기회를 놓치고 말았다(그들은 길가에서 불려 왔으므로[9절], 왕이 혼인잔치 자리에서 그들에게 예복을 나눠 준 것이 분명하다. 사람은 외부적으로만 반응할 것이 아니라 임금이 제공하는 모든 것을 활용함으로 왕이신 하나님과 올바른 관계를 유지해야 한다). 결국 이 손님은 소외와 고통의 장소로 쫓겨나갔다('울며 이를 갊'에 대해서는 13장 42절의 주해를 보라). 천국이 이제 모든 인종과 배경을 망라하여 확대 적용되기에 이르렀지만("청함을 받은 자는 많되") 선택의 섭리는 그대로 남아 있다("택함을 입은 자는 적으니라"). 또한 개인적 반응도 여전히 중요하다.

2. 바리새인들과 헤롯 당원들의 대립
(22:15~22; 막 12:13~17; 눅 20:20~26)

22:15~17 이 사건은 논쟁이 종종 이상한 것들을 만들어 낸다는 사실을 입증해 준다. 이스라엘의 종교지도자들에게는 하나의 목표가 있었다. 나사렛 예수를 제거하는 것이다. 그들은 이 목표를 달성하기 위해 심지어 평생의 원수들과 손잡는 한이 있더라도, 그 수단이나 방법을 가리지 않을 것이다. 바리새인들은 유대인들의 생활 방식을 깨뜨리려는 로마의 모든 시도들은 물론이고, 로마 제국 자체도 거부했던 순수주의자들이었다. 반면에 헤롯 당원들은 헤롯 대왕의 통치를 적극적으로 지지했으며, 로마

의 통치하에서 시대의 흐름을 따라 기꺼이 변질했던 혼합주의자들이었다. 그러나 그러한 문제도 예수님을 제거하고자 하는 열망에 비하면 그들에게 덜 중요한 것이었다. 그래서 그들은 예수님을 올무에 걸리게 하려고 사람들을 보냈다.

그들은 예수님을 칭찬하는 말로 대화의 문을 열었으나, 실상 그분을 믿지 않았으므로 그것은 위선적인 행위였다. 그들은 "가이사에게 세금을 바치는 것이 옳으니이까 옳지 아니하니이까?" 하고 물었다. 그들이 약삭빠르게 조작해 낸 이 질문은 뾰족한 대답을 찾기 어려운 것이었다. 그들은 자기들이 예수님에게 올가미를 씌웠다고 생각했다. 만일 그가 가이사에게 세금을 바치는 것이 옳다 하면, 이스라엘을 거슬러 로마인들을 편드는 셈이 되어서 바리새인들을 위시한 대부분의 유대인들이 그를 매국노로 여기게 될 판이었다. 반면에 그가 로마에 세금을 바쳐서는 안 된다고 말하면, 그는 로마의 권위를 거스른 반역자로 기소될 수도 있고 헤롯 당원들의 반발을 사게 될 것이었다.

22:18~22 예수님은 그들의 위선적인 접근과 자신의 대답이 가져올 결과를 아셨다. 그래서 정부가 각 사람의 생활 속에 차지하는 정당한 위치가 있으며, 사람이 정부와 하나님께 동시에 예속될 수 있다는 사실을 입증하심으로 그 질문에 답하셨다. 그는 그들에게 세금납부용 동전을 가져오라고 하셨다. 로마 제국의 황제인 가이사의 **형상**이 새겨진 로마의 화폐 데나리온은 그들이 로마의 권위 및 과세권 아래 있는 자들임을 분명히 해주었다(그 동전에는 '신[神] 아우구스투스의 아들 티베리우스 가이사 아우구스투스'라는 글귀가 새겨 있었다). 그러므로 세금을 바쳐야 했다. "가이사의 것은 가이사에게 바치라."

주님은 또한 하나님께 속한 권위의 영역에 대해서도 언급하셨다. "하나님의 것은 하나님께 바치라." 사람들은 하나님의 권위에도 예속되어 있다. 사람은 정치적인 의무와 영적인 의무를 함께 가지고 있다. 예수님의 대답에 놀란 바리새인들과 헤롯 당원들은 입을 다물고 말았다.

3. 사두개인들과의 대립
(22:23~33; 막 12:18~27; 눅 20:27~40)

22:23~28 사두개인들은 예수님과 그 사역을 불신하려 했던 또 다른 종교 집단이었다. 사두개인들은 부활이나 천사들이나 영들이 없다고 주장했던 당대의 '종교적 자유주의자들'이었다(행 23:8). 그들은 고의적으로 부활의 교리와 어떤 특정한 경우에 그것이 함축하는 바에 관한 질문을 했다. 그들은 결혼 후 남편과 사별한 여인의 이야기를 인용했다. 수혼법(嫂婚法, 신 25:5~10)에 따라 남편의 동생이 그녀를 자기 아내로 맞았다(죽은 형의 계보를 이어 주기 위해서). 그러나 그도 얼마 안 되어서 죽었다. 같은 과정이 칠 형제에게 되풀이되었다.

사두개인들의 질문은 "그들이 다 그를 취하였으니 그녀가 **부활 때에 일곱 중의 누구의 아내가 되리이까?**" 하는 것이었다. 사두개인들은 천국이라는 것이 단순히 결혼 관계와 같이 사람들이 지상에서 즐기는 일들의 연장일 뿐이라는 생각을 시사했다. 그런데 이 여인에게 남편 일곱이 있다면 부활 후에 그녀의 결혼 관계가 어떻게 가능할 것인가? 사두개인들은 이렇게 해서 부활을 우스꽝스러운 허구로 만들고자 했다.

22:29~33 예수님은 사두개인들이 지적한 문제가 그들이 **성경도, 하나**

님의 능력도 알지 못하는 데서 연유되었다고 말씀하셨다. 이것은 종교지
도자들에 대한 강력한 비난이었는데, 이는 백성 중 어느 누구보다도 그
들이 하나님의 말씀과 그 능력을 잘 알아야 하기 때문이다. 하나님의 말
씀이 부활을 가르쳤고, 하나님은 능히 사람을 살리실 수 있다. 그런 다음
예수님은 사두개인들의 두 가지 그릇된 개념을 시정해 주셨다.

(1) 그는 하늘이 단순히 지상에서 즐기던 쾌락의 연장은 아니라고 말
씀하셨다. 사실상 영원한 상태에서는 결혼이 불필요한 것이다. 일단 영화
(榮化) 된 몸을 입은 후에는 결혼의 기본적 목적 중 하나인 번성의 필요
가 더 이상 없게 될 것이다. 영화 된 몸을 입은 신자들은 그러한 면에서
천사들과 같을 것인데, 천사들은 자손을 생산하지 않는다(그는 사람들
이 천사들처럼 된다고 말씀하시지는 않았다). 예수님은 영원한 상태 및
이 생에서 결혼한 자들의 영원한 관계에 대한 질문들에 다 응답하시지는
않았다. 그러나 사두개인들이 제기한 우선적인 질문에는 대답하셨다.

(2) 사두개인들이 제기한 보다 중요한 문제는 부활에 관한 것이다. 만
일 그들이 구약성경을 읽고 깨달았다면, 내생(來生)이 분명히 있으며 사
람이 죽은 후에도 계속 존재한다는 사실을 분명히 알았을 것이다. 사두
개인들에게는 부활이 우스꽝스럽게 들렸는데, 사람의 존재는 죽음과 함
께 끝나는 것이라고 그들이 믿었기 때문이다. 그러나 예수님은 타는 떨기
나무에서 하나님이 모세에게 직접 하신 말씀을 인용하셨다. "나는 아브
라함의 하나님이요, 이삭의 하나님이요, 야곱의 하나님이로라"(출 3:6). 만
일 사두개인들이 옳고, 아브라함과 이삭과 야곱은 죽어서 더 이상 어느
곳에도 존재하지 않는다면, 하나님이 "나는 ~이로라"(I am)는 말 대신
"나는 ~이었노라"(I was)고 표현하셨을 것이다. 현재 시제의 사용은 하나
님이 여전히 그 족장들의 하나님이심을 암시하는데, 이는 그들이 하나

과 함께 여전히 살아 있으며 장차 의인들의 부활에 동참할 것이기 때문이다. 이러한 대립의 결과로 무리는 그의 가르치심에 더욱 놀랐다(엑세플레쏜토[ἐξεπλήσσοντο]. 참조, 마태복음 7장 28절의 주해, 22장 22절의 에싸우마산[ἐθαύμασαν]). 예수님은 성공적으로 응답하심으로 종교지도자들을 물리치셨다.

4. 바리새인들과의 대립
(22:34~46; 막 12:28~37; 눅 10:25~28)

a. 예수에 대한 그들의 질문(22:34~40)

22:34~40 바리새인들이 예수께서 사두개인들로 대답할 수 없게 하셨다 함을 듣고 한 능통한 율법사를 보내 예수께 질문하게 했다. "율법 중에서 어느 계명이 크니이까?" 이것은 당시의 종교지도자들 사이에서 논란이 되어 왔던 문제로서, 여러 가지 다양한 계명들이 가장 중요한 것인 양 제시되곤 했다. 예수님은 즉시 십계명을 요약하셨다. 그는 가장 크고 첫째 되는 계명이 사람의 마음을 다하고 목숨을 다하고 뜻을 다하여 주 하나님을 사랑하는 것이라고 대답하셨다(참조, 신 6:5). 그리고 둘째 계명이 이웃을 자기 자신같이 사랑하는 것이라고 덧붙이셨다(참조, 레 19:18). 첫 번째 계명은 십계명의 첫 번째 돌판을, 두 번째 계명은 두 번째 돌판을 요약하고 있다. 예수께서는 이 두 계명이 온 율법과 선지자의 강령이라고 말씀하셨는데, 이는 구약성경 전체가 이 두 사항(하나님과 그의 형상을 따라 창조된 이웃들을 사랑하는 것)을 발전시키고 확대시킨 것이라는 뜻이다.

　마가는 그 율법사가 예수의 대답이 옳으며 번제나 희생제물들보다 하나님과 이웃을 사랑하는 일이 더 중요하다고 말했다고 보고했다(막 12:32~33). 그의 마음에 빛이 비추기 시작한 것이다. 예수님은 그가 하나님의 나라에서 멀지 않다고 말씀하셨다. 마가는 또한 "그 후에 감히 묻는 자가 없더라"(막 12:34)고 덧붙였다. 그 이유는 자명했다. 예수께서 어느 누구도 한 적이 없는 대답을 하셨던 것이다. 사실상 이 마지막 시점에서 율법사는 바리새인들을 떠나 예수를 영접할 단계에 거의 이르고 있었다. 아마도 바리새인들은 예수 때문에 사람들을 더 잃기 전에 그만두어야겠다고 생각했을 것이다.

b. 그들에 대한 예수님의 질문 (22:41~46; 막 12:35~37; 눅 20:41~44)

22:41~46 바리새인들이 더 이상 질문하지 않았으므로 이제는 예수께서 주도적으로 그들에게 물으셨다. 그의 질문은 메시아에 대한 그들의 견해를 끌어내고자 함이었다. 그는 "너희는 그리스도에 대하여 어떻게 생각하느냐 누구의 자손이냐" 하고 물으셨다. 그들은 메시아가 다윗의 계보를 통해 오실 것을 알았으므로 즉시 대답했다. 예수님의 응답(43~45절)은 메시아가 당시의 많은 사람들이 생각했던, 단순히 인간적인 다윗의 자손 이상의 존재라는 것을 입증했다. 만일 메시아가 단순히 인간적인 다윗의 자손이었다면 왜 다윗이 그에게 신성을 부여했겠는가? 예수님은 다윗이 메시아를 '내 주'라 칭한 메시아 시편(시 110:1)을 인용하셨다. '주'는 히브리어 아도나이(אֲדֹנָי)를 번역한 것으로, 오직 하나님만을 지칭하기 위해서 사용되었다(예, 창 18:27; 욥 28:28). 다윗이 이 자손을 '주'라 칭했기 때문에 그는 인간적인 자손 이상의 존재임이 명백하다.

이 신학적 논제의 복합성은 다윗의 자손의 신성을 인정할 준비가 되어 있지 않았던 바리새인들에게는 너무 힘든 문제였다. 어느 누구도 감히 예수님의 질문에 대답하거나 그 신학 및 실천 사항들에 대해 논쟁하지 못했다. 대제사장들과 장로들(마 21:23~27), 바리새인들과 헤롯 당원들의 무리(22:15~22), 사두개인들(23~33절), 그리고 바리새인들(34~36절)에 이르기까지 그의 모든 대적들은 잠잠해졌다.

C. 백성의 배척(23장; 막 12:38~40; 눅 11:37~52; 20:45~47)

1. 무리를 향한 경고(23:1~12)

23:1~12 22장에서 입증된 종교지도자들의 위선과 불신앙은 예수님의 강한 메시지를 유발했다. 그는 성전에서 여러 종교지도자들과 벌였던 그의 논쟁을 들은 무리와 제자들에게 지도자들의 권위는 인정하되(그들은 모세의 자리에 앉았다. 즉 율법을 가르쳤다) 위선적인 그들의 행위는 본받지 말라고 경고하셨다. 그들은 사람들에게 무거운 짐을 지우고 정작 자기들은 의롭게 살지 않았다(23:4). 그들의 모든 행위는 순전히 사람에게 보이려는 것이었다. 그들은 왼팔과 이마에 매었던 경문(經文: 구약성경의 구절들이 적힌 띠들을 담은 작은 가죽 주머니, 출 13:9, 16; 신 6:8; 11:18)은 넓고, 기도용 옷술(민 15:38)은 길어서 쉽게 눈에 띄었다. 그들은 명예로운 자리를 좋아했고 자기들이 학자임을 암시하는 '랍비'라는 칭호로 불리는 것을 즐겼다. 그런 것은 예수님의 제자들에게 합당한 태도가 아니

었다. 명칭(랍비, 선생, 아버지 등)이나 직위를 구하기보다는 제자들 간에 형제와 같은 관계를 맺어야 했다(마 23:8).

예수님은 그들 사이에 권위의 계통이 없으리라고 말씀하신 것이 아니다. 자신 − 한 선생(디다스칼로스[$\delta\iota\delta\acute{\alpha}\sigma\kappa\alpha\lambda o\varsigma$])과 한 지도자(카쎄게테스[$\kappa\alpha\theta\eta\gamma\eta\tau\acute{\eta}\varsigma$: 권위 있는 인도자. 신약성경 중 여기서만 사용됨]) − 을 위한 봉사가 사람의 명예로운 직위보다 더 중요하다는 사실을 강조하신 것이다. 지도자의 직위 그 자체가 목적이 되어서는 결코 안 되며, 오히려 남을 섬기기 위한 기회로 생각되어야 한다. 자기를 높였던 바리새인들은 낮아지고, 섬김을 통해 자기를 낮추는 예수님의 제자들은 언제나 높아질 것이다.

2. 지도자들을 향한 경고(23:13~39)

23:13 서기관들과 바리새인들이 현 상태를 계속 유지할 경우 당하게 될 궁극적인 멸망에 대한 경고로서, 예수님은 "화 있을진저"로 시작되는 일곱 가지 책망을 선포하셨다. "이 저주들은 (산상보훈의) 복과 대조적으로, 거짓된 종교가 하나님 앞에서 철저히 혐오스러우며 가혹한 심판에 합당하다고 비난한다"(Walvoord, *Matthew: thy Kingdom Come*, p. 171). 예수님은 이 일곱 항목 중에서 여섯 번이나 지도자들을 "외식하는 자들"이라 부르셨다.

그의 첫 번째 책망은 바리새인들이 다른 사람의 천국 입성을 방해한 사실에 관한 것이다. 예수님에 대한 그들의 적대심은 많은 사람들로 하여금 그에게서 돌아서게 만들었다. 많은 유대인들은 방향 제시를 받기 위해 그들의 지도자들을 바라보고 있었다. 그들은 예수님을 메시아로 받아들이지 않음으로 백성의 진로에 걸림돌을 놓았다. 바로 이것 때문에 그들은 정죄받았다.

23:14 몇몇 헬라어 사본에 마가복음 12장 40절과 누가복음 20장 47절과 유사한 구절이 있다. 만약 이것이 원본에 있는 내용이라면 저주의 숫자는 여덟이 된다. 이 책망은 종교지도자들의 모순을 입증했는데, 그들은 긴 '기도'를 통해 사람들에게 자기들의 영성을 과시하고자 했으나 정작 도와주어야 할 과부들은 억눌렀다.

23:15 이 저주는 종교지도자들의 열성적 행위에 관한 내용인데, 그들은 유대주의 교인(프로셀뤼톤[προσήλυτον]: 개종자) 한 사람을 얻기 위하여 육지뿐 아니라 바다까지 열심히 돌아다녔다. 문제는 그러한 행동이 많은 사람들을 영원한 멸망으로 인도했다는 점이다. 랍비적 전통이 개종자들에게 규정하는 외적 제한들을 강요함으로써, 그 사람들로 하여금 진리를 볼 수 없게 만들었다. 사실상 그러한 개종자들은 바리새인들보다 배나 더 지옥 자식이 되었다(즉 바리새인들 자신보다 더 바리새인같이 되었다)! '지옥(문자적으로 게엔나[γέεννα]. 참조, 33절) 자식'은 영원한 형벌을 받아 마땅한 자를 말한다.

23:16~22 세 번째 저주에서 예수님은 지도자들의 교활함을 지적하셨다(처음의 두 저주에서 예수님은 다른 사람들에게 미치는 지도자들의 영향에 대해, 나머지 다섯 저주에서는 지도자들 자신의 성품과 행실에 대해 말씀하셨다). 그들은 맹세할 때 자기들의 맹세들을 무효화할 수 있는 교묘한 구분선을 조작해 놓았다. 만일 사람이 성전으로나 제단으로 맹세

했으면 그것은 그들에게 아무런 의미도 없었다. 그런 식으로 그들은 실제로 지키려는 마음도 전혀 없으면서 외형상으로는 매이는 듯한 맹세를 했다. 그러나 만일 사람이 성전의 금이나 제단 위에 있는 예물로 맹세하면 그 맹세에 매이게 된다고 가르쳤다.

그러나 예수님은 금을 성전보다, 예물을 제단보다 크다고 하는 그들의 오류를 지적하셨다. 그는 성전이나 그 안에 있는 것으로 행한 어떠한 맹세도 매이는 것이라고 말씀하셨는데, 이는 성전의 배후에 그 안에 계신 이가 있기 때문이었다. 이것은 하나님의 보좌로 맹세하는 것과 같은데, 이는 보좌에 앉으신 이로 인하여 그 맹세도 매이기 때문이다. 종교지도자들의 그러한 구분은 그들의 속임수와 부정직성을 드러냈으므로 예수님께 책망받았다. 예수님은 그 지도자들을 눈먼 인도자(16절), 어리석은 맹인들(17절), 그리고 맹인들(9절. 참조, 24, 26절)이라고 비난하셨다.

23:23~24 네 번째 저주는 지나치게 세심한 십일조 행위에 대한 것이었다. 그들은 심지어 나무에서 나오는 극히 작은 향료들(박하와 회향과 근채)에 이르기까지 십일조를 적용했다. 이 부분에 대한 율법(레 27:30)은 세밀하게 지키면서도, 율법이 요구하는바 정의와 긍휼과 믿음은 보여 주지 못했다. 그들은 별로 중요하지 않은 일을 중시하고("하루살이는 걸러 내고") 정작 중요한 일은 경시했다("낙타는 삼키는도다"). 세세한 일들의 치다꺼리에 너무 분주한 나머지 그들은 중요한 일들을 다 놓치고 말았다. 예수님은 십일조 행위가 중요하지 않다는 것이 아니라, 그들이 한 가지 일을 위해 다른 일을 철저히 무시했음을 지적하신 것이다. 그들은 둘 다 행했어야 한다. 그렇게 하지 못했으므로 그들은 맹인 된 인도자였다.

23:25~26 다섯째 저주는 바리새인들의 위선적 성품에 대한 것이었다. 그들은 음식을 담아 먹는 잔과 대접의 겉과 같은 외적 청결에 많은 관심이 있었다. 그러나 그들의 마음은 **탐욕과 방탕으로** 가득했다. 그들의 청결은 무엇보다도 사람에게 보이기 위한 것이었다. 그러나 그들의 삶은 강포와 무절제를 벗어나지 못했다. 먼저 안을 깨끗이 하면 겉도 영향을 받게 될 것이다.

23:27~28 여섯째 저주에서 예수님은 외적 청결에 관한 앞에서의 논지를 계속 다루셨다. 다섯째 저주는 그들의 행실에 관하여, 여섯째는 그들의 외양에 관하여 언급했다. 그는 서기관들과 바리새인들을 '회칠한 무덤'이라고 부르셨다. 당시의 풍습에 따르면 무덤을 아름답게 보이기 위해서 그 겉을 하얗게 칠했다. 그러나 무덤 안은 썩은 시체로 가득했다. 이와 같이 바리새인들은 그 종교적 외형 때문에 겉으로는 아름다워 보였지만, 안으로는 부패하고 썩어 있었다. 그들은 외식과 불법(아노미아스[$\alpha\nu o\mu\acute\iota\alpha\varsigma$])으로 가득 차 있었다.

23:29~32 마지막 저주도 종교지도자들의 위선에 대한 것이었다. 그들은 무덤을 만들고 의인들의 무덤을 장식하는 데 많은 시간을 보냈다. 그들은 만일 자기들이 조상 때에 살았더라면 그 의로운 자들의 **피를 흘리는 데** 결코 **참여하지 아니하였으리라**고 선뜻 말했다. 예수님은 그들이 이미 자기를 죽일 음모를 획책하고 있음을 아셨다. 그 행위를 통해 그들은 자기들이 **선지자를 죽인** 조상과 똑같다는 사실을 입증하게 될 것이다. 크신 선지자(예수님)를 배척함으로 그들의 조상의 발자취를 따라 그 죄의 양(量)을 채우게 될 것이다.

23:33~36 예수님은 종교지도자들을 가혹한 언어로 정죄하셨는데, 그들을 영원한 종착역이자 영벌의 장소인 **지옥**(문자적으로 게엔나 [γέεννα]. 참조, 15절; 5장 22절의 게엔나에 대한 주해)에 떨어지게 될 뱀들과 독사의 새끼들이라 부르셨다. 그들이 지옥에 합당한 자들이었음은 진리에 대한 그들의 계속적인 배척에 의해 입증될 것이다. 주님은 그들에게 선지자들과 지혜 있는 자들과 서기관들을 보내겠다고 약속하셨으나, 지도자들은 그들의 메시지를 거부하고, 심지어는 그중에서 더러는 죽이고 더러는 채찍질하고 박해할 것이다. 선포된 진리에 대한 그들의 반응이 그들에게 임할 심판을 정당화할 것이다.

아벨은 히브리 성경에 기록된(창 4:8) 첫 번째 **의로운** 순교자였고 사가랴는 마지막 순교자였다(대하 24:20~22. 이는 역대하가 히브리 성경 중 마지막 책이라는 사실에 근거한다). 역대하 24장 20절에는 사가랴가 '여호야다의 아들'이라 기록된 반면, 마태복음에는 '바가랴의 아들'이라 되어 있다. 히브리어에서 '아들'은 자손이라는 뜻도 된다. 따라서 제사장인 여호야다는 사가랴의 조부였을 가능성이 있다.

하나님의 심판은 맹인 된(마 23:16~17, 19, 24, 26) 인도자들을 좇은 그 세대(게네안[γενεάν])의 유대인들에게 임할 것인데, 이는 그들이 무죄한 피를 흘리는 일에 동참했기 때문이다. 주님은 그의 죽음 후에 사도들이 선포하게 될 복음을 백성이 계속 배척하리라는 것을 예견하셨다. 메시아에 대한 그들의 거부는 궁극적으로 AD 70년 성전의 파괴를 초래했다.

23:37~39(눅 13:34~35) 예루살렘 성을 향한 마지막 애곡을 통해 예수님은 백성을 위한 그의 소원을 표현하셨다. 수도 **예루살렘**은 온 백성을 대표했는데, 그들은 선지자들을 죽이고 그들에게 파송된 자들을 돌로 쳤

다(참조, 마 23:34; 21:35). 주님은 마치 암탉이 그 새끼를 날개 아래에 모음같이 이 백성을 한데 모으기 원하셨다. 백성은 위험이 닥칠 때 자연스럽게 그 어미 닭의 품으로 달려가는 병아리들과는 달리 주님께 돌아가기를 고의적으로 거부했다("너희가 원하지 아니하였도다"). 그들은 자기들의 선택에 대한 책임이 있었고, 그 선택은 정죄를 유발했다. 그 결과 그들의 **집이 황폐하여 버려진 바 되었다.** 그들의 '집'은 그들의 성을 뜻한다는 것이 가장 보편적으로 받아들여지는 견해이다. 혹은 예수께서 성전이나 다윗 왕조를 의미하셨을 수도 있고, 어쩌면 이 모든 것들을 동시에 뜻하셨을 수도 있다.

그러나 예수께서 그 백성 및 예루살렘 성을 아주 버리신 것은 아니었다. 비록 그는 곧 떠나실 것이지만(요 13:33) 장차 다시 나타나셔서(슥 12:10) 배척이 아닌 영접을 받으실 것이다. 그날에 백성은 "찬송하리로다 주의 이름으로 오시는 이여"(시 118:26) 하고 외칠 것이다. 예수님은 천년 왕국을 세우기 위해 지상에 재림하실 것을 말씀하셨다. 이 말씀은 이어지는 논란을 유발했다.

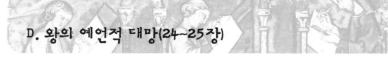

D. 왕의 예언적 대망(24~25장)

1. 제자들의 질문(24:1~3; 막 13:1~4; 눅 21:5~7)

24:1~3 종교지도자들과의 토론과 논쟁을 마치신 후 예수님은 성전에서 나와서 감람 산을 거쳐(24:3) 베다니로 향하셨다(참조, 26:6). 예수님이

방금 하신 말씀이 그 제자들의 귓전에 아직 쟁쟁했다. 그는 백성을 책망하시면서 그 나라가 '황폐하게' 될 것이라고 말씀하셨다(23:38). 만일 예루살렘과 성전이 파괴된다면 메시아가 통치할 백성이 어떻게 존재할 것인가? 제자들은 마치 성전 건물들의 장엄한 모습을 예수께 인상 지우기나 하려는 듯 그곳을 가리켰다. 그토록 인상적인 건물에, 무엇보다도 하나님의 성전에 무슨 일이 일어날 수 있단 말인가? 예수님의 대답은 그들을 경악게 했다. "돌 하나도 돌 위에 남지 않고 다 무너뜨려지리라."

성전과 예루살렘은 파괴되고 말 것이다. 이제 제자들은 이 모든 일이 언제 일어날 것인지 여쭈었다. 예수께서 베다니로 가시던 도중 감람 산에 이르시자 거기 앉으셨고 제자들이 그에게로 왔다. 네 제자 – 베드로, 야고보, 요한, 안드레(막 13:3) – 가 예수께 두 가지 단도직입적인 질문을 했다. (1) "어느 때에 이런 일이 있겠습니까?" 즉 "언제 성전이 파괴되어 돌 하나도 돌 위에 남지 않게 될 것입니까?" (2) "주의 임하심과 세상 끝에는 무슨 징조가 있사오리이까?"

이 두 질문은 흔히 '감람 산 강화'(마 24~25장)라 불리는 예수님의 메시지를 초래했다. 이 질문들은 성전과 예루살렘 파괴, 그리고 주님의 재림과 세상 끝의 징조에 관한 것이었다. 그러나 예수께서 세우시리라던 교회(16:18)와는 무관한 것이었다. 24~25장에는 교회에 관한 언급이 없다. 제자들의 질문은 예루살렘과 이스라엘, 그리고 자기 왕국을 세우시고자 영광 중에 임하실 주님의 재림에 관한 것이었다. 사실 마태는 첫 번째 질문에 대한 예수님의 대답을 기록하지 않았고, 누가가 그것을 기록했다(눅 21:20). 제자들은 예수께서 말씀하신 예루살렘의 멸망이 천국을 도래하게 되리라고 생각했다. 의심할 나위 없이 그들은 스가랴 14장 1~2절을 생각하고 있었던 것이다(예수께서 마태복음 23장 38절에서 언급하신 멸망은 AD 70년에 일어났는데, 이는 스가랴 14장에 예언된 마지막 멸망과는 다르다).

2. 장래의 고통의 때(24:4~26)

24:4~8(막 13:5~8; 눅 21:8~11) 예수님은 영광의 재림에 앞서 일어날 사건들을 묘사하시면서 재림의 징조를 설명하기 시작하셨다. 이 부분(마 24:4~8)에서 그는 재림 전에 있을 7년 대환난의 전반기에 대해 말씀하셨다. 그 기간은 '다니엘의 이레'(단 9:27)라 불린다(그러나 어떤 전천년주의 자들은 예수님이 마태복음 24장 4~8절에서 현재의 교회 시대에 있는 일반적인 징조들에 대해 말씀하셨으며, 고통의 때는 9절에서 시작된다고 주장한다. 다른 이들은 예수님이 4~14절에서 일반적인 징조들에 대해 말씀하셨고, 대환난기는 15절에서 시작된다고 본다). 4~8절에 묘사된 사건들은 요한계시록 6장의 일곱 인(印)과 일맥상통하는 점이 있다(그러나 월부어드[Walvoord]는 일곱 인의 심판이 7년의 후반기에 일어난다고 본다. 요한계시록 6장에 대한 주해를 보라).

그 기간은 (1) 거짓 그리스도들(마 24:4~5. 참조, 계 6:1~2. 첫 번째 인은 적그리스도이다), (2) 난리와 난리 소문(마 24:6. 참조, 계 6:3~4. 두 번째 인은 전쟁이다 – 민족들과 나라들이 세계적 규모로 피차 대적함[마 24:7상]), (3) 기근(7절하. 참조, 계 6:5~6. 세 번째 인은 기근이다. 넷째와 다섯째 인은 죽음과 순교이다[계 6:7~11])과 지진(마 24:7하; 계 6:12~14. 여섯 번째 인은 지진이다)을 위시한 대자연의 비범한 요동 등의 특징을 갖는다. 예수님은 이 모든 것은 재난의 시작이 될 것이라고 말씀하셨다. 여기서 '재난'은 '산고'(産苦)라는 뜻으로, 마치 임산부의 진통이 임박한 아기의 출생을 예고하듯이, 이러한 세계적 분쟁과 재난이 초림과 재림 사이의 시대가 끝장날 날이 멀지 않았음을 알려 준다.

24:9~14(막 13:9~13; 눅 21:12~19) 예수님은 시간을 나타내는 부사('그때에')로 이 부분의 말씀을 시작하셨다(마 24:9). 그리스도의 재림 전 7년 기간의 중간에 이스라엘은 큰 환난을 받기 시작할 것이다. 적그리스도가 일어나 세상의 권력을 휘어잡고 이스라엘과 방위 조약을 체결할 것이나, 그때에 그 협정을 깨뜨릴 것이다(단 9:27). 그는 이스라엘을 심히 핍박할 것이며(단 7:25), 예루살렘 성전 안에 자기를 위한 예배처를 만들 것이다(살후 2:3~4). 이 일로 인해 많은 유대인들이 죽임을 당하며(마 24:9) **많은 사람이 믿음을 버리게 될 것이다.** 믿음을 가진 유대인들은 불신자들에게 배신을 당하며(10절), 많은 사람들이 거짓 선지자들에게 **미혹**될 것이다(참조, 5절; 계 13:11~15). "**불법**(사악함)이 성하므로 많은 사람의 (주님께 대한) **사랑이 식어지리라.**"

그 기간에 **끝까지** 주님에 대한 충성을 견지하는 자는 **구원을 얻을 것이다**(24:13). 이것은 영원한 구원을 얻게 하는 인내의 노력을 말하는 것이 아니라, 구세주를 의지하는 자들이 환난 기간 중에 누리게 될 육체적 구원을 의미한다. 그들은 천국에 육체적 몸을 가지고 들어갈 것이다.

또한 이 기간에 **천국 복음이 모든 민족에게 증언되기 위하여 온 세상에 전파될 것이다.** 비록 이때는 끔찍스러운 핍박의 기간이지만, 주님은 그리스도와 그의 임박한 재림에 관한 소식을 증언하고 전파할 일꾼들을 준비하실 것이다. 이 메시지는 세례 요한과 예수님, 그리고 제자들이 마태복음의 서두에서 전했던 내용과 유사하다. 그러나 거기에 덧붙여서 재림하시는 메시아 예수님의 참된 신분을 분명히 밝혀 줄 것이다. 이것은 오늘날 교회가 선포하는 것과 정확히 일치되는 메시지는 아니다. 오늘의 교회 시대에 전파되는 메시지와 환난기에 선포될 메시지는 모두 구원을 위해 주께 돌아서기를 종용한다. 그러나 환난 기간의 메시지는 천국을 강조할 것이며, 그때에 구주께 돌아오는 자들은 천국에 들어가는 것이 허락될 것이다. 많은 사람들이 그 메시지에 응답하게 될 것이 분명하다(참조, 계 7:9~10).

24:15~26(막 13:14~23; 눅 21:20~26) 재림 전에 있을 대환난 기간 전반에 관한 간단한 개요를 마치신 예수님은 그 기간 중 관찰할 수 있는 가장 큰 징조 – "멸망의 가증한 것이 거룩한 곳에 선 것" – 에 대해 말씀하셨다. 이것은 다니엘에 의해 예언되었는데(단 9:27), 환난기에 성전에서 재개될 유대인들의 예배의 종식(단 12:11)과 세상의 독재자 적그리스도를 성전에서 숭배하게 될 것에 대해 언급했다. 적그리스도는 자기의 우상을 성전에 세워 숭배하게 함으로 성전을 가증한 곳으로 (그래서 황량한 곳으로) 만들 것이다(살후 2:4; 계 13:14~15). 그러한 사건은 모든 사람이 분명히 식별할 수 있게 될 것이다.

그 사건이 일어날 때에 유대에 있는 자들은 산으로 도망해야 할 것이다. 그들은 무엇을 가지고 가려 하거나 소유를 챙기려고(심지어 겉옷까지도) 밭으로 돌아와서는 안 될 것이다. 이 사건에 이어지는 기간은 창세로부터 지금까지 없었고 후에도 없을 큰 환난의 때가 될 것이다(렘 30:7). 대환난기의 끔찍스러운 특성은 어느 누구도 제대로 이해할 수 없다. 이것이 예수께서 그 기간이 아이 밴 자들과 젖 먹이는 자들에게 얼마나 힘들 것인지를 지적하신 이유였다(마 24:19). 그는 사람들에게 그들이 힘든 겨울에나 여행이 제한된 안식일에 도망하게 되지 않도록 기도하라고 권유하셨다.

그러나 주님은 "그날들을 감하시리라"는 고무적인 선언을 해 주셨다 (22절). 이것은 하루가 24시간보다 짧아지리라는 것이 아니라, 이 환난기의 끝이 있으리라는 의미이다. 만일 그 기간이 무한정 지속된다면 모든 육체가 구원을 얻지 못할 것(생존하지 못할 것)이다. 그러나 택하신 자들, 즉 대환난기에 구원받은 자들과 천국에 들어갈 자들을 위하여 그 기간이 끝나게 될 것이다. 이 교회 시대에 택함을 받은 자들은 대환난기 이전에 미리 공중으로 들림을 받게 될 것이다. 그때에 거짓 그리스도들이 여기저기 있어서 수많은 헛소문이 만개할 것이다(23~24절). 그들 모두는 택하신 자들까지도 미혹하기 위해 거짓 메시지를 전하며 큰 표적과 기사를 행할 것이다. 주님은 자신이 지상에서 그런 식으로 일하시지 않을 것이므로 제자들이 농락당하지 않게 하시기 위해 미리 경고하셨던 것이다.

3. 인자의 재림(24:27~31; 막 13:24~27; 눅 21:25~28)

24:27~31 그때에 주님은 지상에 육체로 계시지는 않을 것이지만 결국에는 재림하실 것이다. 그의 오심은 마치 번개가 동편에서 나서 서편까지 번쩍임 같을 것이다. 즉 그것은 가시적(可視的)이며 장엄한 사건일 것이다. "주검(육체적 부패)이 있는 곳에는 독수리들이 먹기 위해 모일 것이니라." 이와 비슷하게, 영적인 부패가 있는 곳에 심판이 뒤따를 것이다. 세상은 사탄의 하속, 적그리스도, 불법한 자(살후 2:8)의 영역이 될 것이며, 많은 사람들이 거짓 선지자들 때문에 부패할 것이다(마 24:24). 그러나 인자가 속히 오셔서 심판하실 것이다(27절). **환난 후에 즉시 주께서 재림하실 것이다.** 그의 재림은 하늘의 비범한 변화(29절. 참조, 사 13:10; 34:4; 욜 2:31; 3:15~16)와 하늘에 나타나는 그의 '징조'(마 24:30)를 수반할 것이

다. 그 징조의 출현으로 모든 족속들이 통곡하게 될 것인데(참조, 계 1:7), 아마도 그들이 자기들에게 심판이 이르렀음을 깨달을 것이기 때문인 듯 하다.

인자의 징조가 정확히 무엇인지는 알려지지 않았다. 이스라엘 백성을 버리시는 징조는 성전에서 영광이 떠나가는 것이었다(겔 10:3, 18; 11:23). 아마도 주님의 재림의 징조는 다시 하나님의 임재의 영광(the Sehkinah glory)을 수반하게 될 것이다. 어떤 이들은 이 징조가 천성 새 예루살렘이 이때에 강림하여 천년왕국 기간 동안 지상의 예루살렘 위에 위성 도시로 남아 있게 되는 일을 포함하리라고 생각한다(계 21:2~3). 혹은 그 징조는 번개, 또는 주님 자신일 수도 있다. 그것이 무엇이든지 간에 모든 사람들이 볼 수 있을 것인데, 이는 주님이 **구름을 타고 능력과 큰 영광으로** 돌아오실 것이기 때문이다(참조, 단 7:13). 그때 그는 **그 택하신 자들을 하늘 이 끝에서 저 끝까지 사방에서**(참조, 막 13:27) 다시 모으시기 위해 **천사들을 보내실** 것이다. 이것은 다니엘서에 언급된 이레 동안 신자가 될 자들과 핍박으로 인해 산지사방에 흩어졌을 성도들의 규합을 포함한다(참조, 마 24:16). 이 회집은 아마도 이 기간 중에 부활하게 될 구약 성도들도 포함하게 될 터인데, 이렇게 하여 그들도 메시아 왕국에 동참하게 될 것이다(단 12:2~3, 13).

4. 비유들을 통한 확증(24:32~51)

이 설교의 앞부분(24:4~31)에서 예수님은 그의 지상 재림에 관해 직접적으로 말씀하셨다. 그리고는 그의 재림을 염두에 둔 실제적인 적용들과 교훈들을 제시하셨다. 유념해야 할 사항은 이 강론의 우선적 적용이 대환난을 겪으며, 영광 중에 임할 임박한 왕의 재림을 대망하게 될 장래의 세대를 겨냥하고 있다는 사실이다. 이차적인 적용은 성경의 많은 부분이 그러하듯 그리스도의 몸인 교회의 구성원들인 오늘날의 성도들에게 해당된다. 이 구절들에서 교회는 고려되지 않고 있다. 그러나 장래의 하나님의 백성이 준비되고 경성하며 충성스러워야 하듯이 오늘날 성도들도 충성스러워야 하며 깨어 있어야 한다.

a. 무화과나무(24:32~44)

24:32~35 (막 13:28~31; 눅 21:29~33) "이것을 배우라"는 예수님의 말씀은 그가 가르쳐 오신 바를 이제 적용하기 시작하셨음을 보여 준다. 무화과나무의 가지가 연하여지고 잎사귀를 내면 여름이 멀지 않았다는 분명한 징조이다(참조, 마 21:18~20). 마치 무화과나무가 여름의 전조이듯이 예수께서 말씀해 오신 징조들(24:4~28)은 그의 재림이 임박했음을 명백히 시사한다. 주님은 이 모든 일이 필요하리라는 사실을 강조하셨다. 지금까지 역사를 통해 일어났던 여러 가지 사건들이 이 예언의 성취를 지향해 온 것은 사실이지만 (대환난에 관한) 모든 일이 다 일어난 것은 아니다. 이 모든 일의 완성은 여전히 미래에 속해 있다. 미래의 그날에 살 세대(게네아[γενεά])는 이 모든 일이 완성되는 것을 볼 것이다. 예수님은 그 당시 그의 말씀을 듣던 세대를 지칭하시지 않았는데, 이미 천국이 그 집단으로부터 벗어났음을 말씀하셨기 때문이다(21:43). 1세기의 그 세대는 하나님의 심판을 경험할 것이다. 그러나 이 징조들이 일어나기 시작할 즈음에 살게 될 세대는 그 기간을 살아가면서 주 예수께서 영광의 왕으로 재림하시는 것을 보게 될 것이다. 그리스도의 말씀이 실패하기보다는 천지

가 없어지는 것이 쉬울 것이므로 이 약속은 분명한 것이다(참조, 5:18).

24:36~41 (막 13:32~83; 눅 17:26~37) 어느 누구도 주님이 재림하실 정확한 시점을 계산해 낼 수 없다. 오직 아버지 하나님만이 그것을 아신다. 여기서 그리스도께서는 그의 신적인 전지성(全知性)이 아닌 인간적 지식(참조, 눅 2:52)의 관점에서 말씀하고 계심이 분명하다. 그런데 그의 재림 전 기간은 노아의 때와 같을 것이다. 당시의 사람들은 임박한 심판에 대한 의식이 없이 일상생활을 즐기고 있었다. 그들은 먹고 마시고 장가들고 시집 가는, 극히 정상적인 삶을 영위하고 있었다. 심판은 급작스럽게 임했고 그들은 준비되지 않았다.

주님의 영광스러운 임함도 노아의 때와 같을 것이다. 그때에 두 사람이 밭에 있으매 한 사람은 데려가고 한 사람은 버려둠을 당할 것이다. 두 여자가 맷돌질을 하고 있으매 한 사람은 데려가고 한 사람은 버려둠을 당할 것이다. 노아의 때와 같이 '데려감'을 당하게 될 자들은 주께서 심판대로 데려갈 악인들이며(참조, 눅 17:37), '버려둠'을 당할 자들은 예수 그리스도의 나라에서 육체로 거하는 특권을 누리게 될 신자들이다. 마치 노아는 지상에 남고 악인들은 심판을 받아 사라져 버렸듯이, 그리스도의 재림 시에도 악인들은 심판을 받아 제거되고 의인들만이 남아 그 나라의 백성이 될 것이다.

여기에 그리스도의 몸인 교회가 고려되고 있지 않음은 명백한 사실이다. 주님은 공중 혼인잔치(휴거)를 설명하신 것이 아닌데, 이는 교회의 제거가 교회에 대한 심판의 방도는 아닐 것이기 때문이다. 만일 이것이 몇몇 주해자들의 주장대로 휴거에 관한 것이라면, 휴거는 대환난기 이후의 사건이어야 하는데, 이 사건은 주님의 영광스러운 재림 직전에 일어나기 때문이다. 그러나 그러한 견해는 많은 성경의 증거들과 상충할 뿐더러 여기서는 다 다룰 수 없는 다른 문제들을 유발한다(참조, 살전 4:13~18; 계 3:10의 주해). 주님의 경고는 예기치 않은 때에 닥치게 될 심판을 준비해야 할 필요성을 강조했다.

24:42~44 주님은 "깨어 있으라"(그레고레이테[γρηγορεῖτε]. 데살로니가전서 5장 6절에는 "깨어 근신하라"고 번역되었다)고 제자들에게 권면하셨는데, 이는 그들이 어느 날에 주가 임할는지 알지 못하기 때문이었다(참조, 마 25:13). 대환난기의 기한은 하나님이 아시며, 다니엘의 이레는 분명한 출발점과 종점이 있을 것이다. 그러나 그때에 살게 될 사람들은 그 기한을 대강만 알 것이다. 그러므로 근신은 중요하다. 만일 도둑이 대강 어느 시각에 올 줄을 안다면, 거기에 맞춰 주의하고 준비할 것이다. 마찬가지로 영광스러운 주님의 재림을 대망하게 될 환난기의 성도들도 깨어 있어야 한다. 마지막 때의 표징들을 통해서 그들은 그분이 언제쯤 재림하시게 될지를 대강은 깨닫지만 그 정확한 시간은 모를 것이다.

b. 충성된 종(24:45~51; 막 13:34~37; 눅 12:41~48)

24:45~51 주님의 재림은 종들에게 시금석이 될 것이다. 예수님의 이야기에서 주인이 그 종에게 자기의 모든 소유를 의탁했듯이, 하나님도 지상의 만물을 그 종들에게 맡겨 돌보게 하셨다. 종들의 반응은 그 내적 상태의 표출이다. 주님은 첫 번째 청지기처럼 그의 뜻을 충성스럽게 수행할 종들을 찾기 원하신다(45~46절). 그러한 종은 주의 재림 시에 그 충성스러운 사역에 대한 보상을 받을 것이다(47절). 그러나 청지기직을 수행하

지 못한 종은 자기 주인이 더디 오리라 생각하고 다른 종들을 등쳐먹으며 (동료들을 때리며) 방탕하게 살 것이다(술친구들로 더불어 먹고 마심). 노아 때의 악인들처럼(37~39절) 그는 갑자기 임하는 심판을 의식하지 못할 것이다(50절). 그러나 심판은 닥치고야 말 것이며, 그 종은 불충한 종과 외식하는 자가 받는 벌을 받게 될 것이다. 그는 주인으로부터 분리되어 영원한 심판을 받을 것이다("슬피 울며 이를 갈리라"). 마찬가지로 주님의 재림 시에 있을 악인들에 대한 심판은 그들을 하나님으로부터 영원히 분리시킬 것이다.

5. 이스라엘에 임할 심판(25:1~30)

25:1~13 그리스도께서 영광 가운데 재림하실 때, 열 처녀 비유에 암시된 대로 또 다른 분리 현상이 발생하게 될 것이다. 이 비유에 대한 다양한 해석들이 있지만, 이것은 주님의 영광스러운 재림 직후에 살아 있는 유대인들에게 임할 심판에 관한 내용으로 보는 것이 가장 타당한 듯하다. 문맥이 이 점을 분명히 해 준다(24:3, 14, 27, 30, 39, 44, 51). 이방인들(양과 염소)의 심판은 주님의 재림 시에 있을 것이다(25:31~46). 또한 그의 영광스러운 재림 시에 이스라엘 백성도 심판을 받을 것이다(겔 20:33~44; 슥 13:1).

그러므로 이스라엘은 여기서 **신랑**이 돌아오기를 기다리는 열 처녀로 묘사되고 있다. 예수님 당시의 결혼 풍습에 따르면, 신랑은 신부의 집으로부터 피로연을 베풀 자기 집으로 가두 행렬을 하며 돌아오게 돼 있었다. 예수님의 비유에서 왕이신 그는 그의 신부인 교회와 함께 하늘로부터 돌아와 천년왕국을 시작하실 것이다. 대환난기의 유대인들은 축하연에 참여할 수 있는 특혜를 누리게 되는, 초대받은 손님들 중 일부가 될 것이다.

그러나 여기에는 준비가 필요하다. 이 비유에서 다섯 처녀는 적절히 준비하여 신랑을 맞는 데 필요한 등과 그릇에 여분의 기름을 담아 가지고 있었다(마 25:4). 나머지 다섯은 등은 가졌으나 여분의 기름을 가지지 않았다. 한밤중에 신랑이 도착했다. 여분의 기름을 준비하지 않았던 처녀들의 등불이 꺼져 가고 있었다. 그래서 그들은 기름을 찾아 나섰다가 신랑을 맞이하지 못하고 말았다. 그들이 돌아와서 혼인잔치가 열리고 있음을 알고 들어가기를 요청했으나 거절당했다(10~12절).

대환난기의 이스라엘은 예수님의 재림이 임박했음을 알기는 하되 모두가 그것에 대비한 영적인 준비를 하지는 않을 것이다. 그의 재림은 예기치 않은 때에 갑자기 이루어질 것이다(24:27, 39, 50). 본문이 기름의 의미를 구체적으로 명시하고 있지는 않지만, 많은 주해자들은 그것이 성령과 그의 구원 사역을 가리킨다고 본다. 구원은 단순한 신앙 고백 이상의 것으로, 성령에 의한 중생을 포함한다. 구원을 받았노라고 고백만 하고 실제로 성령을 소유하지 않은 자는 혼인잔치, 즉 천국으로부터 제외될 것이다. 왕이 오실 때 준비되지 않은 자들은 그의 나라에 들어갈 수 없다. 그의 재림의 날과 시를 알 수 없으므로 환란기의 성도는 깨어(그레고레이테[γρηγορεῖτε]) 경성하며 준비하는 삶을 살아야 한다(참조, 24:42).

25:14~30(눅 19:11~27) 충성에 관한 또 다른 비유에서 예수님은 종 셋을 둔 주인의 이야기를 들려주셨다. 주인은 여행을 떠나면서 각 종에게 특정 액수의 돈(달란트)을 주었다. 달란트는 은전이었다(마태복음 25장 18절의 '돈'은 아르귀리온[ἀργύριον]으로 '은전'이라는 뜻이다). 한 달

란트의 무게는 58~80파운드쯤 되었다. 따라서 주인은 종들에게 상당한 금액의 돈을 맡긴 셈이다. 그 금액은 각자의 능력에 맞게 책정되었다.

두 종은 주인의 돈을 충성스럽게 관리함으로(16~17절) 추가분의 재물과 책임을 위탁받으며 주인의 즐거움에 참여하는, 충성한 바에 상응한 보상을 받았다(20~23절). 세 번째 종은 한 달란트를 받고는 자기 주인이 어쩌면 돌아오지 않을지도 모른다고 생각했다. 만일 주인이 어느 날 돌아온다면 그는 섣불리 투자하여 손해를 보는 일이 없이 잘 보관해 둔 달란트를 그대로 주인에게 돌려줄 수 있었다(25절). 그러나 만일 주인이 돌아오지 못한다면 그는 그 돈을 착복할 수도 있었다. 그는 달란트를 은행에 예치하기를 원치 않았는데, 그럴 경우 그 돈이 주인의 것으로 기록될 것이기 때문이다(27절). 그의 사고방식은 자기 주인에 대한 그의 불신을 드러냈으며 자신이 무익한 종임을 증명했다. 그 결과 그는 자기가 소유했던 것을 잃고(29절. 참조, 13:12) 심판을 받았다. 마치 24장 48~51절의 무익한 종처럼 그도 하나님으로부터 영원히 분리될 것이다("슬피 울며 이를 갊"에 대해서는 13장 42절의 주해를 참조하라). 열 처녀 비유(25:1~13)는 메시아의 재림을 준비할 필요에 대해 강조했다. 이 달란트 비유는 왕이 출타 중일 때 그를 섬겨야 할 필요성을 강조했다.

6. 이방인들에게 임할 심판(25:31~46)

주님은 자기 영광으로 재림하실 때 이스라엘 백성(열 처녀 비유[1~13절]와 달란트 비유[14~30절])뿐 아니라 이방인들도 심판하실 것이다. 이것은 크고 흰 보좌 심판과는 다른데, 후자는 오직 악인들만을 대상으로 한 것으로 천년왕국 후에 있을 것이다(계 20:13~15). 이방인들의 심판은 천년왕국 이전에 일어나서 그들 중 누가 그 나라에 들어가게 될지를 결정할 것이다.

25:31~33 '민족'(타 에쓰네[τὰ ἔθνη])이라는 말은 '이방인'으로 번역되어야 한다. 이들은 환난기에 살게 될, 유대인들을 제외한 모든 사람들을 뜻한다(참조, 욜 3:2, 12). 그들은 민족 단위로서가 아니라 개별적으로 심판을 받을 것이다. 그들은 주님이 갈라 내실 **양과 염소**의 무리로 묘사되고 있다.

25:34~40 임금은 자기 보좌에 앉아서 그 오른편에 있는 자들(양들)을 하나님이 **창세로부터 예비하신 나라**로 초청하실 것이다. 그들의 천국 입성의 근거는 임금을 위해 음식과 의복을 제공하며 보살폈던 그들의 행위에 잘 드러나고 있다(35~36절). 임금의 말에 대해 양들은 자기들이 임금을 직접 섬긴 일이 결코 없었다고 응답할 것이다(37~39절). 임금은 '여기 내 형제 중에 지극히 작은 자 하나'를 섬긴 것이 곧 임금을 섬긴 것이므로 그들이 그 일을 했다고 대답하실 것이다(40절).

'여기 내 형제'라는 표현은 양이나 염소 이외의 제삼의 집단을 언급하는 것이 분명하다. 가능성이 있는 유일한 집단은 주님의 육체적인 형제들인 유대인들로 사료된다. 대환난기의 고통을 감안할 때, 믿는 유대인에게는 생존이 심히 어려운 기간이 될 것이다(참조, 24:15~21). 세상을 차지한 독재자의 세력은 모든 유대인들을 말살하기 위해 가능한 수단과 방법을 총동원할 것이다(참조, 계 12:17). 그 기간에 유대인을 돕는 자는 예수 그리스도를 믿는 신자가 된 이방인을 뜻할 것이다. 그러한 자세와 행실로 인해 이방인 신자의 삶은 위기에 처하게 될 것이다. 그의 선행이 그를 구원하는 것이 아니라, 그가 구원받았음을 드러내 주는 것이다.

25:41~46 임금은 그 왼편에 있는 염소들에게(참조, 33절) 심판을 선포할 것이다. 그들은 "나를 떠나 사람이 아닌 **마귀와 그 사자들을 위하여 예비된 영원한 불에 들어가라**"는 선고를 받을 것이다(참조, 34절). 그들의 심판의 근거는 대환난기에 유대인 신자들인 남은 자에게 자비를 베풀지 않은 사실에 있을 것이다. 그들의 의로운 일의 결핍은 그들의 무관심을 증명할 것이다(42~44절. 참조, 35~36절). 그러한 자들은 세상의 독재자에 동조하며 후원할 것이다. 그들은 지상에서 제거되고 '영원한 불'(41절)에 던져져 **형벌**을 겪게 될 것이다(46절). 주님의 재림 시 다양한 심판들을 통해 모든 악이 제거되고, 오직 구원받은 자들만이 육체적인 몸을 가지고 왕의 백성으로서 지상의 왕국을 시작해 나갈 것이다. 구약 시대로부터 영화(榮化) 된 성도 및 그리스도의 신부인 교회도 함께 있어 왕 중에 왕의 통치에 참여할 것이다.

이 길고 긴 예언적 설교를 통해 예수님은 그의 재림과 세상 끝의 징조에 대한 제자들의 질문에 답하셨다(24:4~31). 또한 그 시기에 살 자들을 위한 실제적 교훈들을 제시하시면서(24:32~51) 그들에게 충성하고 근신하며 준비하라고 권면하셨다. 이 교훈들은 시대를 막론하고 모든 신자들에게 적용된다. 그는 천국의 설립과 유대인들의 심판(25:1~30), 그리고 이방인들의 심판을 지적하심으로써 말씀을 맺으셨다.

E. 백성의 배척(26~27장)

1. 예비적 사건들(26:1~46)

a. 음모의 전개(26:1~5; 막 14:12; 눅 22:1~2; 요 11:45~53)

26:1~5 "예수께서 이 말씀을 다 마치시고"라는 표현은 이 책에 다섯 번 나오는 유사한 전환점들 중 마지막 것이다(참조, 7:28; 11:1; 13:53; 19:1). 감람 산 강화를 마치자마자 예수님은 제자들에게 유월절 축제가 불과 이틀밖에 남지 않았고, 그가 십자가에 못 박히기 위하여 팔릴 것이라는 사실을 상기시키셨다. 26장 1~16절의 사건들은 수요일에 일어났다. 주님의 말씀에 대한 제자들의 반응은 기록되지 않았으나, **마태**는 예수를 죽이려는 종교지도자들의 음모 전개 상황을 기록했다. 대제사장 가야바의 관정에서는 **명절 후에 예수를 흉계로** 잡으려는 계획이 시작되었다. 그들은 유월절을 지내려고 예루살렘에 모여든 수많은 순례자들이 집에 돌아가기를 기다리자는 속셈을 가지고 있었다. 그렇게 되면 그들은 예수님을 조용히 처치해 버릴 수 있을 것이라고 생각했기 때문이다. 그러나 그들의 시간은 하나님의 시간과 달랐으며, 그 시간표의 진전은 부분적으로 주님을 배반하기로 스스로 결정한 가룟 유다의 태도에 기인했다.

b. 향유를 부음(26:6~13; 막 14:3~9; 요 12:1~8)

26:6~9 십자가 이전의 생애 마지막 주간에, 주님은 예루살렘 동편 감람 산 남쪽 능선에 위치한 베다니에서 밤을 보내셨다. 마태는 어느 날 저녁 나병 환자 시몬의 집에서 일어난 사건을 기록했다. 요한은 동일한 사건을 더 상세히 보도하면서(요 12:1~8) 사람들의 이름을 열거했다. 예수의 머리에 향유를 부은 여자는 마리아였고(요 12:3), 그 행동을 맨 처음 반대한 제자는 가룟 유다였다(요 12:4). 그 향유는 '일 년분 품삯'(요 12:5. 문자적으로는 '삼백 데나리온')에 해당되는 매우 귀한 것이었다(마 26:7). 이 사랑의 행위가 마리아로서는 커다란 희생이었음이 분명하다.

26:10~13 주님은 제자들의 평("무슨 의도로 이것을 허비하느냐?")과 그 말 뒤에 있는 그들의 마음 자세("제자들이 보고 분개하여," 8절. 참조, 20:24; 21:15)를 아셨다. 가룟 유다의 동기는 가난한 자들에 대한 그의 사려에서 유발된 것이 아니었다(요 12:6). 그는 도적으로서 자기가 쥐고 있는 공동의 전대에 돈이 들어오지 않는 점을 안타까워하고 있었던 것이다. 예수님은 그들에게 가난한 자들은 항상 그들과 함께 있으므로 그들이 자비를 베풀 기회는 많을 것이지만, 자신은 그들 가운데 항상 있지 않을 것임을 상기시키셨다.

마리아의 아름다운 행위는 예수님의 장례를 위한 준비였다(마 26:12). 예수님은 자기의 임박한 죽음에 대해 누차 말씀해 오셨으나(예, 16:21; 17:22; 20:18) 제자들은 그의 말씀을 별로 믿지 않았던 것 같다. 마리아는 이 행위를 그분에 대한 자기의 헌신의 증거로 믿고 실천했다. 그 결과 그녀의 희생적 행위가 종종 온 천하에 선포되고 있다. 아마도 그 행위와

이에 대한 주님의 인정이 유다로 하여금 주님을 기꺼이 반역하게 만든 듯하다. 이 장면 이후에 유다는 대제사장들에게 가서 예수님을 팔고자 제안했다.

c. 배반 계획(26:14~16; 막 14:10~11; 눅 22:3~6)

26:14~16 종교지도자들의 눈에 가룟 유다는 그들의 기도에 대한 응답으로 보였을 것이다. 대제사장들에게 예수 그리스도를 넘겨주려는 유다의 제의는 단순히 군사들에게 예수님을 지적해 주기로 합의한 것 이상이었다. 그는 예수님이 재판정에 호출되었을 경우 그분을 고소하는 증인이 되겠다고 제안했다. 그는 돈을 더 벌기 위해서라면 무슨 일이라도 했을 것이다(참조, 요 12:6). 그것은 돈과 교환하는 조건부로 제의되었는데, 아마 그 돈은 즉시 유다에게 지불되었던 것 같다. 은 삼십은 종에 대한 속전의 가격이었다(출 21:32). 같은 금액이 또한 배척당한 목자의 사역 대금으로 예언되었다(슥 11:12). 돈의 종류가 명시되지 않았으므로 정확한 금액은 알 수 없다. 그냥 '은'이라고만 기록되어 있다(아르귀리아[ἀργύρια]. 참조, 마 25:18). 그러나 상당히 많은 금액이었을 가능성이 높다. 야합이 이루어졌고, 이제 종교지도자들의 눈에 유다는 그들이 당면한 최대의 문제인 나사렛 예수를 해결해 줄 구원자로 여겨졌다. 유다는 자기의 말이 이미 떨어졌고 보수도 받았으므로 이제는 약속을 이행해야만 한다는 사실을 알았다.

d. 유월절을 지킴(26:17~30)

26:17~19(막 14:12~16; 눅 22:7~13) 대부분의 성경학자들은 마태복음 26장 17~30절에 기록된 사건들이 고난주간의 목요일에 일어났다고 믿는다. 이날은 칠 일간 계속되는 **무교절**의 첫날이었다. 그 첫날에 유월절 양을 희생제물로 바쳤다(막 14:12). 무교절은 유월절 직후에 시작되었는데, 종종 이 팔 일간의 행사 전체를 '유월절 주간'이라 부르기도 했다(참조, 눅 2:41; 22:1, 7; 행 12:3~4; 눅 22:7).

유월절 음식을 준비하기 위해 파송된 **제자들**은 베드로와 요한이었다(눅 22:8). 그들이 유월절을 지킨 장소는 어느 복음서에도 명시되어 있지 않다. 아무튼 거기는 성안(마 26:28), 즉 예루살렘이었는데 아마도 예수님을 메시아로 인정한 어떤 사람의 집이었던 것 같다. 그가 기꺼이 자기 집을 내어 준 사실은 그가 예수님과 그의 가르침들을 인정하고 있었음을 시사해 준다. 장소를 확보하는 일 외에도 두 제자는 계속 유월절을 준비했는데, 음식을 장만하는 일에 시간을 더 쓴 것 같다.

26:20~25(막 14:17~21; 눅 22:14~23; 요 13:21~30) 저물 때에 예수님은 준비된 '다락방'(2층 방)에 들어가셔서(눅 22:12) **열두 제자**와 함께 유월절 만찬을 드셨다. 식사 중 예수님은 그와 함께 앉은 자들 중 한 **사람**이 그를 팔 것이라고 말씀하셨다. 이것은 예수님의 전지성(全知性)을 드러냈다(참조, 요 2:25; 4:29). 놀랍게도 남에게 손가락질하는 제자가 없었고, 각자 **몹시 근심**하며 혹 자기가 배신자인지를 예수님께 여쭈었다. 예수님은 자기를 팔 자가 그와 친밀한 교제를 나눠 왔던 자라고 덧붙이셨다. "나와 함께 그릇에 손을 넣는 그." 예수님은 자기가 선지자들에 의해 기록된

대로(예, 사 53:4~8. 참조, 마 26:56) 갈 것(즉 돌아가실 것)이라고 말씀하셨다. 그러나 그분을 파는 그 사람에게는 화가 있을 것이라고 선언하셨다. 또 그 사람은 차라리 태어나지 않았다면 그에게 좋을 뻔했을 것이라고 말씀하셨다.

예수님은 유다의 배신의 결말에 대해 지적하셨는데, 그가 이미 예수님을 팔기 위한 돈을 취하기는 했으나 아직 행동에 옮기지 않은 상태였기 때문이다. 유다가 주님께 "랍비여, 나는 아니지요?"라고 물었을 때 예수님은 그가 바로 배신자임을 분명히 하셨다. 다른 제자들이 예수님을 '주'라 부른 데 반해 유다는 '랍비'라 부른 것은 그리 놀라운 일이 아니다(22절. 참조, 49절).

요한이 명시하듯(요 13:28~29) 다른 제자들은 주님의 말씀을 깨닫지 못했다. 만일 그들이 깨달았다면 유다가 떠나도록 놔두지 않았을 것이다. 그들이 깨닫지 못했으므로 유다는 떠나갔다(요 13:30).

26:26~30(막 14:22~26; 눅 22:19~20) 그 후에 예수님은 유월절 제전에 새로운 의례를 제정하셨다. 그들이 먹을 때에 그는 떡을 떼어 거기에 특별한 의미를 부여하셨다. 또 포도주 잔을 가지고 그 잔에 역시 특별한 의미를 부여하셨다. 예수님은 떡이 그의 몸이며(마 26:26) 포도주는 그의 새 언약의 피라고 말씀하셨다(28절). 이 말씀의 의미에 대한 제자들의 의견들이 분분하기는 하지만, 예수께서는 떡과 포도주를 그 이후에 일어난 사건에 대한 가시적 회고물로 사용하신 듯하다. 떡과 포도주는 그의 몸과 곧 뿌려지게 될 피를 의미했는데, 이는 옛 모세 언약을 대치할 새 언약(렘 31:31~37; 32:37~40; 겔 34:25~31; 36:26~28)에 약속된 죄 씻음과 부합된다. 그의 피는 죄 사함을 얻게 하려고 많은 사람을 위하여 곧 흘려

질 것이다. 유월절 만찬의 이 부분은 그리스도인들에 의해 지켜져 왔으며 '주의 만찬' 혹은 '성찬'이라 불린다. 주님은 이 규례를 그의 구원 사역에 대한 계속적인 회고의 방도로 지키도록 교회에 위탁하셨다. 교회는 그것을 그가 재림하실 때까지 기념해야 한다(고전 11:23~26). 예수님은 제자들에게 자기 아버지의 나라가 지상에 설립되기까지 포도나무에서 난 것을 그들과 함께 다시 마시지 아니할 것이라고 말씀하셨다. 유월절 만찬 후 예수님과 제자들은 함께 찬미하고 그 집을 떠나 감람 산으로 나아갔다.

e. 깨어 기도하심(26:31~46)

26:31~35(막 14:27~31; 눅 22:31~38; 요 13:36~38). 예수님은 제자들과 함께 감람 산으로 향하던 중, 그들 모두가 곧 자기를 버릴 것임을 그들에게 상기시키셨다. 이것은 **목자**가 얻어맞고 **양**의 떼가 **흩어지리라** 했던 스가랴의 예언(슥 13:7)에 부합하는 것이었다. 마태는 여러 번 스가랴서의 말씀을 인용하거나 암시했다. 그러나 예수님은 죽음에 대한 승리의 약속으로 그가 죽은 자 가운데서 살아나 그들보다 먼저 갈릴리로 가리라고 말씀하셨다(마 26:32. 참조, 28:7). 제자들은 모두 갈릴리 출신으로 갈릴리의 유대인들과 함께 사역했다.

베드로가 부활에 관한 주님의 말씀을 들었는지의 여부는 알 수 없다. 아무튼 그는 자기가 예수님을 버릴 것이라는 말씀을 강하게 거부했다. 베드로는 남들이 모두 주를 버릴지라도 자기는 결코 주를 부인하지 않겠다고 장담했다. 그러나 예수님은 새벽닭 울기 전, 바로 그 밤에 베드로가 자신을 세 번 부인하리라고 예언하셨다. 베드로는 자기가 예수님을 버린다는 것을 도저히 믿을 수 없었다. 그는 또다시 죽음까지도 각오한 그의 헌신을 장담했다(26:35). 이것은 다른 **모든** 제자의 느낌이기도 했다. 그들은 자신이 주님을 부인하리라는 사실을 믿을 수 없었던 것이다. 주님을 배반하지도 않을 것인데(22절) 왜 그분을 부인하겠는가?

26:36~46(막 14:32~42; 눅 22:39~46; 요 18:1) 이에 예수님은 겟세마네라 하는 곳으로 가셨는데, 겟세마네는 '기름 짜는 틀'이라는 뜻이다. 이 틀은 감람나무 밭에서 감람유를 짜내는 도구로 사용되었다. 거기에는 작은 감람나무 동산이 있었다(요 18:1). 거기서 예수님은 베드로와 세베대의 두 아들(야고보와 요한, 마 4:21)만을 대동하시고 다른 제자들로부터 떠나가서 기도하기 시작하셨다. 그는 자신의 지상 생애 중 당해 보신 적이 없는 각별한 슬픔(뤼페이스싸이[λυπεῖσθαι]: 고통스러울 정도로 슬퍼하거나 근심하다. 참조, 14:9; 17:23; 18:31; 19:22)과 고민을 경험하셨다. 그는 세 제자에게 자기와 함께 깨어 있으라고 명하셨다(26:38). 가장 큰 도움이 필요했던 이 시간에 주님은 자신을 이해하고 공감했던 자들이 그와 함께 기도해 주기를 바라셨던 것이다.

세 제자를 떠나 예수님은 아버지께 만일 할 만하시거든 이 잔을 자기에게서 **지나가게** 해 달라고 기도하셨다. '잔'은 그의 임박한 죽음을 가리키는 듯하다. 또한 그는 성부로부터의 분리(27:46)와 인류를 대신하여 죄인이 되실 일(고후 5:21)을 마음에 두셨던 것 같다. 구약성경에서 잔은 진노를 상징한다. 그러나 이 기도에서 중요한 점은 주님이 성부의 뜻에 복종하셨다는 사실이다.

예수께서 세 제자들에게 돌아오셨을 때 그들은 자고 있었다. 그는 그들을 깨우시고는 자기와 함께 깨어 있지 못함에 대해 베드로(세 제자가 아니라)를 책망하셨다. 바로 얼마 전에 베드로는 주님을 결코 버리지 않겠노라고 두 번씩이나 말했으면서도(33, 35절), 정작 주님이 가장 도움을 필요로 하실 때에 그와 함께 기도조차 할 수 없었던 것이다. 예수님은 제자들에게(복수형 동사가 사용되었다) 깨어 기도하라고 명하셨으나, 한편으로 인간 육신의 연약함을 인정하셨다(41절).

두 번째 기도에서 예수님은 자기가 그 잔을 마시지 않고는 그것이 지나갈 수 없음을 아셨다. 그는 어떠한 대가를 지불하더라도 하나님의 뜻이 이루어져야 한다는 것을 두 번째 확인하셨다(42절. 참조, 39절). 그가 돌아오셨을 때 세 제자가 다시 자고 있었으나 이번에는 그들을 깨우시지 않았다.

제자들이 자고 있는 동안 예수님은 세 번째 같은 말씀으로 기도하셨다. 그들이 자고 쉬는 것은 예수께서 고통스러워 하시며(37절) 지치도록 땀 흘리며 기도하시는 것(눅 22:43~44)과 큰 대조를 이룬다. 비록 제자들이 곁에 있기는 했으나 예수님은 고독하셨다. 그런데도 그는 굽히지 않는 순종의 의지를 증명하셨다. 대가에 무관하게 성부의 뜻을 좇겠다는 결의였다. 세 번째로 제자들에게 돌아오신 예수님은 그들을 깨워 그를 파는 자가 오고 있으며 그들이 가서 그를 맞이해야 한다고 말씀하셨다.

2. 동산에서 체포당하심
(26:47~56; 막 14:43~50; 눅 22:47~53; 요 18:2~12)

26:47~56 예수께서 말씀하실 때에 유다가 동산에 이르렀다. 그는 로마의 군인들(요 18:3)과 대제사장들과 백성의 장로들에게서 파송된 성전의 유대인 군관들(눅 22:52)을 포함한 큰 무리와 함께 왔다. 무리는 칼과 몽치(마 26:47; 막 14:43)와 등과 횃불(요 18:3)을 가지고 있었다. 예수님을

빠져나가지 못하게 하기 위해서는 많은 인원이 필요하다고 여긴 것이다. 지도자들은 아마도 유월절을 지키기 위해 예루살렘에 운집한 순례자들이 예수님을 체포하지 못하게 할지도 모른다고 생각했던 것 같다.

유다는 관원들과 군호를 짰다. 그가 **입 맞추는 자**가 체포해야 할 자였다. 그는 예수께 다가와 "**랍비여**(참조, 마 26:49), 안녕하시옵니까" 하고 그에게 입 맞추었다. 유다에 대한 예수님의 대답은 그가 여전히 유다를 사랑하고 계셨음을 시사했는데, 그가 유다를 **친구**(헤타이레[ἑταῖρε]: 동료. 신약성경 중 마태복음에만 세 번 사용되었다. 20:13; 22:12; 26:50)라 부르셨기 때문이다. 이에 군인들은 유다를 밀치고 예수님을 붙잡았다.

베드로는 가만히 있지 않았다(요한복음만이 그의 이름을 밝혔다[요 18:10]). 잠에서 막 깨어난 그는 상황이 어떻게 돌아가는지 완전히 깨닫지 못한 채, 자기 **칼을 빼어** 예수님을 체포하러 온 무리 중 한 사람을 내리침으로 예수님을 보호하려 했다. 그가 친 사람은 **대제사장의 종인 말고**였다(요 18:10).

주님은 즉시 폭행을 중지시키시고 베드로의 행위를 책망하셨다. 그는 **아버지께 구하여** 당장에 **열두 군단 더 되는 천사**를 자기의 호위병으로 보내시게 할 수 있었으므로 누구의 도움도 필요하지 않으셨다. 로마 군대의 한 영(營)은 약 6천 명의 군인들로 구성되어 있었다. 그러한 천군 천사의 세력(약 7만 2천 명의 천사들)이라면 어떠한 시도로부터도 예수님을 능히 보호할 수 있었을 것이다. 그러나 그분을 구하는 것은 하나님의 뜻이 아니었다. 예수님이 체포된 것은 하나님이 허용하셨기에 가능했다. 마태는 기록하지 않았지만, 의사 누가는 예수께서 말고의 절단된 귀를 고쳐 주셨다고 기록했다(눅 22:51).

마태는 예수께서 자기를 잡으러 온 자들에게 하신 간략한 말씀을 기록했다. 예수님은 그들에게 왜 그러한 방식으로 자기를 잡으러 왔는지 물으셨다. 예수님은 날마다 성전에서 가르치시며 그들 중에 계셨기 때문에 아무 때나 체포가 가능했다. 두말할 나위 없이, 이 종교지도자들은 민중이 그분을 지지한다는 사실을 두려워했던 것이다. 이것은 그의 죽음을 예언했던 선지자들의 글과 하나님의 뜻이 이루어지고 있음을 말해 주는 것이다.

그때에 제자들이 다 예수님을 버리고 도망했다. 결단코 그러지 않겠노라고 맹세했음에도 불구하고(마 26:33, 35) 양 떼는 흩어졌다(31절).

예수님의 여섯 재판		
종교 재판	안나스 앞에서 가야바 앞에서 공회 앞에서	요 18:12~14 마 26:57~68 마 27:1~2
민사 재판	빌라도 앞에서 헤롯 앞에서 빌라도 앞에서	요 18:28~38 눅 23:6~12 요 18:39~19:6

3. 왕의 재판(26:57~27:26)

a. 유대 관원들 앞에서의 재판(26:57~27:10)

26:57~58(막 14:53~54; 눅 22:54; 요 18:15~16) 예수께서 겟세마네에서 붙잡히신 후, 군인들은 그를 대제사장 가야바에게로 끌고 갔다('예수님의 여섯 재판'에 대한 도표를 보라). 그러나 이보다 먼저 전임 대제사장이자 가야바의 장인인 안나스 앞에서의 간단한 재판이 있었다(참조, 요 18:12~13; 19~24의 주해; 행 4:1 주해 부분의 도표). 이렇게 고의적으로

시간을 끌면서 가야바는 재빨리 공회를 소집했다(마 26:59. 참조, 사도행전 4장 15절의 공회에 관한 주해). 베드로는 멀찍이 예수님을 따라 그 결말을 보려고 대제사장의 집 뜰에까지 들어갔다.

26:59~68(막 14:55~65; 눅 22:63~65) 예수님에 대한 재판의 목적은 그에게 사형을 언도할 법적 근거를 마련하고자 함이었다. 종교지도자들의 경우 유다의 증언이 결정적이었으나 그를 찾을 길이 없었다. 결국 예수님에 대해 불리한 증언을 할 거짓 증인들을 물색하기에 이르렀는데, 이는 법정의 절차상 보기 드문 사례였다. 요컨대 그들로부터 예수님을 죽이는 데 쓰일 만한 조그마한 증거 자료라도 찾아보겠다는 심산이었다. 많은 거짓 증인들이 자원했으나 누구로부터도 예수님을 책잡을 만한 합치된 증거를 얻을 수 없었다(마 26:60). 마침내 두 증인이 예수께서 "내가 하나님의 성전을 헐고 사흘 동안에 지을 수 있다"고 말씀하신 적이 있음을 고했다. 이것은 예수께서 약 삼 년 전 그의 사역 초기에 하신 말씀으로(요 2:19), 성전 건물이 아닌 자기의 몸을 가리켜 하신 말씀이었다. 이 말씀이 그의 십자가 상의 죽으심과 부활 직전에 상기되었음은 흥미로운 일이다. 예수님은 어떠한 죄목으로도 공식적으로 피소되지 않으셨으므로 자기에 대한 송사에 아무 대답도 하시지 않았다.

그러자 대제사장이 예수님으로부터 송사에 대한 반응을 얻어 내려고 시도했다(마 26:62). 예수님은 대제사장이 그에게 거룩한 **맹세**를 시키고자 할 때까지 여전히 침묵하셨다. 일단 대제사장이 살아 계신 하나님께 맹세하며 송사하자 예수님은 진실한 대답을 하셔야만 했다. 가야바는 예수께 그가 하나님의 아들 그리스도(메시아)인지 대답하라고 종용했다(63절). 예수님은 긍정으로 대답하시면서 장차 그가 **권능의 우편**에 앉으실 것

(참조, 25:31)과 하늘 구름을 타고 오실 것(참조, 24:30)을 덧붙이셨다. 이것은 그의 신성에 대한 명백한 진술인데, 이를 깨달은 대제사장은 즉시 **자기 옷을 찢으며**(이것은 율법이 금지한 행위이다[레 21:10]) 예수님이 **신성을 모독하는 말**을 했다고 주장했다(마 26:65). 그는 주님이 스스로 유죄임을 드러냈으므로 더 이상의 **증인**이 필요하지 않다고 말했다.

사람들에게는 두 가지 선택만이 있을 뿐이었다. 하나는 예수님이 진리를 말씀하셨다고 인정하고 그 앞에 무릎 꿇고 그를 메시아로 섬기는 것이고, 다른 하나는 그를 신성모독자로 정죄하고 **사형**을 선고하는 것이다. 그런데 그들은 후자를 택함으로 자기들의 메시아인 왕으로 오신 분에 대한 배척을 공식화했다.

이 시점에서 더 이상의 증거는 확보되지 않았다. 어느 누구도 예수님을 옹호하거나 지난 삼 년간 그가 하신 일에 대해 언급하지 않았다. 예수님에 관한 일은 공회가 원한 대로 된 듯했다. 그는 방금 신성을 모독하는 발언을 했고 모든 사람이 그것을 들었다. 유대와 로마의 법에 어긋나게 그들은 스스로 이 문제를 처리하여 피고를 처벌하기 시작했다. 그들은 **예수의 얼굴에 침 뱉으며 주먹으로 치고 손바닥으로 때렸다**. 그들은 그에게 예언해 보라고 조롱하면서 그를 **친 자**가 누군지 말할 수 있으면 해 보라고 말했다. 그들은 이러한 행동을 계속했는데, 마치 그 순간순간을 즐기는 듯했다. 주님은 자신을 천부의 뜻에 맡기면서 이 끔찍한 시련을 묵묵히 당하셨다(참조, 사 53:7; 벧전 2:23).

26:69~75(막 14:66~72; 눅 22:55~62; 요 18:17~18, 25~27) 예수께서 공회에서 재판을 받으시는 동안 **베드로**도 시험을 받고 있었다. 그는 주님을 따라 대제사장의 집 안에 들어와 있었다(요 18:15~16). 그가 재

판의 결과를 기다리며 **바깥 뜰에 앉아 있는 동안**(참조, 마 26:58) 자기 주님에 대해 말할 수 있는 기회를 세 번이나 갖게 되었다. 그러나 세 번 다 그는 자기가 피고를 알거나 그와 어떤 형태로든지 관계를 맺은 적이 없다고 부인했다.

첫 번째 부인은 **한 여종**이 사람들 앞에서 그가 **예수와 함께 있던** 자들 중의 하나라고 말했을 때 일어났다(69절). 법정의 **앞문**에 있던 **다른 여종**은 베드로가 **예수와 함께** 있었음이 분명하다고 더욱 노골적으로 다그쳤다(71절). 마침내 그 주변에 있던 몇몇 **사람들이** 다가와서 베드로가 진실로 예수님과 함께 있던 자이며, 그의 갈릴리 사투리가 그것을 **표명한다고** 고발했다(73절). 세 번째 추궁에서 베드로는 **저주하며 맹세했다**(74절). 자기 자신을 저주하는 것은 자기의 무죄를 확증하기 위한 합법적인 방법이었다. 만일 재앙이 뒤따르지 않으면 그는 무죄한 자로 간주되었다(참조, 욥기 31장).

그가 공공연하게 주님을 세 번째 부인했을 때 즉시 닭이 울었다. 그것은 그의 마음속에 주께서 **"닭 울기 전에 네가 세 번 나를 부인하리라"**고 하셨던 말씀을 떠오르게 했다(참조, 마 26:34). 베드로는 즉시 자기가 주님을 배반했음을 깨달았다. 그는 결단코 주님을 버리지 않겠노라고 장담했지만 사람들 앞에서 자기가 사랑하는 분을 부인하고 말았던 것이다. 회한에 복받쳐 그는 법정을 떠나 **심히 통곡했다**. 그의 눈물은 주님을 버리고 부인한 데 대한 참된 회개의 눈물이었다.

27:1~2(막 15:1) 유대인들에 의한 예수님의 첫 번째 재판은 야음을 틈타 이루어졌다. 유대의 법률이 재판을 낮에 행해야 한다고 규정짓고 있었으므로, 대제사장들과 백성의 장로들은 공식 재판이 필요하다는 사실을

깨달았다. 마태복음 27장 1절에 기록된 간단한 재판은 단순히 전에 일어난 일을 재확인하기 위한 것이었다. 법정은 예수님을 죽여야 한다고 결정했으나, 그 결정을 행동에 옮길 권한은 없었다(요 18:31). 사형 선고를 얻어 내기 위해 그들은 이 소송건을 AD 26~36년 사이에 유대와 사마리아를 관장했던 **총독 빌라도**에게 상정해야 했다(참조, 눅 3:1). 그래서 예수님은 유대인들에게 **결박**당한 채 빌라도에게 넘겨졌다. 빌라도의 관저는 본래 가이사랴에 있었으나, 이 축제 기간 동안 그는 예루살렘 궁에 머물고 있었다.

27:3~10 가룟 유다는 자기 음모의 결과를 깨닫고는 회한에 빠져 관원들에게 되돌아갔다. 그는 배신의 결과가 이렇게 나타나리라고는 예기치 못했다. 그러나 그가 성취하고자 했던 것이 무엇이었는지는 성경에 언급되지 않았다. 그는 예수님이 죽임을 당해야 할 분이 아니셨음을 인정하면서 자기가 **무죄한 피**를 팔았음을 깨달았다. 종교지도자들은 그를 동정하지 않았고, 그것은 그의 문제이지 자기네들의 문제는 아니라고 말했다. 유다는 주님을 판 대가로 받은 은을 버려야겠다고 결정했다. 그 돈이 그의 행위를 계속 상기시켜 주었고 그의 죄를 지적해 주었음이 분명하다. 그는 성전으로 가서 **은을 성소에 던져 넣었다**(여기서 **나오스**[ναός]는 성전 지역이 아닌 성소 자체를 말한다). 그러나 베드로의 경우와는 달리 유다의 회한은 회개를 수반하지 않았는데, 그가 성전에서 나와 **스스로 목매어 죽었기** 때문이다(누가는 그의 행위에 대해 더 자세하게 보도했다. 행 1:18~19).

예수님을 판 돈을 성소에 집어던진 유다의 행위는 종교지도자들에게 문젯거리를 안겨 주었다. 그들은 그 돈이 사람을 죽이려고 지불된 **피값**이므로 성전고에 넣어 둠이 옳지 않다고 생각했다. 그런데도 그들은 처음에 그 돈을 빼돌리는 데 추호의 망설임도 없었던 것이다(마 26:15). 그들은 그 돈으로 땅을 사서(물론 유다의 이름으로. 행 1:18) 나그네(외국인)의 묘지로 삼기로 결정했다. 그 땅은 토기장이가 진흙을 파던 밭이었는데, 피밭(마 27:8) 혹은 아람어로 '아겔다마'라 불리게 되었다(행 1:19).

마태는 이 사건을 예레미야가 한 예언의 성취로 보았다. 그러나 마태가 인용한 예언은 우선적으로 예레미야가 아닌 스가랴에게서 나온 것이다. 마태복음 27장 9~10절과 스가랴 11장 12~13절은 매우 유사하다. 그러나 마태복음의 말씀과 예레미야 19장 1, 4, 6, 11절의 개념 사이에도 유사점이 있다. 그렇다면 마태는 왜 예레미야만 언급했을까? 아마도 마태가 두 선지자를 다 생각했지만 오직 '대선지자'의 이름만을 언급했다고 보는 것이 옳을 것이다(마가복음 1장 2~3절에서도 이와 유사한 상황이 벌어지는데, 거기서 마가는 이사야 선지자를 언급했으나 사실은 이사야와 말라기에서 직접 인용했다). 덧붙일 수 있는 또 다른 해석은 『바벨론 탈무드』(*Baba Bathra*, 14하)에서 예레미야서는 선지자들 중 맨 처음에 위치하면서 다른 모든 선지자들을 대표했다는 것이다.

b. 로마 관원들 앞에서의 재판(27:11~26)

27:11~14(막 15:2~5; 눅 23:1~5; 요 18:28~38) 다른 복음서들에 비하면 빌라도 앞에서의 예수님의 재판에 대한 마태의 기록은 간단한 편이다. 누가는 빌라도가 예수님이 갈릴리 사람인 사실을 알고 그를 헤롯에게 보냈다고 보도했다(눅 23:6~12). 그러한 일을 통해 빌라도와 헤롯 사이에는 전에 없던 우정이 싹트게 되었다. 마태는 빌라도 앞에서의 재판과

예수님이 유대인의 왕인가 하는 한 가지 '송사'만을 언급했다. 예수님의 왕권은 마태의 중심적인 주제였다. 빌라도가 예수께 "네가 유대인의 왕이냐?"라고 묻자 예수님은 긍정하셨다. 그러나 요한이 기록한 대로 예수님의 왕국은 로마 제국에 대한 적대 세력으로서의 정치적 왕국이 아니었다(요 18:33~37). 예수님은 로마의 통치를 위협하는 분이 아니셨다. 빌라도는 그것을 인식하고 예수님을 석방하고자 했다.

대제사장들과 장로들에게 다른 고발을 당하시고도 예수께서 아무 대답도 하지 않으시자 빌라도는 **놀라워했다**(싸우마제인[θαυμάζειν]: 놀라다). 예수님은 그 송사들에 대답하실 필요가 없었는데, 그가 그것들로 재판을 받고 계신 것이 아니기 때문이다. 그보다도 그들이 예수가 유대인의 왕 메시아라고 주장했다고 말했기 때문에 재판을 받았던 것이다(마 26:63~64). 더구나 빌라도가 예수님의 무죄를 선언했으므로(요 18:38) 그분은 그 송사들에 대답하실 이유가 없었다.

27:15~23(막 15:6~14; 눅 23:13~24; 요 18:39~40) 빌라도의 아내는 빌라도에게 이 죄수가 사실상 무죄하므로 신중하게 판결하라고 경고했다(마 27:19). 그녀는 **꿈**에 예수님으로 인하여 애를 많이 태웠으며 그것을 자기 남편에게 일렀다. 본문에 나타난 말씀 이상으로 그 꿈의 내용을 놓고 공상하는 것은 무익한 일일 것이다. 아무튼 빌라도는 예수님의 무죄를 믿었으므로 그를 석방하려고 애썼다. 유대인들의 환심을 사기 위해 매년 유월절에 죄수 한 사람을 놓아주는 일은 총독의 관례였다. 예수님을 놓아 주려는 그의 계획에는 강도(요 18:40)요 살인자(막 15:7)로 악명 높았던 죄수 바라바가 포함되었다. 빌라도는 백성이 그들의 왕인 예수님을 사랑했는데, 지도자들이 그와 그에 대한 백성의 평판을 시기하는 것이라고

생각했다(마 27:18). 그는 백성들에게 선택권을 주면 그들이 당연히 악명 높은 바라바가 아닌 예수님의 사면을 택할 것이라고 생각했다.

그러나 빌라도는 예수님을 제거하려는 종교지도자들의 결의를 제대로 파악하지 못했다. 그들은 바라바를 달라 하고 예수님을 죽이라 하자고 무리를 설득했다. 빌라도가 무리에게 "그리스도라 하는 예수를 내가 어떻게 하랴?" 하고 묻자 그들이 다 "십자가에 못 박혀야 하겠나이다!"라고 대답했다. 헬라어 원문은 그들의 외침이 한 단어(스타우로쎄토 [σταυρωθήτω]: 십자가에 못 박으라)였음을 보여 준다. 이는 마치 축구장에서 관중이 "슛!" 하며 고함치는 광경을 방불케 한다. 그들의 구호는 "십자가에 못 박으라! 십자가에 못 박으라!"였던 것이다. 빌라도는 무리에게서 예수님의 죄에 관한 더 이상의 정보를 요구했지만, 그들은 더욱 소리 질러 "십자가에 못 박혀야 하겠나이다!"라고 했을 뿐이다.

27:24~26(막 15:15; 눅 23:25; 요 19:6~16) 빌라도는 자기의 시도가 군중에게 아무 성과도 없음을 알았고, 오히려 가이사에게 이르겠다는 군중의 위협(요 19:12)에 겁을 먹었다. 가이사에게 보고된 그의 기록은 좋지 못했는데, 그는 유대인의 왕권을 주장하는 자에 관한 소식이 가이사의 귀에 들어가게 되기를 원치 않았다. 특히 자기가 그 왕을 놓아주었다는 말이 퍼지지 않기를 원했다. 이에 그는 물을 가져다가 무리 앞에서 손을 씻음으로써 자기는 무고한 사람을 죽이는 데 개입되지 않겠다는 의사를 상징적으로 표현했다(신 21:6~9). 그러나 "이 사람의 피에 대하여 나는 무죄하다"는 그의 주장이 그를 무죄한 자로 만들어 주지는 않았다(행 4:27). 그러한 행위는 정의를 농락한 빌라도의 죄악을 제거하지 못했던 것이다.

그런데 빌라도가 책임을 유대인들에게 돌리자(마 27:24) 그들은 그 것을 기꺼이 받아들였다. 그들은 "그 피를 우리와 우리 자손에게 돌릴지어 다!" 하고 말했다. 슬프게도 그들의 말대로 AD 70년 로마인들이 그 나라 와 성전을 파괴함으로 그들과 그 자손들에 대한 하나님의 심판이 임했 다. 빌라도는 예수님의 무죄를 네 번씩이나 선언하고도(눅 23:14, 20, 22; 요 19:4) 바라바를 석방하고 예수님은 채찍질한 후 십자가에 못 박히게 넘 겨줌으로 유대인들의 비위를 맞추고 말았다.

4. 왕의 십자가 처형(27:27~56)

27:27~31 (막 15:16~20; 요 19:1~5) 예수님은 로마 군병들이 많이 모 여 있는 관정 안으로 이송되었다. 이 관정을 헤롯 궁전으로 보는 사람들 도 있지만, 아마도 빌라도의 거주지인 안토니아 요새였던 것 같다. 600명 이나 되는 병사들이 들어간 것으로 보아 매우 큰 관정이었던 것 같다(여 기서 군대는 문자적으로 '영'[營]의 십분의 일에 해당하는 '대'이다).

거기서 그들은 예수님의 옷을 벗기고 (1) 왕복에 해당하는 **홍포를 입히** 고, (2) 가시관을 엮어 그 머리에 씌우고, (3) 왕이 가지는 홀(笏)을 모방하 여 갈대를 그 오른손에 들리고 그를 조롱했다. 그들은 그 앞에서 **무릎을 꿇** 고 희롱하면서 "유대인의 왕이여, 평안할지어다!"라고 했다. 이 얼마나 비 극적인 모습인가! 그들은 예수께 **침 뱉고 갈대를 빼앗아 그의 머리를 거듭** 때리면서 그를 모욕했다. 그들도 모르게 그들의 행동은 구세주의 상하심 에 대한 이사야의 예언(사 52:14)을 성취시키고 있었다. 로마 병사들의 잔 혹성으로 인해 아마도 예수님은 거의 아무도 그를 알아볼 수 없을 정도 로 맞으셨을 것이다. 그런데도 그는 자기 아버지의 뜻에 맡기면서 그 부당한 학대를 묵묵히 감내하셨다(참조, 벧전 2:23). 그들은 희롱을 마친 후 예수님에게 도로 그의 옷을 입혀 십자가에 못 박으려고 끌고 나갔다.

예수님의 십자가 사건의 추이(推移)
1. 골고다 도착(마 27:33; 막 15:22; 눅 23:33; 요 19:17).
2. 쓸개 탄 포도주를 거절하심(마 27:34; 막 15:23).
3. 두 강도 사이에서 십자가에 못 박히심   (마 27:35~38; 막 15:24~28; 눅 23:33~38; 요 19:18).
4. 십자가 상에서의 첫 번째 외침: "아버지여 저들을 사하여 주옵소서   자기들이 하는 것을 알지 못함이니이다"(눅 23:34).
5. 군인들이 예수님을 발가벗기고 그의 겉옷을 취함   (마 27:35; 막 15:24; 눅 23:34; 요 19:23).
6. 유대인들이 예수님을 조롱함(마 27:39~43; 막 15:29~32; 눅 23:35~37).
7. 두 강도와 대화하심(눅 23:39~43).
8. 십자가 상에서의 두 번째 말씀: "내가 진실로 네게 이르노니   오늘 네가 나와 함께 낙원에 있으리라"(눅 23:43).
9. 세 번째 말씀: "여자여 보소서 아들이니이다"(요 19:26~27).
10. 정오에서 오후 세 시까지 어둠이 임함(마 27:45; 막 15:33; 눅 23:44).
11. 네 번째 외침: "나의 하나님, 나의 하나님, 어찌하여 나를 버리셨나이까"   (마 27:46~47; 막 15:34~36).
12. 다섯 번째 외침: "내가 목마르다"(요 19:28).
13. 신 포도주를 마심(요 19:29).
14. 여섯 번째 외침: "다 이루었다"(요 19:30).
15. 해면에 적신 신 포도주를 마심(마 27:48; 막 15:36).
16. 일곱 번째 외침: "아버지 내 영혼을 아버지 손에 부탁하나이다"(눅 23:46).
17. 영혼이 떠나심(마 27:50; 막 15:37; 눅 23:46; 요 19:30).
18. 성전의 휘장이 둘로 갈라짐(마 27:51; 막 15:38; 눅 23:45).
19. 로마 병사들의 고백: "이는 진실로 하나님의 아들이었도다"   (마 27:54; 막 15:39).

27:32~38(막 15:21~28; 눅 23:26~34; 요 19:17~27) 마태는 예수께

서 십자가에 못 박히실 장소로 끌려가시는 동안 일어난 일들 중 일부만 기록했다. 유대인들이 많이 살고 있었던 북아프리카의 성읍 **구레네**에서 온 **시몬이란 사람**은 예수께서 매를 맞아 약해지셔서 더 이상 **십자가**를 질 수 없게 되자, 그것을 대신 지고 가도록 강요받았다. 드디어 행렬은 **골고다라 알려진 곳**에 이르렀는데, 이는 아람어로 '해골의 곳'이라는 뜻이다. 이 곳은 해골들이 쌓여 있던 묘지나 참수대가 아니라 해골 모양을 한 언덕이었다. 이것은 오늘날의 '거룩한 무덤 교회'의 자리였거나(당시에 이곳은 예루살렘 성벽 밖이었다), 아니면 갈보리 언덕이었을 것이다.

거기서 예수께 **쓸개 탄 포도주**가 제공되었는데, 이것은 십자가의 고통을 경감시키기 위한 일종의 신경마취제였다. 그러나 예수님은 그것을 거부하셨는데, 이는 그가 십자가에 달려 있는 동안에도 자기 감각을 온전히 제어하기 원하셨기 때문이다. 십자가에 못 박히는 장면이 마태복음에는 간단하게 기록되었다. 그는 주님의 손과 발에 박힌 못들에 대해서는 언급하지 않았으나, 그를 십자가에 못 박은 자들이 **그 옷을 제비 뽑아 나눈 일**은 기록했다. 몇몇 헬라어 사본은 마태복음 27장 35절의 이러한 행위가 시편 22편 18절의 성취라고 덧붙인다. 이것은 아마도 원본에 첨가된 내용인 듯하나, 요한도 동일한 예언을 언급했다(요 19:34).

십자가형에 처해지는 죄수의 머리 위에는 그의 죄목을 기록한 **죄패**를 붙였다. 예수님의 머리 위에는 "이는 유대인의 왕 예수라"고 쓰인 죄패가 달렸는데, 그것이 실제로 예수님을 죽이도록 송사한 내용이었기 때문이다. 비록 각 복음서마다 그 내용에 약간씩 차이가 있기는 하지만, 그 패에는 아마도 그 모든 내용을 종합한 글이 새겨 있었을 것이다. "이는 유대인의 왕 나사렛 예수라." 요한은 빌라도가 아람어와 라틴어, 그리고 헬라어로 그것을 기록했다고 보도했다(요 19:20). '유대인의 왕'이라는 표현이 대제사장들의 귀에 거슬렸지만 빌라도는 기록된 내용을 바꾸기를 거절했다(요 19:21~22). 예수님은 두 명의 강도(누가는 '행악자'라 불렀다[눅 23:33]) 사이에서 십자가에 못 박히셨다.

27:39~44(막 15:29~32; 눅 23:35~43) 예수께서 십자가에 달려 계시는 동안 지나가는 자들은 그에게 계속 욕지거리를 해 댔다. 그들은 예수께서 일찍이 성전을 헐고 사흘에 짓겠다고 하신 말씀을 떠올리면서 조롱을 했다(요 2:19. 참조, 마 26:61). 그들은 성전을 헐 수 있는 능력이 이제 사라져 버렸으므로 그는 거짓 지도자가 분명하다고 생각했다. 만일 그가 하나님의 아들이라면 이적을 행하여 십자가에서 내려올 수 있어야 했다. 그들은 그것을 행할 수 없는 그의 무능함이 그의 주장의 거짓됨을 증명한다고 추론했다. 또한 그가 전에 남은 구원하였으되 이제 자기는 구원하지 못하는 사실도 그의 자격 없음을 드러낸다고 주장했다. 그들은 만일 그가 십자가에서 내려온다면 그를 믿겠노라고 말했다. 그러나 그러한 일이 일어난다 할지라도 그들이 과연 믿게 될지는 의심스러운 일이다. 그들은 만일 그가 진실로 하나님의 아들이라면 하나님이 그를 구원하실 것이라고 주장했다.

지나가던 자들(27:39~40)과 종교지도자들(41~43절)뿐 아니라 함께 십자가에 못 박힌 강도들도 그에게 욕을 했다(44절). 그러나 누가는 한 강도의 마음에 변화가 생겼다고 기록했다(눅 23:39~43). 이 장면의 아이러니는 군중이 예수께 해 보라고 외쳐 댔던 그 일들을 그가 능히 하실 수 있다는 점이다. 그는 십자가에서 내려와 자기 육신을 구하실 수 있었다. 그는 자기를 구하는 데 필요한 권세를 충분히 소유하고 계셨다. 그러나 그것은 천부의 뜻이 아니었다. 하나님의 아들은 남들을 위해 죽으셔야만 했다. 그래서 그는 그들의 모욕을 참을성 있게 견뎌 내셨다.

27:45~50(막 15:33~37; 눅 23:44~46; 요 19:28~30) 마태는 십자가
에 못 박히기 시작한 시간에 대해서는 아무런 언급도 하지 않았다. 그러
나 마가는 그것이 '제삼 시'(막 15:25), 즉 오전 아홉 시에 시작되었다고 말
했다. 마태는 제육 시(정오)로부터 온 땅에 어둠이 임하여 제구 시(오후 세
시)까지 계속되었다고 기록했다. 이 어둠의 기간 중 예수님은 세상을 위한
속죄 제물이 되셨고(요 1:29; 롬 5:8; 고후 5:21; 벧전 2:24; 3:18), 천부께
버림을 받으셨다. 이 기간의 끝 무렵에 예수님은 더 이상 하나님으로부터
의 분리를 견디실 수 없어서 큰 소리로 "엘리 엘리 라마 사박다니!" 하고 외
치셨다. 이 아람어는 "나의 하나님, 나의 하나님, 어찌하여 나를 버리셨나
이까!"라는 뜻이었다(시편 22편 1절의 인용). 예수님은 전에 결코 겪어 보
신 일이 없는 천부로부터의 분리를 체험하셨는데, 이는 그가 죄인이 되셨
으므로 천부께서 법적으로 자기 아들을 버리실 수밖에 없었기 때문이다
(롬 3:25~26).

십자가 주변에 섰던 자 중 어떤 이들은 예수님의 말씀을 오해했다. 그
들은 "엘리"라는 말을 듣고 예수께서 엘리야를 부른다고 생각했다(마
27:47). 헬라어에서는 이 두 단어가 매우 흡사하게 들린다. 예수님의 입
술과 목이 건조해진 것으로 간주한 어떤 이들은 신 포도주가 그의 성대를
적셔 주어서 그가 보다 똑똑하게 발음하실 수 있으리라고 생각했다. 그러
나 다른 자들은 엘리야가 와서 저를 구원하나 보도록 그를 가만두라고 말
했다. 그들은 여전히 예수님을 조롱하고 있었던 것이다.

마지막 외침과 함께 예수님은 자기 영혼을 천부의 손에 의탁하면서
떠나가셨다(눅 23:46). 예수님은 자기 생명을 온전히 제어하셨으며, 자기

영혼을 거두심으로 스스로 결정하신 정확한 순간에 운명하셨다. 그가 말씀하신 대로(요 10:11, 15, 17~18) 어느 누구도 그의 목숨을 그에게서 빼앗아 가지 않았다. 그는 하나님의 계획을 따라 자기 목숨을 버리셨고, 부활을 통해 다시 그것을 되찾으실 것이다.

27:51~53(막 15:38; 눅 23:44~45) 예수께서 돌아가시던 시간에 세 가지 중요한 사건들이 일어났다. 첫째, 성소 휘장이 위로부터 아래까지 찢어져 둘이 되었다. 이 휘장은 지성소를 성소로부터 분리하고 있었다(히 9:2~3). 이것이 위에서 아래로 찢긴 것은 그 두터운 휘장을 하나님께서 찢으셨다는 사실을 시사한다. 그것은 사람이 아래서부터 위로 찢은 것이 아니었다. 하나님은 이제 구약시대의 대제사장뿐 아니라 모든 사람이 하나님께 직접 나아갈 수 있다는 사실을 보여 주셨다(히 4:14~16; 10:19~22).

둘째, 그리스도께서 운명하시자 강력한 지진이 일어나 바위가 터졌다(마 27:51). 실로 그리스도의 죽으심은 창조 세계에까지 그 반향이 미치는, 땅이 뒤흔들리는 충격적인 사건이었다.

세 번째 사건은 마태복음에만 기록되어 있다. 예루살렘 묘지의 무덤들이 열리며 자던 성도들의 몸이 많이 일어났다(52절). NIV 성경은 이 성도들이 예수께서 돌아가셨을 때 부활하여 **예수의 부활 후에** 예루살렘으로 들어갔다고 번역한다. 많은 주석가들이 이 견해에 동의한다. 그러나 다른 학자들은 그리스도께서 죽은 자들의 첫 열매이므로(고전 15:23) 그가 부활하신 후에야 그들이 부활했다고 본다. 이 견해에 따르면, "예수의 부활 후에"라는 부사구가 "많이 일어나되 … 무덤에서 나와서"를 수식한다. 헬라어 원본상 이 해석은 가능하며, KJV과 NASB에도 그렇게 번역되었다. 그렇다면 무덤들은 그리스도의 죽음 시에 열려서(아마도 지진 때문에) 그가 죽으심을 통해 죄에 대해 승리하셨음을 전했고, 성도의 몸은 그리스도의 부활 후에 일어난 셈이다.

이 사람들은 **거룩한 성 예루살렘에 돌아가** 가족과 친지들에게 보였다. 나사로(요 11:43~44), 야이로의 딸(눅 8:52~56), 그리고 나인 성 과부의 아들(눅 7:13~15)처럼 그들도 다시 육체적인 죽음을 맞이했다. 어떤 이들은 그들이 주님처럼 영광스러운 몸으로 부활했을지도 모른다고 말한다. 월부어드는 "이 사건은 레위기 23장 10~14절에 언급된 초실절의 성취였다. 그때에 사람들은 다가오는 추수의 표로써 곡식 한 단을 제사장에게 가져갔다. 예수님의 부활 후에 일어난 이 성도들의 부활은 모든 성도들이 부활하게 될 장래의 추수에 대한 표였다"라고 해석한다 (Walvoord, *Matthew: Thy Kingdom Come*, p. 236).

27:54~56(막 15:39~41; 눅 23:47~49) 로마의 백부장(참조, 마 8:5; 눅 7:2의 백부장에 관한 주해)과 다른 경비병들은 이 사람의 죽음을 둘러싼 심상치 않은 정황들에 깊은 인상을 받고 **두려워했는데**, 이는 십자가형에 그러한 표적들이 뒤따른 전례가 없기 때문이었다. 그들은 "이는 진실로 하나님의 아들이었도다!" 하고 반응했다. 그날의 의미심장한 사건들이 병사들의 마음에 충격을 주었던 것이다.

거기에는 또한 주님의 죽으심을 멀리서 지켜본 여자들이 있었다. 이 여인들은 예수를 갈릴리에서부터 따라왔고 그분의 쓸 것을 공급했다. 그중에는 막달라 마리아(참조, 마 28:1; 막 16:9; 요 20:18)와 또 야고보와 요셉의 어머니 마리아(아마도 '글로바의 아내 마리아'[요 19:25]와 동일 인물인 듯하다)와 또 세베대의 아들들(야고보와 요한, 마 4:21; 10:2)의 어머니도 있었다. 요한은 또한 예수님의 모친 마리아와 마리아의 여동생도 십자가 곁에 있었다고 말했다(요 19:25~27). 마태는 그 여인들이 무슨 말을 했으며 어떤 기분을 느끼고 있었는지 언급하지 않았지만, 아마도 그들은 사랑하며 섬겨 왔던 주님의 죽음을 지켜보면서 가슴이 메는 듯 했으리라. 수일 후 그들이 예수님의 장례 준비를 돕기 위해 다시 나타난 것으로 미루어 보아, 그들은 그날 어두워지자 성내에 들어가 거기 유했음이 분명하다(마 28:1; 막 16:1~3; 눅 24:1).

5. 왕의 장례(27:57~66)

27:57~61 (막 15:42~47; 눅 23:50~56; 요 19:38~42) 예수님의 장례를 위한 준비에 대해서는 알려진 바가 없다. 통상 십자가에 못 박힌 죄인의 시신은 장례식 없이 그냥 버려졌다. 그런데 아리마대(욥바의 동편에 있는 성읍)의 부자 요셉이라 하는 사람이 빌라도에게 예수의 시체를 달라고 요청했다. 공회원인 요셉은 예수님을 십자가형에 처하자는 공회의 결정에 동조하지 않았다(눅 23:51). 오히려 그는 하나님의 나라를 추구하며 예수님을 믿은 성도였다. 빌라도는 예수님이 이미 죽으신 것에 대해 놀라면서 그의 요청을 수락했다(막 15:44~45).

또 다른 기사에 의하면, 요셉은 니고데모의 도움을 받아 예수님을 장사지냈다(요 19:39. 참조, 요 3:1~12). 이 두 사람은 예수님의 **시체를 가져다가** 당시의 장례 풍습을 따라 향품(몰약과 유향)과 함께 **깨끗한 세마포에 쌌다**(요 19:40. 참조, 마 2:11). 이 과정은 일몰과 함께 시작되는 안식일 이전에 마치기 위해 신속히 진행되었다. 요셉은 세마포에 싼 시신을 십자가 사건의 장소에서 가까운, 바위 속에 판 자기 새 무덤에 모셨다. 아리

마대 사람 요셉이 왜 예루살렘에 무덤을 잡았는지는 알 수 없다. 어쩌면 그가 예수님과 미리 의논해서 이때를 위해 그 무덤을 사 두었는지도 모른다. 요셉과 니고데모는 큰 돌을 굴려 무덤 문을 막았다.

마태는 막달라 마리아와 다른 마리아가 무덤을 향하여 (물론 통곡하면서) 앉아 있었다고 보도했다. 예수님의 제자들이 모두 예수님을 버린 데 반해(26:56) 이 여인들은 예수님의 시신을 장사하던 순간까지 그 옆에 붙어 있었다.

27:62~66 예수님을 믿는 제자들이 예수께서 "내가 사흘 후에 다시 살아나리라" 하신 것을 까맣게 잊어버린 반면, 불신자들의 집단이 그것을 기억했다는 것은 놀라운 일이다. 바로 그 이튿날, 즉 안식일에 대제사장들과 바리새인들이 빌라도에게 가서 그에게 예수님이 말씀하신 바를 고했다. 그들은 예수님을 믿지는 않았지만 (그들은 참람하게도, 그분을 속이던 자라고 불렀다) 그의 제자들이 와서 시체를 도둑질하여 가고 부활에 대한 유언비어를 날조해 내지 않을까 염려했다. 그렇게 된다면 그 영향이 예수께서 그 생애에 이루신 것보다 더 심각해질 것이다. 그래서 그들은 그 무덤을 사흘까지 굳게 지키게 하라고 요청했다.

빌라도는 그들의 요청을 받아들여 경비병을 보내어 그것을 힘대로 굳게 지키라고 명했다. 로마의 수비대는 무덤을 인봉했을 뿐 아니라(아마도 로마의 관인[官印]을 찍고, 침입자의 흔적을 감지해 내기 위해 끈과 밀랍으로 봉했을 것이다), 경비병을 보내어 계속 지키게 했다. 그러므로 예수님의 시신을 도둑질하는 것은 불가능한 일이었다.

부활에서 승천까지의 40일간

주일 아침

1. 천사가 일출 전에 예수님의 무덤에서 돌을 굴려 버림(마 28:2~4).

2. 예수님을 따르던 여인들이 예수님의 무덤을 찾아와서 그의 시신이 없어진 사실을 발견함
   (마 28:1; 막 16:1~4; 눅 24:1~3; 요 20:1).

3. 막달라 마리아가 베드로와 요한에게 가서 고함(요 20:1~2).

4. 무덤에 남아 있던 다른 여인은 예수님의 부활에 대해 말한 두 천사를 봄
   (마 28:5~7; 막 16:5~7; 눅 24:4~8).

5. 베드로와 요한이 예수님의 무덤을 찾아옴(눅 24:12; 요 20:3~10).

6. 막달라 마리아가 무덤으로 돌아오고 예수님이 동산에서 그녀에게 홀로 나타나심
   (막 16:9~11; 요 20:11~18): 예수님의 첫 출현

7. 예수께서 다른 여인들(야고보의 모친 마리아, 살로메, 그리고 요안나)에게 나타나심
   (마 28:8~10): 예수님의 두 번째 출현

8. 예수님의 무덤을 지키던 자들이 종교지도자들에게 천사가 어떻게 돌을 굴렸는지 보고한
   후 뇌물을 받음(마 28:11~15).

9. 예수께서 베드로에게 나타나심(고전 15:5): 예수님의 세 번째 출현

주일 오후

10. 예수께서 엠마오 도상의 두 제자에게 나타나심(막 16:12~13; 눅 24:13~32)
    : 예수님의 네 번째 출현

주일 저녁

11. 엠마오에서 온 두 제자가 다른 제자들에게 예수님을 본 일을 고함(눅 24:33~35).

12. 예수께서 다락방에 있는, 도마를 제외한 열 제자에게 나타나심(눅 24:36~43; 요
    20:19~25): 예수님의 다섯 번째 출현

다음 주일

13. 예수께서 도마를 포함한 열한 제자에게 나타나시고 도마가 믿음(요 20:26~28)
    : 예수님의 여섯 번째 출현

나머지 32일간

14. 예수께서 갈릴리 해변에서 일곱 제자에게 나타나시고 물고기 잡는 이적을 행하심
    (요 21:1~14): 예수님의 일곱 번째 출현

15. 예수께서 갈릴리의 한 산에서 열한 제자를 포함한 500여 사람들에게 나타나심(마
    28:16~20; 막 16:15~18; 고전 15:6): 예수님의 여덟 번째 출현

16. 예수께서 그의 동생인 야고보에게 나타나심(고전 15:7): 예수님의 아홉 번째 출현

17. 예수께서 예루살렘에 있는 제자들에게 나타나심(눅 24:44~49; 행 1:3~8)
    : 예수님의 열 번째 출현

18. 감람 산에서 제자들이 지켜보는 가운데 예수께서 승천하심(막 16:19~20; 눅 24:50~53;
    행 1:9~12).

Ⅶ. 왕의 부활의 확실성(28장)

A. 빈 무덤(28:1~8; 막 16:1~8; 눅 24:1~12; 요 20:1~20)

1. 상황(28:1~4)

28:1~4 안식 후 첫날이 되려는 새벽에 몇몇 여인들이 예수님의 무덤에 갔다. 그들은 요셉과 니고데모가 무덤 문에 돌을 굴려 막는 것을 보았으므로(27:56) 주님의 시신이 안치된 장소를 알고 있었다. 여인들은 안식일이 지난 일요일 아침에 예수님의 시신에 장례용 기름을 바르기 위해 무덤으로 왔던 것이다(막 16:1).

그런데 그때에 큰 지진이 나며 주의 천사가 하늘로부터 내려와 무덤 문에 있던 돌을 굴려 냈다. 천사의 모습은 번개 같고, 그 옷은 눈같이 희었다. 무덤을 지키고 있던 로마 병사들은 천사를 보고 공포에 질린 나머지 떨며 까무러쳤다. 그들은 무덤을 봉하고 지키기 위해 파송되었으나, 이 천사 앞에서는 아무런 힘도 발휘할 수 없었다.

2. 선포(28:5~8)

28:5~8 군인들은 겁에 질려 있었으나, 천사는 여자들에게 특별한 메시지를 전달했다. 그는 그들에게 부활의 사실을 선포했다. 그는 그들이 찾는 분이 거기에 더 이상 계시지 않고 살아나셨다고 말했다. 예수님은 그

들에게 자기가 제삼 일에 살아나리라고 누차 말씀하셨다(16:21; 17:23; 20:19). 만일 그가 살아나시지 못했다면 그는 경배드릴 가치가 없는 사기꾼에 불과할 것이다.

그의 부활에 대한 증거는 빈 무덤이었다. 천사는 여인들에게 와서 그가 누우셨던 곳을 보라고 권했다. 그리고는 **빨리** 가서 그의 제자들에게 그가 죽은 자 가운데서 살아나셨고 전에 말씀하신 대로(26:32) 그들보다 먼저 갈릴리로 가실 것이라고 말하라고 일렀다. 그들은 거기서 예수님을 뵈올 것이고, 실제로 그렇게 되었다(28:16~20; 요 21:1~23). 그러나 이 말씀이 그날 늦게 거듭 나타났던 예수님의 다른 출현(요 20:19~25)을 배제하지는 않았다. 여자들은 천사의 지시에 순종하여 **빨리** 무덤을 떠나 제자들에게 기쁜 소식을 전하려고 달음질했다. 부활의 사실로 인하여 그들의 마음은 **기쁨**으로 벅찼으나, 한편으로는 이 중대한 사건의 온전한 의미를 다 깨닫지 못하여 두렵기도 했다.

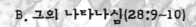

B. 그의 나타나심(28:9~10)

28:9~10 여인들이 목격한 일을 제자들에게 고하기 위해 돌아가던 중 홀연히 예수께서 그들을 만나셨다. 그의 인사를 들은 그들은 즉시 그를 알아보고 그 발 아래 엎드려 그에게 **경배**했다. 그의 나타나심으로 여인들의 두려움이 경감되었고, 그는 천사가 앞에서 했던 동일한 메시지를 반복하셨다. "무서워하지 말라"(10절. 참조, 5절). 그는 제자들에게("내 형제들에게") 그가 나타나실 갈릴리로 가라고 전하도록 이르셨다. 마태복음에서

예수님의 갈릴리 사역은 현저한 위치를 차지했으므로 그가 제자들을 거기서 만나시는 것은 자연스러운 일이다. 그들은 모두 갈릴리 출신이었고 명절 후에 그곳으로 돌아갈 예정이었다. 거기서 예수님은 그들을 만나실 것이다.

C. '공식' 해명(28:11-15)

28:11~15 여자들이 제자들에게 부활을 알리려고 뛰어가던 때에, 또 다른 집단은 진리를 방해하기 위해 바삐 움직이고 있었다. 무덤을 지키던 자들 중 몇몇이 공포를 극복하고 **성에 들어가** 그들이 목격한 **모든 일을 대제사장들**에게 보고했다. 대제사장은 군인들이 목격한 명백한 사실을 거스르는 해명을 해야만 했다. 숙고 끝에 그들은 **장로들**과 함께 음모를 꾸몄다. 그들은 무덤을 지키던 **군인들에게 돈을 많이** 주며 그들의 **상관들**에게 거짓으로 보고할 내용을 알려 주었다. 그들이 날조한 거짓말은 예수님의 제자들이 밤에 와서 그들이 잘 때에 예수님의 **시체를 도둑질하여 갔다**는 것이었다. 그러한 보고는 상관들에게 잘 통하지 않을 것이었는데, 이는 경비 근무 중에 자는 병사는 사형에 처해졌기 때문이다(행 12:19). 유대의 지도자들도 이것을 알고 있었기 때문에 상관들에게 잘 말해 놓겠다고 약속했다. 그들은 이 말이 **총독에게 들리면** 그를 잘 설득하여 군인들로 **근심하지 않게 하겠다**고 약속했다. 그러한 일에는 많은 금액의 뇌물이 필요할 것임에 틀림없었다. 군인들은 유대 지도자들이 제공한 **돈을 받고 가르친 대로 했다.**

그 결과 이 말이 유대인 가운데 두루 퍼졌고, 많은 사람들은 예수님의 제자들이 정말로 그의 시신을 훔쳐 갔다고 믿었다. 그러나 이것은 논리적으로 명백한 모순이었다. 만일 병사들이 정말로 자고 있었다면, 제자들이 예수님의 시신을 훔쳐 간 것을 그들이 어떻게 알았겠는가? 그리고 그들이 어떻게 '근무 중 취침'한 사실을 곧이들을 수 있는가? 당시의 제자들에게는 그러한 계획을 실천할 만한 용기가 없었다. 예수께서 붙잡히셨을 때에도 그들은 두려워하며 뿔뿔이 흩어졌다. 이러한 일을 수행한다는 것은 그들의 능력 밖이었다. 그러나 사람이 진리를 믿는 것은 거짓말을 믿는 것보다 종종 더 어려울 때가 있으며, 아직도 수많은 사람들이 이 거짓말을 받아들이고 있다.

D. 대위임령(28:16~20; 눅 24:36~49)

28:16~20 마태는 바로 그날 늦게 예수께서 열 제자를 만나신 일(요 20:19~23)이나 여드레 후에 열한 제자에게 나타나신 일(요 20:24~29)을 기록하지 않았다. 그러나 그는 예수께서 얼마 후에 갈릴리에 나타나시어 산에서 그들을 만나겠다고 약속하신 일은 기록했다(마 26:32. 참조, 28:7, 10). 이 산이 구체적으로 어느 산이었는지는 확실치 않다. 그들은 예수께서 나타나시자 **경배했다.** 그러나 어떤 이들은 **아직도 의심했다.** 예수께서는 일찍이 그들에게 나타나셔서 자신을 입증하셨으므로, 그들이 그의 부활을 의심한 것은 아니었다. 아마도 그들 중 몇몇은 그들 앞에 나타나신 이가 정말로 예수님이신지 의심했던 것 같다. 그분이 거기 임재

하신 것에 특별한 이적적인 요소들이 나타나지 않았기 때문이다. 종전의 그의 출현에는 비범한 상황들이 전개되곤 했기 때문에 그들이 의심했던 것 같다.

그들의 의심은 **예수께서 하늘과 땅의 모든 권세**를 주장하시자 신속히 사라져 버렸다. 이 권세(엑수시아[ἐξουσία]: 공적인 권리 또는 권능)는 천부께서 예수께 부여하신 것으로, 이제 그는 그 권세에 근거하여 제자들에게 "**가라**"고 명하셨다. 그들의 사역지는 이제 이스라엘뿐 아니라(10장 5~6절에 대한 주해를 보라) **모든 족속**을 포함하게 되었다. 그들은 예수에 대한 진리를 선포함으로 제자를 양육하게 될 것이다. 그들의 청중은 복음을 받고 예수님의 추종자들로 입적될 것이다. 믿는 자들은 **아버지와 아들과 성령의 이름으로** 물세례를 받을 것이다. 그러한 행위는 믿는 자를 예수 그리스도의 인격 및 삼위(三位) 하나님께 묶어 줄 것이다. 그들이 섬긴 하나님은 한 하나님이시면서도 성부, 성자, 그리고 성령의 삼위로 존재하신다.

복음에 반응한 자들은 또한 예수께서 열한 제자에게 특별히 전하신 진리를 배워야 한다. 그들이 예수께서 가르치신 모든 것을 전수하지는 않았지만, 세상에 나가서 새로운 교회 시대에 관한 특별한 진리를 가르쳤다. 예수님의 모든 추종자들에게 적용되는 예수님의 대위임령은 헬라어에서 세 개의 분사(감, 세례를 베풂, 가르침)를 수반하는 하나의 명령("제자를 삼으라")으로 되어 있다.

마태가 기록한 주님의 마지막 말씀은 "**세상 끝 날까지 너희와 항상 함께 있으리라**"는 약속이었다. 비록 주님은 열한 제자와 육체로 함께 계시지는 않았지만, 그들의 지상 사역이 끝날 때까지 그의 영적 임재가 그들과 함께했다. 주님의 이 마지막 명령은 사도들이 모든 곳에 가서 그들의 메

시아이며 유대인의 왕이신 예수 그리스도에 대한 메시지를 선포함으로
수행되었다.

참고문헌

- Bocie, James Montgomery. *The Sermon on the Mount*. Grand Rapids: Zondervan Publishing House, 1972.

- Criswell, W. A. *Expository Notes on the Gospel of Matthew*. Grand Rapids: Zondervan Publishing House, 1961.

- Edersheim, Alfred. *The Life and Times of Jesus the Messiah*. Reprint(2vols. in 1). Grand Rapids: Wm. B. Eerdmans Publishing Co., 1971.

- Gaebelein, A. C. *The Gospel of Matthew: An Exposition*. Reprint (2vols. in 1). Neptune, N. J.: Loizeaux Brothers, 1961.

- Hendriksen, William. *Exposition of the Gospel according to Matthew*. New Testament Commentary. Grand Rapids: Baker Book House, 1973.

- Ironside, Henry Allen. *Expository Notes on the Gospel of Matthew*. Neptune, N.J.: Loizeaux Brothers, 1948.

- Kelly, William. *Lectures in the Gospel of Matthew*. 5th ed. Neptune, N.J.: Loizeaux Brothers, 1943.

- Morgan, G. Campbell. *The Gospel according to Matthew*. New York: Fleming H. Revell Co., 1929.

- Pentecost, J. Dwight. *The Sermon on the Mount*. Portland, Ore.: Multnomah Press, 1980.

- _____. *The Words and Works of Jesus Christ*. Grand Rapids: Zondervan Publishing House, 1981.

- Plummer, Alfred. *Exegetical Commentary on the Gospel according to Matthew*. The International Critical Commentary. New York: Charles Scribner's Sons, 1910.

- Scroggie, W. Graham. *A Guide to the Gospels*. London: Pickering & Inglis, 1948.

- Tasker, R. V. G. *The Gospel according to Matthew*. The Tyndale New Testament Commentaries. Grand Rapids: Wm. B. Eerdmans Publishing Co., 1961.

- Thomas, W. H. Griffith. *Outline Studies in the Gospel of Matthew*. Grand Rapids: Wm. B. Eerdmans Publishing Co., 1961.

- Toussaint, Stanley D. *Behold the King: A Study of Matthew*. Portland, Ore.: Multnomah Press, 1980.

- Walvoord, John F. *Matthew: Thy Kingdom Come*. Chicago: Moody Press, 1974.

- Wiersbe, Warren W. *Meet Your King*. Wheaton, Ⅲ.: Scripture Press Publications, Victor Books, 1980.